KURT ALLGEIER

Morgen soll es Wahrheit werden

Prophezeiungen über unser
Schicksal in den 80er Jahren und vor
der Jahrtausendwende

Originalausgabe

WILHELM HEYNE VERLAG
MÜNCHEN

HEYNE-BUCH Nr. 7149
im Wilhelm Heyne Verlag, München

3. Auflage

Copyright © 1981 by Wilhelm Heyne Verlag, München, und
RTS Jürgen Zimmermann, München
Printed in Germany 1982
Umschlagfoto: Klaus Schmäh, München
Innenfotos: Ullstein Bilderdienst, Berlin; Archiv für Kunst und Geschichte,
Berlin; dpa, München; Archiv des Autors
Umschlaggestaltung: Atelier Heinrichs & Schütz, München
Satz: IBV Lichtsatz KG, Berlin
Druck und Bindung: Presse-Druck Augsburg

ISBN 3-453-01523-1

Inhalt

Einleitung

»Der Komet kommt!«

Im Frühjahr 1910 hallte der Schreckensruf um die ganze Erde. Millionen Menschen waren halb wahnsinnig vor Angst. Sie befürchteten den Weltuntergang. Denn diesmal, so hatten nicht nur religiöse Sekten, abergläubische Spinner und Sensationsreporter, sondern auch ernstzunehmende Wissenschaftler angekündigt, diesmal könnte es zum verhängnisvollen Zusammenstoß mit dem »Gespenst aus dem Kosmos« kommen.

Einer der größten und eindrucksvollsten Kometen, der Halleysche Komet, näherte sich zum 27. Mal seit seiner ersten Beobachtung vor mehr als 2000 Jahren der Erde. Die Berechnung seiner Bahn ließ befürchten, der schaurig schöne Himmelskörper mit dem gleißendhellen Kopf und dem weitgefächerten Schweif könnte auf die Erde stürzen und sie in tausend Stücke zerfetzen. Zumindest konnte die Gefahr nicht ausgeschlossen werden, daß die Erde durch seinen glühenden Schweif hindurchrast. Und er, so glaubte man, könnte die Luft vergiften oder in ein hochexplosives Knallgas verwandeln. Zwei Jahre zuvor, 1908, hatte ein Professor beim Auftauchen des Kometen »Morehouse« nachgewiesen, daß dieser das hochgiftige Gas Zyanogen enthält – und Wasserstoff.

Die Angst der Menschen steigerte sich in der Nacht vom 17. auf den 18. Mai 1910 zur unvorstellbaren Hysterie und Panik. Die meisten Leute hielt es nicht mehr in ihren Wohnungen. Sie stürzten hinaus, versammelten sich in Kirchen, Gaststätten, Vereinslokalen. Die einen scharten sich um geweihte Kerzen, beichteten ihre Sünden und sangen Choräle, um der ewigen Verdammnis zu entgehen. Andere verschleuderten in wenigen

Stunden ihr gesamtes Vermögen oder alle ihre Ersparnisse, verkauften ihre Geschäfte und warfen die Geldscheine wahllos unter die Menschen: »Es ist ja doch alles aus. Mitnehmen kann niemand etwas.« Wieder andere stürzten sich in ausgelassenen Tanz, um das Leben zum letztenmal in vollen Zügen zu genießen.

Die zu Hause Gebliebenen verkrochen sich in finstere Kellergewölbe, verdunkelten die Fenster und dichteten ihre Ritzen mit Wachs und Wolle ab. Sie stellten sich Konserven und Wasservorräte bereit, um notfalls ein paar Tage lang überleben zu können.

Viele hundert Menschen konnten die Spannung nicht mehr ertragen. Sie nahmen sich das Leben, um der grauenvollen Katastrophe zuvorzukommen.

In Oklahoma hatten Mitglieder der »Select Followers«, einer religiösen Vereinigung, ein junges Mädchen in ihren »Tempel« geschleppt, um es dem Kometen zu opfern und damit selbst dem Strafgericht zu entgehen. Die alarmierten Sheriffs konnten das halbwüchsige Kind in letzter Sekunde vor dem Dolch retten.

Und dann kam der Halleysche Komet. Die Nacht war taghell vom leuchtenden Schweif. Er bedeckte bis zu zwei Drittel des Nachthimmels. Doch das war alles. Es passierte nichts. Der Komet zog weiter, verblaßte und verschwand im finsteren Weltall.

Wie konnte es zu einer solchen Massen-Angst kommen? Warum fürchten sich die Menschen seit jeher so sehr vor Kometen und messen ihnen so große Bedeutung zu? Weil sie so erschreckend, faszinierend schön und mächtig aussehen? Weil sie so unerklärlich, so unberechenbar, so unheimlich auftauchen und verschwinden? Weil – aus diesen Gründen – der Aberglaube sie schon vor Urzeiten zu Schicksalsboten und Unheilverkündern abgestempelt hat?

Das alles kann sicherlich nicht ausreichen. Es gibt zwei gewichtigere Gründe: Einmal, so scheint es, besitzt der Mensch eine dumpfe Ahnung, eine ganz vage, nicht mehr faßbare Erinnerung daran, daß Kometen schon grauenvolles Unheil auf der Erde angerichtet haben. Alte Sagen, babylonische Tontafeln deuten das an.

Zum anderen haben die großen Propheten vorhergesagt: Bevor das Ende der Welt naht, wird ein Komet auf die Erde stürzen.

Die Folgen dieses Zusammenpralls werden schlimmer sein als alles, was die Menschheit bisher erlebte. Der Erfüllung dieser Prophezeiung fiebern die Menschen seit Jahrtausenden entgegen. Jedesmal, wenn der Halleysche Komet sich unserer Erde nähert – und das ist ungefähr alle 76 Jahre der Fall –, wird die Angst übermächtig: Wird es diesesmal soweit sein?

Zu Silvester 1985 soll der Komet auf seinem Sturz der Sonne entgegen im Sternbild Wassermann wieder auftauchen. Mit einer Geschwindigkeit, die so groß ist, daß er den Weg von der Erde zum Mond in etwas mehr als einer Stunde zurücklegen würde. Am 9. Februar, so haben die Astronomen berechnet, wird er der Sonne am nächsten kommen, zwei Tage später schon der Erde begegnen.

»Kein Problem«, sagen die Wissenschaftler. »Der Halleysche Komet wird die Erde um 60 Millionen Kilometer verfehlen. Wenn wir Pech haben, wird es uns ergehen wie in den 70er Jahren mit dem Kometen Kohoutek: Wir werden ihn kaum zu Gesicht bekommen, allenfalls mit einem guten Fernglas erspähen können. Es gibt überhaupt keinen Grund zur Aufregung.«

Doch solche Feststellungen besitzen wenig Überzeugungskraft. Zu schwankend ist der Boden, auf dem die Voraussagen beruhen. Kometen sind höchst unzuverlässige Gesellen. Gelegentlich verspäten sie sich – nicht nur um Tage und Wochen, sondern gleich um Jahre. Gelegentlich kehren sie viel früher als erwartet zurück. Sie werden, kommen sie auf ihrem Weg durch das Sonnensystem, von den großen Planeten abgelenkt, mit erhöhter Geschwindigkeit weitergestoßen oder abgebremst. Vielleicht besitzen sie sogar, niemand weiß das so genau, eine Art natürlichen Raketenantriebs, der sie von Zeit zu Zeit antreibt. Kurz: Kometen sind immer für eine Überraschung gut. Sie lassen sich nicht so haargenau berechnen wie etwa Planeten. Deshalb haben die Wissenschaftler bisher auch bei jeder Kometen-Annäherung der jüngsten Zeit unter sich einen Wettbewerb ausgetragen, verbunden mit einem hohen Geldpreis: Wer trifft das Ankunftsdatum am besten.

Noch viel unsicherer als die Bahnberechnungen sind aber die wissenschaftlichen Aussagen über die Kometen selbst.

Besteht der hellstrahlende Kopf tatsächlich, wie angenommen, aus einem verschmutzten Eisklumpen, der große und kleine Steinbrocken zusammenhält? Wird der über 100 Millionen Kilometer lange Kometenschweif wirklich aus Milliarden winzigen Sandkörnchen gebildet, die das Sonnenlicht reflektieren, und aus Gasen, die bei der Annäherung zur Sonne in elektrischer Spannung zu leuchten beginnen wie eine Neonröhre, die man an den Strom anschließt? Die Spektralanalysen widersprechen eigentlich solchen Annahmen. Sie zeigen, daß es im Kometen wenigstens neun Metalle gibt, darunter Eisen und Kupfer.

Der Kopf des Halleyschen Kometen ist eine sehr hell und grell leuchtende Kugel mit einem Durchmesser von 100 000 Kilometern. Im Vergleich dazu: der Erddurchmesser beträgt nur rund 12 600 Kilometer. Ist der vermutete feste Kern innerhalb der Kometen-Kugel ein Brocken von 5 Kilometern Durchmesser – oder hat er 10 oder 20 oder doch wesentlich mehr? Wiegt er »nur« 65 Milliarden Tonnen – oder das 100fache? Ist er ein Brocken so groß wie die Zugspitze – oder fliegt uns doch das ganze Alpenmassiv vor der Nase herum?

Sind Kometen Besucher, die Viren und Bakterien entwickeln und regelmäßig auf die Erde herabschütten, wie zwei amerikanische Wissenschaftler 1980 nachzuweisen versuchten? Haben die Kometen überhaupt das Leben auf der Erde begründet und in gewissen Zeiträumen verändert und entfaltet, wie viele Wissenschaftler annehmen? Hat ein Komet einst bei seinem Zusammenstoß mit der Erde so viel Staub aufgewirbelt, daß es vier Jahre lang auf der Erde stockfinster blieb, wodurch nicht nur die Dinosaurier, sondern zugleich viele Meerestiere und nahezu die ganze Pflanzenwelt ausgerottet wurde? Auch diese Vorstellung entstammt nicht einem Science-Fiction-Roman, sondern ist eine wissenschaftliche These, begründet auf eine rot-braune Tonschicht, die sich einen Zentimeter dick rund um die Erde zwischen Kalksteinschichten hinzieht.

Wer ehrlich sein will, muß zugeben, daß über die Kometen nicht sehr viel mehr als vage, teilweise recht phantasiereiche Vermutungen existieren. Auf keinen Fall kann das bisherige Wissen eine Zusammenstoß-Katastrophe, wie sie von den Propheten vorausgesagt wurde, einfach und überzeugend vom Tisch wischen. So darf es – ganz im Gegenteil – keineswegs verwundern, daß sich Behörden wie die NASA in den Vereinigten

Staaten von Amerika ernsthaft Gedanken darüber machen, wie man die hochgefährlichen »Geschosse aus dem Weltall« eines Tages abfangen und mit Wasserstoff-Bomben in die Luft jagen kann, bevor sie der Erde zu nahe gekommen sind. Die Wahrscheinlichkeit, daß ein Komet zur Erde stürzt, ist denkbar gering – aber die Möglichkeit kann niemals ausgeschlossen werden. Wenn sich eine solche Katastrophe nach allen Zufallsberechnungen nur 10000 oder gar 100000 Jahre einmal ereignet, dann weiß eben niemand, wann dieser Zeitraum abgelaufen ist.

Glaubt man den großen Prophezeiungen der Weltgeschichte, dann wird es den Menschen nicht gelingen, die nächste Kometen-Katastrophe zu verhindern. Diese nicht, und eine ganze Reihe anderer Katastrophen nicht. Es wird, so warnen die Propheten, den dritten Weltkrieg mit Einsatz von Atombomben geben. Es wird ein Komet ins Meer stürzen, gefolgt von einem nicht minder folgenschweren Meteoriten-Absturz. Schließlich soll sich die Sonne drei Tage lang verfinstern.

Krieg, Flutkatastrophen, unvorstellbare Erdbeben und Hungersnot auf der Erde – Chaos im Sonnensystem, das alle Kräfte des Himmels ins Wanken bringt –, das alles, so deuten es die Propheten an, wird Hand in Hand gehen: Unfriede und Verwirrung unten, Unordnung oben. Das Signal aber, das die schweren Tage ankündigt, wird der Komet sein.

Der Halleysche Komet 1986?

Es sieht so aus – und nicht nur eines, sondern viele Propheten-Worte sprechen dafür –, daß nahezu alle Prophezeiungen, die sich bisher nicht erfüllt haben, an uns gerichtet sind. An die Menschen des ausgehenden 2. Jahrtausends. Für frühere Generationen mußten die Prophezeiungen dunkel, geheimnisvoll, unverständlich, ja ein großes Ärgernis bleiben. Im 3. Jahrtausend werden die Menschen keine Propheten mehr brauchen, weil sie zur besseren Einsicht gelangt sein werden. Also kommen nur wir als Adressaten in Frage.

Dieses Buch versucht das zu begründen: Die Propheten haben uns gemeint, immer und in allem nur uns. Vielleicht können wir die schlimmsten Dinge noch verhüten, wenn wir auf die Propheten-Worte hören und ihre Warnungen nicht in den Wind schlagen. Wenn wir, wozu wir eigens aufgerufen sind, auf die »Zeichen« achten und sie ernst nehmen.

1
Der 3. Weltkrieg –
noch in diesem Jahrhundert?

»Der Islam kommt – mit Schlangen und mit Würmern...«
*»Es wird die dritte Überschwemmung mit
menschlichem Blut ausgelöst werden...«*

Der französische Seher und Arzt Michel Nostradamus hat das
vor mehr als 400 Jahren angekündigt. Dieser Satz steht im Vorwort zu seinen prophetischen Versen, gerichtet an den König
von Frankreich, Heinrich II. (1547–1559). Der dritte Weltkrieg
wird stattfinden. Daran läßt der Prophet des Abendlandes keinen Zweifel.

Wann wird er ausbrechen? Wie wird es dazu kommen? Woher droht die Gefahr?

Auch darauf gibt Nostradamus eine Antwort. In seinen Prophezeiungen taucht an vielen Stellen ein merkwürdiges
Schreckgespenst auf: Seht euch vor, die Araber kommen. Von
keiner Seite droht dem Abendland so große Gefahr wie aus dem
Orient. Aus Persien. Aus Libyen. Vom Islam.

Nostradamus spricht vom »arabischen Imperium« und gar
vom »Kamel, das aus dem Rhein trinken wird«.

Jahrhunderte lang waren solche Ankündigungen eine arge
Zumutung und für jene, die sich mit Nostradamus befaßten, ein
harter und geradezu unverdaubarer Brocken, an dem man sich
leicht die Zähne ausbeißen konnte. Wie sollte es denkbar sein,

daß dem reichen, technisch, militärisch und wirtschaftlich hochentwickelten Europa – und mit ihm den Großmächten – ausgerechnet von den arabischen Staaten her etwas so Schlimmes zugefügt wird, daß der Prophet wiederholt darauf hinweisen muß? Gefahr von Völkern, die ihre Glanzzeiten vor Jahrhunderten schon einbüßten und seither am Rande des politischen Weltgeschehens dahindämmern? Bedrohung durch eine Religion, die spätestens seit der vergeblichen Belagerung Wiens durch die Türken (1683) ihren missionarischen Eifer endgültig verloren hatte? Einfach lächerlich.

Wer den Prophezeiungen einen Sinn geben wollte, der mußte sich etwas Glaubwürdigeres einfallen lassen. Etwas mit Hand und Fuß.

Das tat man auch. Teilweise mit großem Geschick.

»Zu Lebzeiten des Sehers war Persien von den Mongolen beherrscht. Also kann mit der Bezeichnung ›Persien‹ nur Rußland gemeint sein«, versuchten die einen zu deuten. Andere nahmen an, daß Nostradamus nur die Richtung angeben wollte, aus der die Schrecken auf uns zukommen werden – und stießen so auf China, das wohl über Persien nach Europa hereinfallen wird. Attila, der Hunnenkönig, und Xerxes, der Herrscher über Persien, wurden schließlich zu den Symbolfiguren, die für Rußland und für China oder für Asien ganz allgemein standen.

Wieder andere Interpreten verstanden die Begriffe Araber, Perser, Babylonier als Bezeichnung für alle nichtchristlichen Kräfte, die das Abendland bedrohten. Eine wörtliche Auslegung schien einfach unmöglich, ja verrückt.

DAS UNBEACHTETE »GEHEIME VORZEICHEN«

Plötzlich sind solche Verrenkungen und Verbiegungen überflüssig geworden. Plötzlich hat alles wider Erwarten einen Sinn bekommen: Niemand kann den europäischen Völkern im Augenblick mehr Schaden zufügen als jene, die die Ölquellen besitzen.

Michel Nostradamus hat das vorausgesehen und vor der verhängnisvollen Entwicklung eindringlich gewarnt. Einer seiner Schlüsselverse lautet:

> *»Regen, Hunger und Krieg sind in Persien nicht*
> *abgebrochen. Der Glaube ist zu stark. Er wird den*
> *Herrscher verraten durch das Ende, das in Frankreich*
> *begonnen hat. Geheime Vorzeichen für eine*
> *Schicksalsgöttin.«*
>
> (CENTURIE I/70)

Diese Warnung ist leider nicht verstanden worden. Weder der Schah von Persien noch die Industrie-Nationen, die voll auf ihn setzten, haben die »Vorzeichen« beachtet.

Mit allen Mitteln hatte der absolute Herrscher über den Iran, Schah Reza Pahlewi, versucht, die vielfältigen Probleme seines Landes zu bewältigen. Er wollte Persien in einen modernen Industriestaat verwandeln. Doch er hat bei seinen Bemühungen eine Macht gründlich unterschätzt: den Islam, die Tradition, die Ayatollahs.

Die Religionsführer gewannen mehr und mehr Einfluß auf die persische Bevölkerung, die trotz aller Fortschritte im Land arm geblieben war. Durch die moderne Lebensweise fühlten sich die Menschen zudem entwurzelt, verunsichert, so daß sie sich enttäuscht dem zuwandten, was in früheren Zeiten Halt und Sicherheit geboten hatte: die Religion. Die Macht des islamischen Glaubens und der Religionsführer wuchs und war schließlich stärker als der Schah mit seiner supermodernen Armee.

Er mußte sein Land verlassen und fühlte sich schändlich verraten, mißverstanden, von einem undankbaren Volk nicht begriffen.

Der Iran aber wandte sich Khomeini zu, der – wie Nostradamus es richtig vorausgesagt hat – aus dem Exil in Frankreich kam, das ihm sträflicherweise erlaubt hatte, von dort aus politisch tätig zu sein und die »islamische Revolution« vorzubereiten.

Niemand hatte die Warnung des Propheten verstanden. Damit ist eine große Chance der Geschichte vertan und eine recht schwierige Situation heraufbeschworen worden.

Ein zweiter Schlüsselvers sagt nun, wie es weitergehen wird:
> *»Wenn sich der Preis für den sabäischen Tropfen*
> *nicht mehr auf dem Höchststand halten kann, zum*
> *Zeitpunkt, da man die toten menschlichen Körper zu*

Asche verbrennt und die Insel Pharos durch Kreuzer
in Unruhe versetzt wird, wird auf Rhodos ein hartes
Schreckgespenst erscheinen.«
(CENTURIE V/16)

Das hört sich völlig unverständlich an. In Wirklichkeit ist es aber wiederum ein warnender Hinweis, der unsere ganze Aufmerksamkeit in Anspruch nehmen sollte: Hier wird ein Krieg angekündigt, und das mit sehr präzisen, erstaunlichen Angaben.

Der Seher weiß – vor 400 Jahren –, welche Bedeutung der Erdölpreis in unseren Tagen erlangen wird, und er gibt zugleich zu verstehen, daß seinetwegen das »Schreckgespenst«, der Krieg aufflammt.

Sabäische Tropfen, so nannte man im früheren Jahrhundert nämlich das Erdöl. Schon vor Jahrtausenden haben es die Ägypter aus dem Reich der Königin von Saba bezogen. Damals gab es dort noch natürliche Erdölquellen. Die Pharaonen benützten das Öl neben anderen Zutaten zum Einbalsamieren ihrer Toten.

Die Voraussage ist eine geradezu meisterliche Leistung. In knappen, fast stichwortartigen Sätzen liefert Nostradamus eine ganze Fülle wichtiger Informationen: die Erdölteuerung als Ursache einer schweren wirtschaftlichen Krise, die das Machtgefüge auf der Erde völlig verändern wird; die Tatsache, daß das Öl nicht etwa wie früher zur Erhaltung toter Körper gebraucht wird – sondern zu ihrer Vernichtung. Öl ist hauptsächlich Brennstoff, Energiequelle; schließlich weiß Nostradamus, daß man heute Tote nicht mehr begraben muß, sondern auch einäschern kann. Für damalige Vorstellungen ein ungeheuerer Vorgang, der überdies auch von der Kirche strengstens verboten war.

Diese Voraussage muß man vor 400 Jahren geradezu als Skandal empfunden haben. Noch vor einer Generation hätte wohl kaum ein Katholik es für möglich gehalten, daß Rom eines Tages nichts mehr gegen die Einäscherung einzuwenden haben würde. Die Erdbestattung schien so unverrückbar wie ein Dogma – zumal die Feuerbestattung zum Symbol der Abkehr von der Kirche geworden war.

Das sind die Hintergründe eines aufregenden Ereignisses, das eintreten wird, sobald der Erdölpreis wieder sinken wird. Erste Anzeichen dafür sind bereits gegeben: die Erdöl produzierenden Staaten können ihre Ware nicht mehr unbeschränkt absetzen. Erste Stimmen sind laut geworden, die Preise zumindest einzufrieren, wenn nicht gar zu senken.

Das Sinken der Preise, so mahnt Nostradamus, steht im Zusammenhang mit einem militärischen Angriff auf Ägypten. Es wird vom Meer her angegriffen werden. Pharos, die genannte Insel, heißt heute Pharillon und liegt bei Alexandria.

Gleichzeitig erscheint das »Schreckgespenst« auf Rhodos. Diese Insel, so darf man annehmen, steht stellvertretend für die Türkei, wie Pharos für Ägypten.

Im Vers IV/39 erfahren wir dazu ein paar Einzelheiten:

»Die von der Insel Rhodos werden um Hilfe rufen. Sie
fühlen sich durch die Nachlässigkeit ihrer
Verbündeten im Stich gelassen. Das Arabische
Imperium wird seinen Kurs aufwerten. Durch die
Westmächte wird die Sache zurückgewiesen.«

Wieder geht es um Rhodos, wieder ist vermutlich die Türkei gemeint, die um Hilfe, also um militärische Unterstützung, ruft, aber ganz offensichtlich vergeblich auf seine Verbündeten vertraut. Das »Arabische Imperium« kann sich ungestört entfalten, seine Macht ausbauen.

Wer oder was erfährt eine Abfuhr durch die Westmächte? Der Hilferuf oder die arabische Invasion? Nostradamus gibt hier keine eindeutige Antwort. Aber fast sieht es so aus, als würde ein Land, das sich einem übermächtigen Aggressor gegenüber sieht, seinem Schicksal überlassen – wie einst Ungarn, die Tschechoslowakei und Afghanistan. Keiner wird den Angreifer zurückschlagen, weil es niemand mit den Arabern verderben will.

Für »Westmächte« setzt Nostradamus übrigens die altgriechische Bezeichnung »Hesperier«. So nannte man im Griechenland des Sokrates die Länder, die ganz im Westen des Mittelmeeres lagen, ursprünglich Italien, später Spanien. Die

Hesperiden waren in der griechischen Mythologie Nymphen, die jenseits des Ozeans im Göttergarten wohnten. In der Tat, ein passender Begriff.

VAR – VON NASSER ZU KHOMEINI

Bevor Michel Nostradamus berichtet, welche Ausmaße und welche Schrecken der 3. Weltkrieg annehmen wird, blendet er noch einmal zurück, um deutlich zu machen, wie alles angefangen hat. Der eigentliche Wendepunkt zwischen dem 2. und dem 3. Weltkrieg ist nicht irgendeine Auseinandersetzung zwischen Rußland und Amerika. Der Zündstoff zum neuen Krieg liegt nicht in Europa – sondern im Orient. Am Suez-Kanal, bei den Krisen im Vorderen Orient haben die bisherigen Großmächte kläglich versagt und ihren Rang endgültig eingebüßt:

> *An den Grenzen der VAR wird sich das*
> *Großmächtige verändern.*
> *Bei der Küste werden drei schöne Kinder geboren.*
> *Der Untergang für das Volk ist gekommen, die Zeit*
> *ist reif.*
> *Die Regierung im Land wird wechseln, aber nicht*
> *mehr wachsen.«*
>
> <small>(CENTURIE VIII/97)</small>

VAR – genau so, in Großbuchstaben geschrieben, steht es bei Nostradamus. In der deutschen Sprache steht diese Kurzbezeichnung für: Vereinigte Arabische Republik.

Als Gamal Abd el-Nasser, 1954 in Ägypten zur Macht gekommen, den ersten Versuch startete, die arabischen Staaten in einem Großreich zu einen, gründete er einen Staatenbund mit Syrien, dem sich der Jemen lose anschloß. Diesen Zusammenschluß, dessen Präsident er wurde, nannte Nasser: »United Arabian Republik«. In Anlehnung an die USA gab er der neuen Republik das Kürzel: UAR.

U und V, das aber waren für Nostradamus und seine Drucker ein und derselbe Buchstabe. So heißen beispielsweise die Überschriften über den Weissagungen: LES VRAYES CENTVRIES – statt CENTURIES. Den Ort Ravenna schreibt er einmal mit v, ein andermal mit u: Ravenne oder Rauenne. Das war in der damaligen Zeit so üblich.

VAR – oder UAR: in einer seiner Visionen hat der Seher diese Abkürzung gesehen und erfahren, wie bedeutsam sie werden wird. VAR – das ist der Anfang vom Ende der europäischen Großmachtposition.

Wir haben es in diesen Tagen erlebt: In den Auseinandersetzungen mit den arabischen Staaten sind sämtliche Großmächte gedemütigt worden. Die Machtverhältnisse haben sich grundlegend verschoben.

Das begann, als zum erstenmal die Bezeichnung VAR (UAR) auf Briefmarken und in offiziellen Drucksachen erschien – mit der militärischen Aktion am Suez-Kanal, als England und Frankreich versuchten, ihre Besitzrechte mit Kanonendonner zu klären. Der ägyptische Staatspräsident Nasser hatte im Oktober 1956 die »Besatzungstruppen« aus seinem Land geworfen und sich den Suez-Kanal kurzerhand angeeignet. Zum letztenmal in der Geschichte glaubten damals die Großmächte, sie könnten einen derartigen Übergriff eines »Kleinen« auf ihre Vorrechte mit einer »Strafexpedition« wieder in Ordnung bringen. Doch diese Zeiten waren endgültig vorbei. Rußland drohte massiv, die Vereinigten Staaten hatten keine andere Wahl, als ihre Freunde ebenso nachdrücklich zum Rückzug zu ermahnen. England und Frankreich wurden zum Gespött der Welt. Ihre Vorherrschaft am Suez-Kanal war für immer dahin. Die Aktienpakete waren wertlos geworden. Für das britische Empire war die schwärzeste Stunde der Geschichte angebrochen: das Ende der Weltherrschaft.

Das hatte Nostradamus präzise vorausgesagt:

> »*Das große Empire wird bei England sein.*
> *Übermächtig wird es 300 Jahre bleiben.*«
>
> (CENTURIE X/100)

Oliver Cromwell hatte das britische Weltreich 1653 begründet. Diese Zeit war 1956 abgelaufen, die Kolonien verloren. Nach der politischen Katastrophe am Suez zählten England und Frankreich nicht mehr zu den Großmächten. Zwei Jahre später begründete Charles de Gaulle mit der 5. Republik zwar noch einmal eine neue Verfassung, doch Nostradamus sagte voraus, daß auch dieser Versuch den Niedergang des Volkes nicht aufhalten kann: Der Untergang für das Volk ist gekommen.

>*Frankreich sieh zu, daß du mein Wort beherzigst!*«

(CENTURIE III/24)

Die Mahnung des Sehers verhallt einmal mehr ungehört. Deshalb wird die Entwicklung nicht aufzuhalten sein:

>*Ein in Europa einflußreicher libyscher Machthaber*
begeistert die Franzosen für die arabische Sache so
sehr, daß sich die Gelehrten herablassen, die
arabische Sprache ins Französische zu übersetzen...«

(CENTURIE III/27)

Das scheint ein nächster, wichtiger Schritt auf den »Untergang« hin zu sein: Frankreich gerät mehr und mehr unter arabischen Einfluß.

Handelt es sich bei dem »libyschen Machthaber« um Staatschef Ghaddafi? Wird es ihm gelingen, Frankreich aus der europäischen Gemeinschaft herauszubrechen und auf die Seite der Araber zu ziehen – mit dem Versprechen, Erdöl zu liefern? Gewinnen die Araber so großen Einfluß in der Welt, daß sich die Industrienationen gezwungen sehen, auf den Schulen Arabisch als Fremdsprache lehren zu lassen?

Andere Verse erhärten diese Deutung. In Vers II/29 heißt es:

>*Der Orientale wird von seinem Wohnsitz aufbrechen,*
die Apenninen überschreiten, um Frankreich zu sehen.
Vom Himmel wird er durch Wasser und Schnee sich
den Weg bahnen.
Und jeden wird er mit seiner Peitsche schlagen.«

Der Islam ist unaufhaltsam im Vormarsch auf Europa. Sein Ziel die Herrschaft über das Abendland, denn »er will Frankreich sehen«, die Heimat des Sehers. Weder Wetter noch Überschwemmungen oder andere Naturkatastrophen werden ihn aufhalten können. Er hat schließlich das Sagen – seine Gesetze (die Peitsche) gelten. Und es wird ihm leichtgemacht werden, sein Ziel zu erreichen. Denn auf Frankreich wird im entscheidenden Augenblick kein Verlaß sein. Das Volk, von dem der Prophet sagt, es werde »jeder Bande ausgeliefert sein«, wird von

Parteienhader und Gruppeninteressen zerrissen und zwischen den Machtblöcken Ost und West zerrieben:

> »Der Friede winkt von der einen Seite, der Krieg von
> der anderen.
> Niemals gab es derart massive Nachstellungen.
> Männer und Frauen und das unschuldige Blut der
> Erde kann man nur bedauern.
> Frankreich wird jeder Bande ausgeliefert sein.«
>
> (VERS IX/52)

Es kommt wie es kommen muß. Vers I/18 schildert die nächste Szene:

> »Durch Zwietracht und Frankreichs Nachlässigkeit
> wird Mohammed der Zugang eröffnet.
> Erde und Mittelmeer triefen von Blut.
> Der Hafen von Marseille ist mit Segeln und Schiffen
> vollgestopft.«

Dabei muß man nicht unbedingt an kriegerische Auseinandersetzungen denken, obwohl sie natürlich nicht völlig auszuschließen sind. Näher liegt allerdings die wirtschaftliche Unterwerfung und die ideologische Durchsetzung. Die Araber werden unsere Industrie aufkaufen – die Europäer werden für sie arbeiten, ihre Sprachen erlernen, ihre Religion und mohammedanische Denkweisen übernehmen.

Als die großen Bosse werden sie alle wichtigen Schlüsselpositionen innehaben und somit auch den politischen Kurs bestimmen. Der Schah von Persien hat den Anfang gemacht, als er Aktien deutscher Industrieunternehmen kaufte. Die Ayatollahs, die sich heute in viel stärkerer Position befinden, werden diesen Weg konsequent fortsetzen.

Nostradamus spricht noch einmal von der »Nachlässigkeit« Frankreichs, womit er sicher meint, daß man die Zeichen in Europa nicht ernst nimmt und die Entwicklung nicht sehen will. Der Vers I/73 lautet:

> »Frankreich wird infolge seiner Nachlässigkeit von
> fünf Seiten angegriffen.
> Tunesien und Algerien sind von den Persern
> mithineingezogen, Leon, Sevilla, Barcelona gefallen...«

Wiederum dasselbe Bild: Die ehemaligen Kolonien reißen das Steuer an sich. Der eigentliche Anstoß wird von Persien ausgehen, das alle anderen arabischen Staaten in seinen Bann ziehen kann.

DER ANGRIFF – ÜBER DAS MEER HINWEG

Nach und nach wird keiner dem Einfluß der Araber widerstehen können. Stadt um Stadt, Land um Land, eine Schlüsselposition der Industrie nach der anderen geraten in ihre Hände.

Doch bei solcher Einflußnahme wird es nicht bleiben.

»*Man wird seine früheren Eroberer unterwerfen*«, heißt es in den Présages, Vers 40.

Unterwerfen – und mit Waffengewalt angreifen. Daran läßt der Vers V/25 keinen Zweifel:

> »*Der arabische Machthaber wird dann, wenn die Sonne, Mars und Venus im Sternkreiszeichen Löwe stehen, die Regierung der Kirche über das Meer hinweg beseitigen. Bei Persien steht gut eine Million bereit, um mit Schlangen und Würmern in Byzanz und Ägypten einzufallen.*«
>
> (CENTURIE V/25)

Das ist nun deutlich: Krieg! Der Angriff richtet sich, wie bereits in früheren Versen angedeutet, zunächst gegen die Türkei und gegen Ägypten. Der Ausgangspunkt der Armeen ist Persien. Das eigentliche Ziel des Angriffs heißt: Beseitigung des Christentums. Und, so sagt der Seher unmißverständlich: Es wird nicht nur beim Versuch bleiben. Er wird Erfolg haben. Die Regierung der Kirche, Papst und Kardinäle in Rom, werden »über das Meer hinweg beseitigt«. Davon in einem späteren Kapitel nähere Einzelheiten.

Was Nostradamus mit »Würmern und Schlangen« meinen könnte, ist insofern ungewiß, als er hier Abkürzungen verwendet. Seit der Nostradamus-Deutung von Dr. N. Alexander Centurio (1953) gilt diese Übersetzung als die treffendste. Man nimmt an, daß der Seher auf einen Krieg mit neuen, vielleicht biologischen Waffen hinweisen wollte.

Immerhin hält Michel Nostradamus das Ereignis für so bedeutsam, daß er, entgegen seiner sonstigen Gewohnheiten, eine Zeitangabe anfügt: »Wenn Sonne, Mars und Venus im Sternkreiszeichen Löwe stehen« – das ist eine astrologische Angabe. Schon im Jahre 1942 hat der englische Nostradamus-Forscher Lee McCann daraus den 21. August 1987 berechnet.

Und das könnte richtig sein.

Die Sonne befindet sich jeweils zwischen dem 23. Juli und dem 22. August im Sternzeichen Löwe. Mars und Venus laufen in den kommenden Jahren häufig beinahe parallel. Im Sternzeichen Löwe treffen sie sich in den letzten Jahrzehnten unseres Jahrhunderts dreimal:

zwischen dem 31. Juli und dem 22. August 1987,

am 23. und 24. Juli 1989,

und zwischen 21. und 23. August 1998.

Wie im Kapitel 5 gezeigt wird, scheidet das Datum 1998 aus, weil zu diesem Zeitpunkt in Italien bereits ein Diktator an der Macht sein wird, der die Araber erfolgreich zurückdrängt. Bleiben also noch die Jahre 1987 und 1989.

Beginnt also der 3. Weltkrieg im Jahre 1987? Die Möglichkeit ist nach all den Angaben nicht auszuschließen. Und auch die Bundesrepublik wird nicht verschont bleiben:

>*Um in der Donau zu trinken, wird es kommen vom Rhein,*
das große Kamel. Daran wird sich nichts ändern...«
(CENTURIE V/68)

Das »Kamel«, das sind die Völker, in denen das Kamel zu Hause ist, also wiederum Araber und andere Bewohner des Orients, Nordafrikas, vielleicht auch Asiens. Ihre »Invasion«, so dürfen wir Nostradamus entnehmen, erfolgt diesmal nicht über den Balkan. Sie werden vom Süden und Westen zu uns kommen: über Italien, Spanien und Frankreich.

In Vers X/31 wird Nostradamus geradezu sarkastisch, wenn er über das Schicksal der Deutschen spricht:

»*Das Heilige Reich wird nach Germanien kommen.*
Der Islam findet offene Orte vor.
Die Dummköpfe wollen auch die Wiedergeburt.
Die Unternehmer sind alle unter Dach und Fach.«

Mit dem Heiligen Reich meint der Seher hier wohl das Arabische Imperium, das im Zeichen des Islams und im Namen des
Propheten Mohammed nach Deutschland kommen wird, um
hier nur offene Türen und offene Herzen vorzufinden. Es wird
modisch werden, was sich heute bereits abzeichnet, an die Rein-
karnation zu glauben und östliche Heilsbotschaften zu übernehmen. Die Industriekapitäne werden ihre Anweisungen von den
Arabern bekommen, von ihnen eingesetzt und kontrolliert werden. Eine Vorstellung, die noch vor wenigen Jahren wohl jeden
vernünftigen Menschen zum Lachen gebracht hätte. Ist sie heute
noch völlig abwegig?

DIE VIER ENGEL VOM EUPHRAT-STROM

Die Aussagen des Michel Nostradamus stimmen überein mit
Angaben in der sogenannten Apokalypse. In diesem letzten
Buch der Heiligen Schrift, dem einzigen prophetischen Werk des
Neuen Testamentes, steht am Anfang der großen Endzeit-Kata-
strophen auch der Krieg – ein Krieg, der vom Orient ausgeht:

> *»Da hörte ich eine Stimme von den vier Hörnern am*
> *goldenen Altar vor dem Angesichte Gottes. Sie*
> *sprachen zum 6. Engel, der die Posaune hielt: »Laß*
> *die vier Engel los, die an dem großen Euphrat-Strome*
> *festgehalten werden.« Da wurden die vier Engel*
> *losgelassen, die sich bereitgehalten hatten auf Stunde*
> *und Tag, Monat und Jahr, den dritten Teil der*
> *Menschheit hinzumorden. Die Zahl der Reiterschar*
> *war zwanzigtausend mal zehntausend, so hörte ich die*
> *Zahl. Also sah ich im Geiste die Rosse und die Reiter.*
> *Sie trugen feuerrote, dunkelblaue, schwefelgelbe*
> *Panzer. Die Köpfe der Rosse waren wie Löwenköpfe.*
> *Aus ihren Mäulern gingen Feuer, Rauch,*
> *Schwefeldampf hervor. Durch die drei Plagen, durch*
> *Feuer, Rauch und Schwefel aus ihren Mäulern, wurde*
> *der dritte Teil der Menschen umgebracht. Die Kraft*
> *der Rosse liegt in ihrem Maul und in ihrem Schwanz.*
> *Die Schwänze glichen nämlich Schlangen mit Köpfen,*
> *womit sie Schaden stiften...«*

(GEHEIME OFFENBARUNG 9/15)

Johannes, der Lieblingsjünger des Herrn und einer der zwölf Apostel, hat diesen Text aufgeschrieben – vermutlich etwa im Jahre 95 nach Christi Geburt. Er, der auch ein Evangelium verfaßt hatte, war inzwischen ein uralter Mann, verbannt auf die Insel Patmos, der letzte Überlebende der Apostel.

In seinen letzten Tagen ist seine ganze Aufmerksamkeit auf das gerichtet, was nun unmittelbar bevorstehen soll: das Ende der Welt, die Wiederkehr Christi. Johannes rechnete fest damit, den »jüngsten Tag« und all die Schrecken, die ihn begleiten, noch zu erleben. Christus hatte ja angekündigt: »Wahrlich, ich sage euch, dieses Geschlecht wird nicht vergehen, bis all dies geschehen wird.« (Matthäus 24/24)

So beginnen die Weissagungen des Johannes, die er an seine sieben kleinasiatischen Gemeinden richtet, entsprechend:

> *»Offenbarung Jesu Christi, die Gott ihm gegeben hat, um seinen Knechten kundzutun, was bald geschehen muß. Er (Christus) tat es durch seinen Engel kund, den er Johannes, seinem Knecht geschickt hat. Dieser hat Zeugnis abgelegt vom Worte Gottes...«*
>
> (GEHEIME OFFENBARUNG 1/1)

Die nachfolgenden Prophezeiungen sind eine einzige gigantische Steigerung der Schrecken. Am Anfang steht das Bild der vier Apokalyptischen Reiter: die treffende Darstellung der Menschheitsgeschichte vom ersten begeisterten, idealistischen Roden, Ordnen, Bestellen, Aufbauen und Gestalten – bis hin zum folgenschweren Mißbrauch der Kräfte der Natur, zum Raubbau an der Energie und zum Verfall der Werte.

Was nachfolgt, ist die notwendige Konsequenz aus diesem Fehlverhalten. Denn die »Racheengel«, die nun losgelassen werden, um Strafgericht zu halten, sind das Aufbäumen der geschundenen Natur.

Eingeleitet wird dieses Strafgericht durch eine Serie immer schlimmerer Kriege.

Den ersten und den zweiten Weltkrieg haben die Menschen hinter sich. Folgt nun der dritte?

Auffallend an den Prophezeiungen des Johannes ist die Übereinstimmung mit den Nostradamus-Texten: Die vier Engel kommen vom Fluß Euphrat, der Urheimat unseres »Geschlechtes«, dem Land, in dem Abraham ursprünglich zu Hause war und in dem sich uralten Überlieferungen zufolge das Paradies befunden haben soll. Euphrat, das ist aber zugleich auch die Richtung, aus der die Gefahr kommt: Vorderer Orient, Persien, Asien.

Die Rösser des Johannes haben Schwänze, die aussehen wie Schlangen. Auch bei Nostradamus war die Rede von Schlangen und Würmern. Unwillkürlich denkt man an Flugzeuge, die Entlaubungsmittel oder Giftstoffe aussprühen, wie das schon im Krieg in Vietnam der Fall war.

Die Apokalypse nennt drei »Plagen«: Feuer, Rauch und Schwefel. Damit wird doch wiederum darauf hingewiesen, daß es sich um keinen gewöhnlichen Krieg mit herkömmlichen Waffen handelt.

Nostradamus nennt die Zahl der Truppen mit mehr als einer Million, Johannes dagegen spricht von 200 Millionen. Das darf nicht als Widerspruch betrachtet werden. Beide wollten doch nur sagen, daß riesige, unübersehbare Massen in Bewegung geraten. Es geht, das steckt dahinter, nicht um irgendein kleines Geplänkel, um Grenzstreitigkeiten oder einen gelegentlichen Überfall – sondern um einen schlimmen Krieg mit unvorstellbarem Einsatz.

Ist das der Krieg, der möglicherweise 1987 oder 1989 ausbrechen könnte?

Stellen wir zu den Aussagen des Johannes noch einmal einen Vers von Nostradamus:

> »Nach der großen Aufregung für die Menschen nähert sich eine noch größere.
> Der große Beweger erneuert die Jahrhunderte.
> Regen, Blut, Milch, Hunger, Eisen und Pest.
> Am Himmel sieht man Feuer in langen Funken dahineilen.«
>
> (CENTURIE II/46)

Sofort springt die Formulierung ins Auge: »Er erneuert die Jahrhunderte« – es heißt nicht etwa das Jahrhundert, somit kann also keine gewöhnliche Jahrhundertwende gemeint sein, sondern nur eine Jahrtausendwende, der Augenblick, in dem die neue Serie der Jahrhunderte mit einer 2 als erster Zahl beginnt.

Der Krieg wird verbunden sein mit Naturkatastrophen, mit einem »Blutregen« und mit einem »Milchregen«, von denen später noch zu reden sein wird, mit weltweitem Hunger und einer großen Epidemie. Die »Funken«, die am Himmel dahineilen, könnten Kampfsatelliten sein, die sich gegenseitig zerstören. Mit der großen Aufregung, die die Menschen eben überstanden haben, ist wohl der zweite Weltkrieg gemeint. Der dritte würde demnach noch vor dem Jahr 2000 ausbrechen.

Dieses Datum wird bei einer ganzen Reihe prominenter Propheten immer wieder genannt.

Genau auf diesen Zeitpunkt zielen die sogenannten »Weissagungen des Malachias« hin, eine uralte Papstliste. Nach ihr folgen auf den gegenwärtigen Papst Johannes Paul II. nur noch zwei Päpste, dann wird die Kirche untergehen. An späterer Stelle soll ausführlich davon die Rede sein.

Um das Jahr 1840 setzte sich ein bislang braver und angesehener Musiklehrer in Graz, Jakob Lorber (1800–1864), unvermittelt hin und schrieb 25 dicke Bücher. Neue Offenbarungen, die, so versicherte er immer wieder, ihm direkt von Christus diktiert wurden: »So sprach der Herr zu mir für jedermann, und das ist wahr, getreu und gewiß...«

In den Offenbarungen des Jakob Lorber findet sich rund 30mal die Ankündigung:

> *Das Gericht wird nach nahezu 2000 Jahren*
> *abgehalten.«*

Oder:

> *»Von jetzt an werden 1000 und nicht ganz 1000 Jahre*
> *vergehen, bis sich alles erfüllt...«*

Christus, so behauptete der Grazer Musiklehrer, verkündet also seine Wiederkunft für die Tage kurz vor dem Jahr 2000. Auch davon wird noch zu reden sein.

Am 3. Januar 1945 starb in Virginia Beach in den Vereinigten Staaten der »Schlafende Prophet« Edgar Cayce. Er war ein einfacher, fast ungebildeter Mann, den man aber das größte Medium Amerikas nannte. Er sah in Trance Bilder der Zukunft, Szenen schlimmster Naturkatastrophen und Veränderungen der Erde. Und wiederum heißt es auch bei ihm:

> *»Das wird noch vor dem Jahr 2000 geschehen.«*

In seinem Vorwort an König Heinrich II. legt Michel Nostradamus sogar eine genaue Berechnung des Augenblicks vor, in dem sich alles erfüllen und ereignen soll. Er habe, so versichert der Seher ausdrücklich, diesen Augenblick äußerst sorgfältig berechnet und »wie eine Komposition zusammengebaut«, so gut es ihm nur möglich gewesen wäre.

Herausgekommen ist dabei: der Beginn des 7. Jahrtausends seit der Erschaffung der Welt.

Das wäre wiederum das Jahr 2000. Nostradamus ist nämlich davon ausgegangen, daß die Welt vor Christus bereits 4000 Jahre bestanden hat. Demnach wären in Kürze also 6000 Jahre vergangen – das siebte Jahrtausend würde beginnen.

DIE »GROSSE BOTSCHAFT VON LA SALETTE«

Von ganz anderer Seite kam ebenfalls die Rede auf den bevorstehenden Krieg – verbunden mit schrecklichen Naturkatastrophen: Am 19. September 1846 lagen die beiden Hirtenkinder Mélanie Calvat, 15 Jahre alt, und Maximin Giraud, elf Jahre, auf einer abgelegenen Almwiese in den französischen Alpen, weit hinter Grenoble. Plötzlich, gegen 3 Uhr nachmittags, sahen sie vor sich ein glühendes Licht, das »glänzender als die Sonne« war. In der Mitte der strahlenden Feuerkugel erblickten sie eine wunderschöne Frau. Sie saß auf einem Felsbrocken und – weinte. Die beiden Kinder hatten Angst und fühlten sich zugleich angezogen. Sie konnten weder lesen noch schreiben und waren auch nicht gerade fromm. Das einzige ihnen geläufige Gebet war das Ave Maria, denn die armen Eltern hatten keine Zeit, sich um die Kinder zu kümmern.

Die »Dame«, die sich später als Jungfrau Maria zu erkennen gab, sprach französisch. Die Kinder verstanden keine einzige Silbe von dem, was sie hörten, denn sie beherrschten nur einen alten Ortsdialekt, wie das in der Gegend damals üblich war. Trotzdem konnten sie selbst noch auf dem Totenbett, Jahrzehnte später, Wort für Wort der »Großen Botschaft« wiederholen. Im Auftrag des Bischofs von Grenoble ist diese Botschaft aufgeschrieben und nach Rom geschickt worden. Die Kirche hat die Muttergotteserscheinung von La Salette schon 1852, fünf Jahre später, offiziell anerkannt, die eigentliche Botschaft aber geheimgehalten. Es war einfach zu schrecklich, was da geschildert wurde. Möglicherweise, so befürchtete der damalige Papst Pius IX., wäre eine Endzeitpanik ausgebrochen, hätte der Text eine Veröffentlichung erfahren. La Salette wurde die erste der drei großen Marien-Erscheinungen: La Salette (1846), Lourdes (1858) und Fatima (1917). Die Leute erfuhren vor 130 Jahren, daß die Muttergottes sehr eindringlich zum Gebet und zur Buße aufgerufen hatte. Aber warum, das blieb bis vor kurzem verborgen.

Unter anderem heißt es in der »Großen Botschaft von La Salette«:

> »Gott wird in beispielloser Weise zuschlagen. Wehe den Bewohnern der Erde! Gott wird seinem ganzen Zorn völlig freien Lauf lassen, und niemand wird sich so vielen vereinten Übeln entziehen können... Die Menschheit steht am Vorabend der schrecklichsten Geißeln und der größten Ereignisse. Man muß darauf gefaßt sein, mit eiserner Rute geführt zu werden und den Kelch des Zorns zu trinken...
> Auf den ersten Hieb seines Schwertes, das wie ein Blitz einschlagen wird, werden die Berge und die ganze Natur vor Entsetzen zittern, weil die Unordnung der Menschen und ihre Verbrechen das Himmelsgewölbe durchdringen. Paris wird niedergebrannt und Marseille verschlungen werden. Mehrere große Städte werden niedergebrannt und durch Erdbeben zerstört werden. Man wird glauben, es sei alles verloren. Man wird nur Menschenmord sehen. Man wird nur Waffengetöse und Gotteslästerungen hören...
> Die Erde wird dann mit allerlei Plagen geschlagen werden, nebst der Pest und der Hungersnot, die allgemein sein werden. Es wird Kriege geben bis zum letzten Krieg...
> Die Natur lechzt nach Rache wegen der Menschen und bebt vor Entsetzen in Erwartung dessen, was über die durch Verbrechen besudelte Erde hereinbrechen soll...«

Es ist wiederum dieselbe Warnung in ganz ähnlichen Bildern, wie sie bei Johannes und bei Nostradamus zu finden sind. Die ungebildeten Kinder können das alles nicht erfunden haben. Es ist auch auszuschließen, daß irgend jemand versucht hat, die Kinder arglistig zu täuschen. Es käme wohl niemand auf die Idee, zwei Hirtenkindern an einem Ort, den man nur nach vierstündigem, beschwerlichem Fußmarsch erreichen kann, etwas in einer Sprache zu erzählen, die sie nicht verstehen – in der Hoffnung, sie würden das wörtlich weitererzählen.

Drei der angekündigten Kriege hat die Menschheit seitdem erlebt: den deutsch-französischen Krieg 1870, den ersten und den zweiten Weltkrieg. Kommt nun ein weiterer Krieg oder bereits, wie angedeutet, der »letzte«?

Am Schluß der »Großen Botschaft von La Salette« hat Maria die Gründung eines religiösen Ordens angeregt. Sie gab den Ordensmitgliedern den bezeichnenden Namen »Die Apostel der letzten Zeiten«, die sich bewähren sollen, »wenn die Sonne sich verfinstert, wenn die Kirche verfinstert wird und die Welt in Bestürzung fällt«. In La Salette steht heute ein Kloster.

Eindrucksvoll ist auch bei den Prophezeiungen oder Offenbarungen die Verbindung von Krieg und Naturkatastrophen, genau wie bei Johannes und Nostradamus. Die Muttergottes von La Salette spricht von »so vielen vereinten Übeln...«

Und noch etwas stimmt sehr nachdenklich: Die wunderschöne Frau, die weinend auf dem Felsbrocken auf der Alm saß und nach Aussagen der Kinder so tief bedrückt war, daß »ein Strom von Tränen ihre Wangen netzte«, diese Frau benützte dieselben Worte wie einst ihr Sohn Jesus, als er ebenfalls weinend den Untergang von Jerusalem und das Ende der Welt ankündigte: »Wehe den Bewohnern der Erde...«

Jesus sprach beim Anblick des Tempels von Jerusalem, 1800 Jahre früher, vom selben Ereignis:

> *Ihr werdet von Kriegen und Kriegsgerüchten hören. Gebt acht und laßt euch nicht erschrecken. All dies muß geschehen, doch es ist noch nicht das Ende. Volk wird sich gegen Volk erheben und Reich gegen Reich. Pest, Hunger und Erdbeben werden an vielen Orten sein. Dies alles ist aber erst der Anfang der Wehen.«*
> (MATTH. 24,6)

Wiederum: Krieg in Verbindung mit nie dagewesenen Natur-katastrophen, mit Pest und Hunger. Aber gleichzeitig auch der Hinweis (das wird noch ausführlicher dargelegt werden): Das Ende kommt nicht in einem einzigen Augenblick, sondern es ist ein langwieriger Prozeß. Wenn es soweit sein wird, müßt ihr wissen, daß die Welt nicht untergeht. Noch lange nicht.

Wie bei Johannes, bei Nostradamus und bei der »Großen Botschaft von La Salette« ist die Prophezeiung keine Schwarzmalerei, kein finsteres Warnen und Erschrecken, sondern bei allem Ernst, obwohl nichts an schlimmen Tatsachen verschwiegen wird, so etwas wie eine Zusicherung: Es wird weitergehen.

DAS »DRITTE GEHEIMNIS VON FATIMA«

Zu der großen Jahrhundertfeier in La Salette, zu der sich 1946 über 30000 Pilger auf der Hochalm einfanden, kam auch der spätere Papst Johannes XXIII., jener liebenswerte, heitere Nachfolger Petri, der den Humor in den Vatikan bringen sollte, der demonstrativ im Vatikan die Fenster öffnete, um »einen frischen Wind in die alten Mauern hereinzulassen«.

Dieser Papst ist 1960 mit einer anderen Offenbarung konfrontiert worden, die ihn zutiefst erschreckt haben muß, denn fortan, so berichteten Leute aus seiner Umgebung, war sein Lachen seltener zu hören und seine Miene bekümmert.

Die Offenbarung, die der Papst am 13. Mai 1960 las, war das »Dritte Geheimnis von Fatima«.

Am 13. Mai 1917 hatten drei Hirtenkinder in dem kleinen portugiesischen Dorf Fatima eine Erscheinung, im selben Jahr, jeweils am 13. des Monats, fünf weitere Erscheinungen der Muttergottes. Sie enthüllte den drei Kindern Lucia, 10 Jahre alt, und ihren kleineren Geschwistern Francisco, 9, und Jacinta, 7, drei Geheimnisse. Im ersten Geheimnis wurde das Ende des ersten Weltkriegs angekündigt. Im zweiten der zweite Weltkrieg vorausgesagt: »Er wird im letzten Jahr der Regierungszeit des Papstes Pius XI. ausbrechen.«

Im Jahre 1917, als die kleine Lucia das niederschrieb, konnte kein Mensch wissen, daß der nächste Papst Pius XI. heißen würde. Noch regierte in Rom Benedikt XV. Pius XI. wurde erst

1922 zum Papst gewählt, er starb im Februar 1939. Im gleichen Jahr, am 1. September 1939, brach der zweite Weltkrieg aus.

Das dritte Geheimnis ist auch im Jahre 1981 nur zwei Menschen bekannt: dem Papst und der Verfasserin der Botschaft: Lucia. Das einstige Hirtenmädchen lebt als Schwester Maria zurückgezogen in einem portugiesischen Kloster. Ihre beiden Geschwister starben schon 1919 und 1920.

Was wirklich in dem versiegelten Brief steht, den Johannes XXIII. 1960 öffnete, das gehört noch immer zu den bestgehüteten Geheimnissen des Vatikans. Augenzeugen berichteten lediglich, der Papst sei beim Lesen erbleicht.

Außerdem sickerte nach und nach durch, in dem Brief werde der dritte Weltkrieg angekündigt – für das Ende unseres Jahrhunderts. Außerdem soll auch in dieser Botschaft wiederum die Rede sein von gewaltigen Naturkatastrophen.

Übrigens: am 13. Mai 1931 wurde Fatima, der Ort, der den Namen der Lieblingstochter des Propheten Mohammed trägt, offiziell von der Kirche als Wallfahrtsstätte Mariens anerkannt – und somit die Erscheinungen bestätigt. Auf den Tag genau 50 Jahre später wurde Papst Johannes Paul II. auf dem Petersplatz von Pistolenschüssen niedergestreckt. Viele sahen in dem Attentat auf den Papst ein verhängnisvolles Zeichen – angeblich, weil es im »Dritten Geheimnis von Fatima« als Signal für den großen Krieg genannt wird.

Wird es sich bei diesem Krieg um einen Atomkrieg handeln? Werden der Westen und der Osten aneinandergeraten?

Unsere gegenwärtige Situation ist von Michel Nostradamus in Vers IX/51 treffend beschrieben:

> »Gegen die roten Sekten (Parteien) werden sich
> verbünden Feuer, Wasser, Eisen. Das Band wird sich
> am Frieden aufreiben. Dann wird der Augenblick
> kommen, in dem die Anstifter sterben. Bis auf eines –
> das die ganze Welt ruinieren wird.«

In diesem Vers ist zunächst der Begriff: die »roten Sekten«, bemerkenswert. Hier darf nun tatsächlich an den Kommunismus gedacht werden. Nostradamus verwendet Ausdrücke wie »die Roten« oder auch politische Formulierungen wie »links« und »rechts«, als wäre er im zwanzigsten Jahrhundert geboren. Zu seiner Zeit konnte sich mit Sicherheit niemand etwas darunter vorstellen, denn diese Begriffe entstanden erst sehr viel später. Die »Roten Sekten« stehen aber nicht nur für die kommunistische Partei, sondern zweifellos auch für den Terrorismus, der sich »Rote Armee Fraktion« nannte.

Feuer, Wasser, Eisen – das Bündnis gegen den Kommunisten ist eine reine Interessensgemeinschaft, keine echte Verbindung. Wasser und Feuer und Eisen sind neben der Erde nach uralter menschlicher Vorstellung die Grundelemente des Lebens, aus denen letztlich alles hervorgeht, die aber auch in ständigem Widerstreit miteinander liegen. Man denke an das Kinderspiel, mit dem man so schön knobeln kann: Wasser löscht Feuer; Feuer schmilzt Eisen; Eisen gräbt in der Erde; Erde trinkt das Wasser: Der Schwächste kann in einem einzigen Augenblick zum stärksten werden – und ist auch schon wieder bedeutungslos. Ein phantastisches Bild moderner Machtverhältnisse!

Mit den Elementen, die niemals so recht zusammenfinden können, weil die Welt nur in Ordnung ist, wenn sie sich gegenseitig in Schach halten, vergleicht der Seher die drei Westmächte nach dem zweiten Weltkrieg: USA – das Feuer, die Macht, die die Atombombe abgeworfen hat; England – das Wasser, die Insel, vom Wasser umspült, »das Volk im Meer«, wie es an anderer Stelle genannt wird; und Frankreich – das Eisen, die stolze, eigensinnige Nation.

»Das Band wird sich im Frieden aufreiben«: Frankreich ist schon zu Zeiten de Gaulles aus dem Atlantischen Bündnis ausgeschieden. Der Streit um die Verteilung der Kosten, um die Vergabe von Rüstungsaufträgen, um Stationierung von Nuklearwaffen stellt die Nato ständig vor neue Zerreißproben, so daß nicht nur Militärexperten daran zweifeln, ob dieses Militärbündnis im Ernstfall überhaupt schlagkräftig wäre.

Nostradamus spricht davon, daß die ursprünglichen Drahtzieher Truman, Churchill, de Gaulle und Stalin sterben werden, ohne daß es zu einer großen militärischen Auseinandersetzung zwischen dem Westen und dem Osten kommen wird. Er hat recht behalten.

Auch an dieser Stelle zeigt sich erneut die geniale Begabung des Sehers. Für »Anstifter, Drahtzieher« verwendet er ein Wort, das erst in jüngster Zeit modern geworden ist: »machiner« –

aushecken, machen. Der »Macher«, so nennt man heute einen Staatsmann, der kühl, überlegt an die Aufgaben herangeht und sie letztlich ohne allzu große Worte und Gesten löst.

Gleichzeitig deutet Nostradamus nun aber mit der letzten Zeile doch an, daß das Risiko die einstigen Gegner überleben wird:

»Bis auf eines, das die ganze Welt ruinieren wird« – »fors un que«: Meint er damit die Atomkraft? Und will er sagen, daß sie eines Tages die Erde »sur tout«, also rundum, vernichten wird?

Nostradamus sagt nicht auslöschen oder in die Luft sprengen. Er wählt den Begriff ruinieren. Jedermann weiß heute, daß dieser Ruin greifbar nahe gerückt ist. Dazu braucht es nicht einmal einen Krieg. Auch die friedliche Nutzung der Atomkraft ist gefährlich geworden.

ATOMEXPLOSION IN NEW YORK?

An eine Atomexplosion muß man allerdings unwillkürlich denken, wenn man bei Nostradamus den Vers I/87 liest:

> »Erdbeben-Glut aus der Mitte der Erde läßt die
> Umgebung der neuen Stadt erzittern.
> Zwei große Blöcke führen einen langen Krieg.
> Dann wird Arethusa einen neuen Fluß rot färben.«

Auf den ersten Blick könnte man glauben, hier würde von einem schweren Erdbeben gesprochen. Und tatsächlich scheinen auch die enormen feurigen Kräfte aus der Tiefe der Erde aktiv zu werden. Es geht also nicht nur um Bomben- oder Granateneinschläge. Die »neue Stadt«, die mitsamt ihrer Umgebung erschüttert wird, ist New York. Andere Stellen, die noch zitiert werden, stützen diese Annahme. Schon zahlreiche Nostradamus-Deuter haben diesen Vers so gelesen.

Die zweite Hälfte verweist nun allerdings auf Krieg und sagt deutlich, daß das Erdbeben mit mächtigen Vulkanausbrüchen nicht zufällig und auf natürliche Weise zustande kommt. Zwei »Blöcke« kämpfen heftig miteinander. Dabei wird so viel Blut fließen, daß ein neuer Fluß, der möglicherweise durch das Beben entstanden ist, sich rot färben wird.

Man darf also annehmen, daß eine Atomexplosion in oder bei New York eine fürchterliche Naturkatastrophe zur Folge haben wird, bei der New York völlig zerstört wird.

Arethusa, so nannten die alten Griechen viele Quellen in ihrem Land – und eine Nymphe, die auf der Insel Ortygia (Syrakus) wohnte. Der Flußgott Alphos war in sie schrecklich verliebt und verfolgte sie im Meer bis nach Sizilien. Daß Nostradamus ausgerechnet ihren Namen gewählt hat, das zeigt erneut seine ungewöhnliche Meisterschaft: Wer im Mittelalter von einem Vulkan sprach, der dachte an den Vesuv bei Neapel oder an den Ätna auf Sizilien. Die sizilianische Nymphe steht somit für den feurigen Fluß der glühenden Lavamassen, die aus der Mitte der Erde und aus der Tiefe des Meeres hervorbrechen werden. Arethusa wohl auch deshalb, weil darin zwei Begriffe stecken, die Nostradamus mitteilen wollte: Areth, das ist hebräisch und heißt Erde, und USA, die Vereinigten Staaten von Amerika.

Mit anderen Worten: es handelt sich bei dem Krieg nicht um eine begrenzte Auseinandersetzung, sondern um ein weltumspannendes Morden, bei dem die ganze Erde in Mitleidenschaft gezogen wird.

Von der »Großen Stadt«, die zerstört wird, ist auch in der Apokalypse des Johannes die Rede. Im Kapitel 16 heißt es:

> »Nun folgten Blitze, Tosen, Donnerschläge, ein Beben, wie es noch keines gab, seitdem auf Erden Menschen leben. Ganz furchtbar war das große Beben. Die große Stadt fiel in drei Teile auseinander...«

Und noch einmal Michel Nostradamus, der in einem anderen Vers offenbar dasselbe Ereignis beschreibt, diesmal aber noch deutlicher wird:

> »Beim 45. Breitengrad wird der Himmel brennen. Das Feuer nähert sich der großen, neuen Stadt. Plötzlich springt eine riesige, himmelhohe Flamme hoch, wenn man die Normannen auf die Probe stellen will.«
>
> (CENTURIE VI/97)

Diesmal nennt der Seher New York die große, neue Stadt. Und er gibt einen geographischen Hinweis: 45. Breitengrad. New York liegt zwischen dem 40. und dem 45. Breitengrad.

Die Schilderung zwingt das Bild eines Atomangriffes geradezu auf: Nördlich von New York wird der Explosionsblitz aufleuchten. Glut und Strahlung bewegen sich auf New York zu. Dann aber, beim Versuch eines Gegenschlages, geht eine Atomrakete in oder unmittelbar bei New York selbst hoch. Treffender in so knappen Worten könnte man eine so fürchterliche Katastrophe kaum schildern.

AUCH DER »SCHLAFENDE PROPHET« SIEHT NEW YORK UNTERGEHEN

In unseren Tagen hat ein Amerikaner ebenfalls die Zerstörung von New York vorausgesagt: der 1945 verstorbene »schlafende Prophet« Edgar Cayce. Er war ein seltsamer Kauz. Ungebildet, linkisch, vielleicht wirklich nicht so ganz recht im Kopf, sondern ein bißchen verrückt, wie seine Gegner behaupteten. Mit Mühe und Not hatte der Junge aus Kentucky sechs Schulklassen geschafft, sich danach vergeblich als Farmer und als Schuhverkäufer versucht. Es war aussichtslos mit ihm. Er blieb eine Niete.

Bis er sich eines Tages selbst in Trance versetzte und erstaunliche Dinge von sich gab. Er schilderte das Leben auf der Erde vor 10000 Jahren und berichtete den verblüfften Zuhörern, was in 200 Jahren passieren wird. Er stellte im Hinterzimmer eines Arztes über tausende Kilometer hinweg medizinische Diagnosen und verbuchte sensationelle Heilerfolge.

Seine Voraussagen machte Edgar Cayce stets während solcher Diagnose-Sitzungen. Man nannte sie »Readings«. Er legte sich in seinem Arbeitsraum auf das Sofa, öffnete Hemdkragen, Krawatte und Schuhbänder. Dann bedeckte er sein Gesicht mit den Händen und schloß die Augen. Er schien zu schlafen, doch er schlief nicht. Er befand sich in einer Art Hypnose. Seine Frau stellte ihm die Fragen, und eine Sekretärin notierte die Antworten.

»Du siehst den Körper des Patienten Ernest W. Fitzgerald in New York, 14. Straße, Haus Nummer 37, 17. Stock, Apartment 96. Prüfe seinen Körper sorgfältig. Was fehlt ihm, was muß er tun, um gesund zu werden?«

Der »schlafende Prophet« erklärte den Gesundheitszustand und nannte ein paar Mittel und eine besondere Diät, durch die Mister Fitzgerald rasch wieder gesunden würde.

Der New Yorker Geschäftsmann war aber noch nicht zufrieden. Er sorgte sich um die nachteiligen Folgen des Großstadtlebens und hatte Angst, New York könnte eventuell von deutschen Fliegern bombardiert werden. Im Jahre 1941, als dieses »Reading« abgehalten wurde, war die Kriegsangst in den USA weit verbreitet. »Soll ich von New York wegziehen?« ließ er fragen. Edgar Cayce nickte: »Das wäre gut. Unbedingt. Das Leben dort ist ungesund. Die eigentlich zerstörerischen Ereignisse werden aber erst die nächste Generation treffen.«

Weitere Frage: »Ist denn Los Angeles sicher?«

Und da kam die Antwort, die ganz Amerika schockierte:

*»Los Angeles und San Francisco gehören zu den
Städten, die noch vor New York untergehen werden.«*

Davon wird später zu berichten sein.

Zurück zu New York. Die Deutung: Katastrophe durch Atomkraft wird verstärkt durch Nostradamus' Hinweise in Vers X/49:

*»Im Park der Welt bei der neuen Stadt, im Schacht
der ausgehöhlten Berge wird es aufgefangen und
gelangt in die Becken. Sie sind gezwungen, das mit
Schwefel vergiftete Wasser zu trinken.«*

Möglicherweise wird hier ein Giftanschlag auf das Trinkwasser von New York geschildert: Jemand zapft die Wasserversorgung an, versieht das Wasser mit Gift und bringt viele tausend Menschen um.

Wahrscheinlicher, vor allem im Zusammenhang mit den eben zitierten Versen, ist die Erklärung einer Verseuchung des Trinkwassers durch radioaktives Material, das ins Trinkwasser gelangt – sei es bei einem Atomangriff oder auch durch Unachtsamkeit, weil es über Zuleitungen in das Wasser-Reservoir gelangt und das gesamte Trinkwasser zum tödlichen Getränk werden läßt. Denkbar wäre, daß durch das geschilderte Beben diese Katastrophe ausgelöst wird.

Der »Park der Welt« könnte stehen für die UN-Behörden oder auch für das Welthandelszentrum in New York.

Kaum einen Zweifel in der Auslegung läßt folgender Vers von Nostradamus:

> »Nach dem Kampf und der Seeschlacht ist der große Neptun ganz oben.
> Der rote Gegner wird vor Angst erbleichen, wobei er den Großen Ozean in Schrecken versetzt.«
>
> (VERS III/1)

Der Name des Meeresgottes Neptun steht bei Nostradamus für die Seemacht England. Der »große Neptun« bedeutet wohl Amerika, das Land mit der stärksten Flotte.

Der Krieg der »zwei Blöcke«– also ein Atomkrieg zwischen Rußland und Amerika?

Wenn der Seher schon den Ausdruck »Blöcke« verwendet, kann es nach unserem heutigen Verständnis kaum anders gedeutet werden. Der eigentliche Konflikt, so darf man folgern, wird aber nicht in herkömmlicher Weise ausgetragen werden. Es geht nicht um die Eroberung oder Befreiung eines Landes, nicht mehr um Fronten, an denen gekämpft wird, sondern um weltweite Vernichtung, um einen Existenzkampf der Menschheit überhaupt, wobei der Schwerpunkt der Auseinandersetzungen in Asien und im pazifischen Ozean liegen dürfte.

Der Kampf Amerikas gegen Rußland wird auch nicht der eigentliche Hauptgrund des dritten Weltkrieges sein. Es ist sogar durchaus möglich, ja wahrscheinlich, daß Rußland während des Krieges die Fronten wechseln wird.

RUSSLAND WIRD SICH BEKEHREN – UND »EUROPÄISCH«

Von Rußland, das zum christlichen Glauben zurückfindet, so sagen die Propheten, geht letztlich, wohl zu Beginn des kommenden Jahrhunderts, die Rettung des Abendlandes aus.

Zumindest werden viele Weissagungen so verstanden. Etwa jene Sätze des Michel Nostradamus an König Heinrich II. im Vorwort zu den Centurien:

> »Die Länder, Dörfer, Städte, Reiche und Provinzen, die die ersten Wege verlassen haben, um sich zu befreien – und dabei viel tiefer in Gefangenschaft

gerieten, werden insgeheim ihrer Freiheit überdrüssig. Nach dem völligen Verlust der Religion werden sie anfangen, auf die linke Partei zu pfeifen und zur rechten zurückkehren. Sie werden die lange Zeit verfolgte Heiligkeit, Priester und Heilige Schrift zurückholen.«

Mit der Aufzählung: Dörfer, Städte, Reiche, Provinzen ist zweifellos die Weite des Kontinents angedeutet: Sowjetunion. Jene Männer, die Rußland den atheistischen Materialismus brachten, versprachen dem Volk die »Befreiung« von der Religion, weil sie sich wie Rauschgift auf Körper und Geist auswirke. Der orthodoxe Patriarch von Moskau wurde früher, ähnlich wie der Papst in Rom und der Bischof von Konstantinopel, als »Heiligkeit« bezeichnet.

Diese Sätze des Nostradamus stimmen überein mit der letzten großen Prophezeiung des Edgar Cayce. Er hat sie kurz nach dem zweiten Weltkrieg gemacht. Auch der »schlafende Prophet« kündigte an:

»Die Hoffnung der Welt kommt aus Rußland. Sie besteht aber nicht in dem, was gemeinhin als Kommunismus oder Bolschewismus bezeichnet wird. Nein. Im Gegenteil. Freiheit! Freiheit! Jeder Mensch wird fortan für seinen Mitmenschen leben. Die Idee wurde ja in Rußland geboren. Es werden noch Jahre vergehen, bis man das deutlich vernehmen kann. Doch aus Rußland kommt die Hoffnung für unsere Welt.«

Edgar Cayce hat die Prophezeiungen des Nostradamus nicht gekannt. Das ist ganz sicher. Er las in seinem Leben nämlich nur ein einziges Buch: die Bibel. Diese allerdings 60 mal von vorn bis hinten. Seine Prophezeiungen über die bevorstehenden Veränderungen in Rußland können also nicht abgeschrieben sein.

Aber wann wird es denn soweit sein, daß man diesen inneren Wandlungsprozeß erkennen kann?

Die oft geäußerte Behauptung, Nostradamus habe den Zerfall der Sowjetunion für das Jahr 1990 vorausgesagt, ist sicherlich falsch. Sie stützt sich auf haltlos gewordene Berechnungen.

Zweimal wird die Zahl 73 bei Nostradamus genannt. Einmal im Vers VI/74. Dort heißt es:

> »Die Verbannte wird zur Herrschaft zurückkehren.
> Ihre Feinde finden Verschworene.
> Mehr denn je wird ihre Zeit triumphieren.
> 73 sind sich des Todes nur zu sicher.«

Man hat diese Zeilen auf die russische Revolution im Jahre 1917 gedeutet und weitergerechnet: 17 und 73 ergibt 90. Also wäre die sowjetische Herrschaft im Jahre 1990 zu Ende. In der Vorrede an König Heinrich II. schreibt Nostradamus jedoch weit klarer und verständlicher:

> »Zugleich aber wird mit dem Aufschwung des neuen
> Babylons, die miserable Tochter aufgeblasen durch
> den Greuel des ersten Holocaustes. Doch wird sie nur
> 73 Jahre und sieben Monate bestehen.«

ISRAEL IN BEDRÄNGNIS – DIE ARABER SIND
73 JAHRE LANG GROSS

Das neue Babylon, das ist nicht Rußland, sondern das arabische Großreich, angeführt von den Persern. Die miserable Tochter Babylons ist der Islam, der versuchen wird, die Welt zu erobern. Der Name Holocaust hat in unseren Tagen erst seinen wahren Sinn erfahren. Er bedeutet mehr als nur einen verheerenden Brand oder ein riesiges Opfer. Er ist seit dem Todesmarsch der Juden durch die Konzentrationslager zur Bezeichnung des grauenvollen Völkermordes geworden. Das schwergeprüfte Opfer könnte auch in diesem Fall in erster Linie wiederum Israel sein. Denn Nostradamus schreibt im Vers VIII/96:

> »Die Synagoge – unfruchtbar und ohne jeden Nutzen
> – wird aufgenommen zwischen den Ungläubigen von
> Babylon, der Tochter der Verfolgung.
> Sie wird armselig und traurig sein, wenn man ihr die
> Flügel abschneidet.«

Als Nostradamus das niederschrieb, gab es seit nahezu 1500 Jahren keinen jüdischen Staat, keinen Tempel in Jerusalem mehr. Niemand konnte damit rechnen, daß jenes Volk, das über die ganze Welt verstreut lebte, jemals wieder eine Heimat finden und einen Nationalstaat gründen könnte. Dort, wo früher die Juden gelebt hatten, waren längst andere zu Hause.

Nostradamus sagte die Errichtung des Staates Israel in unserer Zeit voraus. Er reihte sich damit ein in die Schar alttestamentarischer Propheten, die fast 2000 Jahre früher Ähnliches versprochen hatten, ohne daß noch irgendeiner so recht daran glauben wollte.

Beim Propheten Ezechiel etwa heißt es:

> »Weil über dich die Feinde spotten: ›Ha, die ewigen
> Höhen sind in unseren Besitz gelangt‹, deshalb
> weissage und spreche: So spricht der Herr... fürwahr,
> die Heidenvölker rings um euch her, sie sollen es zu
> ihrer Schande tragen müssen... Ich hole euch aus den
> Heidenvölkern und sammle euch aus allen Ländern
> und bringe euch wiederum in die Heimat... Dann
> dürft ihr in dem Lande wohnen bleiben, das ich euren
> Vätern verliehen habe. Dann wird man sagen: Das
> vormals wüste Land ist wie der Garten Eden jetzt
> geworden... Fürwahr, ich hole Israels Söhne aus den
> Heidenvölkern, bei denen sie sich aufgehalten, und
> sammle sie von allen Seiten und bringe sie ins
> Vaterland. Ich mache sie zu einem Volk im Lande auf
> den Bergen Israels...«

(EZECHIEL, KAPITEL 26/37)

Ähnliche Aussagen finden sich bei nahezu allen Propheten des Alten Testamentes: Die Endzeit wird nicht anbrechen, ehe es nicht wieder einen jüdischen Staat im »Land der Väter«, in Israel geben wird.

Nahezu 2000 Jahre lang, bis zum 14. Mai 1948, brauchte man sich deshalb keine Gedanken über den Weltuntergang oder etwas Derartiges zu machen. Es gab ja kein Israel. Und eine Wiederbelebung konnte man sich, wenn überhaupt, allenfalls irgendwann einmal in unvorstellbar ferner Zeit vorstellen. Doch dann, nach dem zweiten Weltkrieg, war es plötzlich und wider jede realistische Einschätzung doch soweit. Die Prophezeiungen von Nostradamus und die der alten Propheten gingen in Erfüllung. Ben Gurion verkündete den neuen Staat Israel, der sich bislang behaupten konnte. Ist *das* das erste Anzeichen dafür, daß die Endzeit angebrochen ist? Nostradamus sieht für seine jüdischen Brüder, die Synagoge, die zwischen die Araber hineingezwungen wurde, schwere Zeiten heraufbrechen: Unfruchtbar und ohne Nutzen (wörtlich heißt es: steril und ohne jede Frucht, also eine Unfruchtbarkeit in doppelter Hinsicht) – das bezieht sich nicht auf das Land, sondern eindeutig auf die Entfaltung des Volkes: die erste große Pionierzeit ist vorbei. Die Unterstützungen von außen, die stille Bewunderung für diese tüchtigen, wehrhaften Menschen, ist abgeflaut, das Volk selbst in sich zerstritten. Kaum einer der ehemaligen Freunde wagt es mehr, sich rückhaltlos zu Israel zu bekennen – aus Furcht, die Araber könnten ihm das verübeln und den Ölhahn zudrehen. So ist dieses Volk wieder einmal allein.

Die Araber selbst werden Israel »die Flügel abschneiden«. Das Volk wird seine Souveränität einbüßen und zum Gefangenen im eigenen Land werden. Anders läßt sich dieser bittere Vers wohl nicht deuten. Leider nimmt diese Prophezeiung zur Zeit kaum jemand ernst.

Wenn die Gründung des Staates Israel aber das Signal gewesen ist: Aufgepaßt, jetzt ist eine Ära zu Ende gegangen und nun beginnt etwas ganz Neues – dann wird die Bedrängnis Israels, seine Unterwerfung durch die Araber zur Fanfare: Jetzt kommt das, was seit eh und je das Hauptthema aller Prophezeiungen gewesen ist: die Vollendung der Zeit. Das »Arabische Imperium« aber wird 73 Jahre und 7 Monate bestehen – also bis in die Mitte des nächsten Jahrhunderts. Bis dahin wird es, wenn Nostradamus recht behält, zwei Kriege geben.

11. AUGUST 1999 – UND DER RETTER EUROPAS

Das eigentliche Schlüsseldatum der gesamten Prophezeiungen – das einzige Datum überhaupt, das unverschlüsselt und vollkommen eindeutig gegeben wird, ist der 11. August 1999. An diesem Tag findet eine totale Sonnenfinsternis statt, die Nostradamus – eine phantastische Meisterleistung für sich – schon vor 450 Jahren vorausberechnet hat.

An diesem Tag aber soll zugleich in Frankreich ein sehr junger Mann an die Regierung kommen – der Mann, der Europa retten wird.

> *»Im siebten Monat im Jahre 1999 wird am Himmel*
> *ein großer König des Schreckens erscheinen.*
> *Er wird auferstehen lassen den König von Angoulême.*
> *Vor und nach einem Krieg wird er glücklich regieren.«*
> (CENTURIE X/72)

Nostradamus hat nach dem julianischen Kalender gerechnet, der erst später von Papst Gregor korrigiert wurde. Er kam somit in den Juli. Nach unserer heutigen Zeitrechnung fällt die Sonnenfinsternis auf den 11. August 1999. Angoulême ist eine alte französische Königsstadt in Westfrankreich. Dort war Louis Antoine de Bourbon zu Hause, ein Königssohn, der selbst zwar niemals König wurde, der aber nach Napoleons Zwischenspiel im Jahre 1814 Ludwig XVIII. zum König ausrief. Angoulême führt noch heute eine Krone im Wappen. Nostradamus läßt diese Stadt wohl symbolisch für das königstreue Frankreich stehen.

Er, selbst durch und durch monarchistisch, hat seine Weissagungen dem französischen König gewidmet und will diesem an dieser Stelle sagen, daß mit der Wende zum dritten Jahrtausend die alte Ordnung durch einen französischen Prinzen wiederhergestellt wird.

Dieser junge Mann, erst 18 Jahre alt, soll also die große politische Wende bringen. In Vers IV/14 heißt es:

> *»Der hingeworfene Tod der ersten Person wird zum*
> *Wechsel führen. Er bringt einen anderen an die*
> *Regierung.*
> *Rechtzeitig und doch sehr spät, so hoch in so jungen*
> *Jahren! Er wird dafür sorgen, daß Land und Meer ihn*
> *fürchten.«*

Das hört sich an, als würde der Präsident Frankreichs im Jahre 1999 Selbstmord begehen oder ermordet werden. Danach käme dann der starke Mann, Chyren, oder Chiren, der die Verfassung außer Kraft setzt und sich zum Diktator macht. Freunde und Feinde über Land und Meer hinweg werden ihn fürchten.

In dem Wort »Chiren« sehen viele Nostradamus-Deuter ein sogenanntes Anagramm: Die Buchstaben sind untereinander vertauscht. Ordnet man sie richtig, soll man auf den Namen Henric, Henry oder Heinrich kommen.

Aus den vielen, über zahlreiche Verse verstreuten astrologischen Daten hat der verstorbene Wiener Astrologe Dr. Wilhelm Kestranek als Geburtstag für Chiren den 21. Januar 1981 errechnet. Als Geburtsort wird Le Mans oder die nähere Umgebung dieser französischen Stadt angegeben. Es gibt Hinweise dafür, daß der Herrscher dem französischen Königshaus, also dem Geschlecht der Bourbonen, entstammen soll.

Das Naturereignis, die große Sonnenfinsternis, wird für den Seher also zum großen Angelpunkt in der Geschichte. Wichtig ist für die Lokalisation des dritten Weltkrieges der Hinweis: Wenn er zur Regierung kommt, also im Jahre 1999, wird ein Krieg gerade zu Ende sein und ein neuer vor der Tür stehen. Das sind die beiden Kriege, die Nostradamus für die Zukunft voraussagt.

Er deutet auch an, worum es letztlich gehen wird:

> *»Zweimal oben, zweimal unten wird der Orient auch das Abendland in die Knie zwingen.*
> *Sein Gegner, nach mehreren Schlachten über das Meer gejagt, wird am Bedarf scheitern.«*

(CENTURIE VIII/59)

Nostradamus spricht vom Orient als Gegner des Abendlandes. Er könnte mit diesem Begriff gewiß auch den Osten ganz allgemein meinen, denn manchmal spricht er von »rechts« und »links«. Doch dann würde die letzte Zeile dieses Verses nicht mehr stimmen: Der Gegner wird letztlich »über das Meer zurückgejagt«. Mit Orient dürfte also ganz genau das gemeint sein, was wir Europäer normalerweise unter dieser Bezeichnung verstehen: alle Völker und Staaten auf der anderen Seite des Mittelmeeres. Zweimal, so sagt Nostradamus, gewinnen die Mohammedaner die Oberhand, zweimal gelingt es den Europäern, sie zu überwinden, ehe die 73 Jahre und sieben Monate endlich um sind. Die Feinde aus dem Orient müssen letztlich aufgeben, weil ihnen das, was man zum Leben und zum Kämpfen braucht, ausgeht.

Von den zahllosen Andeutungen und Hinweisen der Propheten auf den dritten Weltkrieg seien hier nur noch vier Verse von
Nostradamus angeführt, weil sie das bisher Gesagte verdeut-
lichen.

UNRUHEN IM MITTELMEER

Italien und Spanien werden führerlos dahintreiben, sagt Nostradamus voraus:

>>*Das Volk von Spanien und Italien wird ohne Chef
sein. Tote muß man beseitigen im Balkan.
Seine Führung wird verraten durch eine Verrücktheit.
Das Blut schwimmt überall auf der Schwelle.*<<
(CENTURIE II/68)

Also: Chaos, politische Wirren, blutige Unruhen im ganzen
Mittelmeerraum.

Der eigentliche Unruheherd wird jedoch Frankreich sein.

An mehreren Stellen warnt Nostradamus seine Landsleute
sogar vor kriegerischen Auseinandersetzungen mit England
und Italien, die für Frankreich sehr bittere Zeiten bringen werden. Gewiß, zu Beginn der 80er Jahre unvorstellbar. Aber wie
oft hat Nostradamus recht behalten?

Der zweite wichtige Hinweis:

>>*Vor dem Konflikt wird die große Mauer fallen.
Der Große stirbt – ein zu plötzlicher und
beklagenswerter Tod.
Die Flotte ist unvollständig. Die meisten Schiffe sind
unterwegs.
Vom Fluß des Blutes wird das Land getränkt.*<<
(CENTURIE II/57)

Dieser Vers ist vielfach auf das Attentat von Sarajewo gedeutet
worden. Der »Große« wäre dann der österreichische Thronfol-
ger Erzherzog Franz Ferdinand, dessen Ermordung am 28. Juni
1914 zum Ausbruch des ersten Weltkrieges führte. Damals war
tatsächlich die Aufrüstung der deutschen Flotte noch nicht abgeschlossen.

In diesem Vers ist jedoch vom Einsturz einer großen Mauer oder von ihrer Beseitigung die Rede. Man könnte daran denken, wie das Rudolf Putzien vermutet, daß damit die Mauer von Berlin gemeint ist. Dann müßte ihr Abbruch als Alarmzeichen verstanden werden.

Noch wahrscheinlicher ist wohl, daß die Bombardierung eines großen Staudamms zum auslösenden Ereignis des dritten Weltkrieges werden wird. Zu denken ist etwa an den Assuan-Staudamm in Ägypten. Denn Ägypten und die Türkei, davon war die Rede, sind ganz offensichtlich die ersten Angriffsziele des »Arabischen Imperiums«.

Wenn Nostradamus vom Tod eines Großen spricht, dann meint er den Papst oder einen herausragenden Staatsmann, vornehmlich einen französischen Herrscher.

Der dritte Hinweis:

> *Die Götter offenbaren den Menschen, daß sie die*
> *Anstifter des großen Konfliktes sind:*
> *Wenn am wolkenlosen Himmel Speere und Lanzen*
> *gesehen werden, wird nach links hin der größte*
> *Konflikt entstehen.*«
>
> (CENTURIE I/91)

Die Speere und Lanzen – Raketen und Kriegs-Satelliten, die hoch über den Wolken dahinschwirren –, der Seher des Mittelalters konnte sich nicht vorstellen, daß so etwas von Menschenhand gemacht sein könnte. In seiner Vision sieht er den Krieg im Weltraum voraus. Und er gibt wiederum die Richtung an: von rechts nach links. Die ersten Atom-Raketen am Himmel werden, hat man eine Weltkarte vor Augen, von Ost nach West fliegen. Das würde bedeuten, daß Rußland den Krieg eröffnet und den ersten vernichtenden Schlag ausführt. Der Schlag, der möglicherweise New York treffen wird.

Und schließlich:

> *Wenn die Sonne im dritten Monat aufgeht, Eber und*
> *Leopard kämpfen miteinander auf dem Schlachtfeld,*
> *da läßt man den Leopard stehen und blickt zum*
> *Himmel: Man sieht einen Adler um die Sonne*
> *tanzen.*«
>
> (CENTURIE I/23)

Im Monat März findet eine Schlacht statt. Leopard und Eber stehen einander gegenüber. Ist es vermessen anzunehmen, daß hier Nostradamus eine Panzerschlacht schildert und dabei den Namen des deutschen Kampfpanzers ›Leopard‹ nennt? Der Eber wäre dann wohl der Panzer der Israeli, denn Schwein, Eber, Sau, das war im Mittelalter eine zunächst keineswegs abwertend gemeinte Bezeichnung für Juden. Sehr viel später ist daraus erst das böse Schimpfwort von der Judensau geworden.

Mitten im Kampf läßt ein schreckliches Schauspiel am Himmel beide Kampfparteien, Israeli und Araber, derart erschrekken, daß sie ihre Panzer stehen lassen und davonlaufen: Ein Adler tollt um die Sonne herum.

Das dürfte ein Hinweis dafür sein, daß nahende Naturkatastrophen den Krieg zunächst einmal beenden. Denn jetzt geschehen Dinge, die schlimmer sind und den Menschen unmittelbarer zustoßen als der Kampf. Dinge auf Erden und am Himmel, die wohl alles übertreffen, was die Menschheit in den vergangenen 4000 Jahren erlebt hat.

2
Eine notwendige Zwischenbemerkung:
Wer waren die Propheten –
und was wollten sie eigentlich?

Um darauf eine Antwort geben zu können, muß man erst einmal rückwärts blicken. Dabei geht es nicht so sehr um die Frage: Haben die Propheten recht behalten? (obwohl das natürlich nicht uninteressant wäre). Vielmehr gilt es herauszufinden: Steckt ein Sinn hinter dem »Lallen der Propheten«, wie Goethe einmal in einem Brief an Lavater es ausdrückte? Und, falls es diesen Sinn geben sollte: Kann man ihn mit einiger Wahrscheinlichkeit herausfinden?

Alle Propheten, Seher, großen Wahrsager, das ist eine erste wichtige Feststellung, lebten in einer ausgesprochen schwierigen, wirren Zeit. In Augenblicken, in denen die Grundfesten der bisherigen Ordnung wankten und sich die große Wende zu etwas ganz Neuem ankündigte.

Entsprechend war das, was sie voraussagten, auch nicht dazu bestimmt, persönliche Neugierde zu befriedigen und Einzelschicksale aufzuzeigen – sondern es ging um die Wendemarken der menschlichen, heilsgeschichtlichen Entwicklung.

DANIEL – UND DER KOLOSS AUF TÖNERNEN BEINEN

Der Prophet Daniel ist ein erstes Beispiel dafür. Niemand weiß, ob es ihn so, wie er im Alten Testament dargestellt wird, überhaupt gegeben hat, oder ob man nicht mehrere Personen im Laufe der Geschichte zu einer einzigen Figur aufgebaut hat, die man nach und nach auch noch mit wunderschönen, bildhaften, dichterisch-kunstvollen Fabeln und Märchen ausschmückte.

Das Buch Daniel ist zum Teil hebräisch, zum Teil aramäisch und in manchen Passagen sogar griechisch geschrieben. Es schildert das Leben des vornehmen jüdischen Jünglings Daniel, der im Jahre 550 vor Christus von König Nebukadnezar in die babylonische Gefangenschaft geführt und dort, in Babylon, am Hof des Königs, als Page erzogen wurde.

Der König, so heißt es, redete gern mit Daniel und seinen Freunden. »Sooft er mit ihnen über Dinge diskutierte, die Weisheit und Einsicht voraussetzten, fand er diese Gaben in zehnfach größerem Maß bei ihnen als bei den Magiern und Wahrsagern in seinem ganzen Reich.« Das will etwas heißen. Schließlich war Babylon die Heimat der Astrologie und der Zauberkünste.

Ausgerechnet hier tat sich Daniel – wie seinerzeit Joseph am Hof des Pharao in Ägypten – als Traumdeuter hervor. Nur war seine Aufgabe noch wesentlich schwieriger: König Nebukadnezar hatte nämlich »aus lauter Angst« den Traum vergessen. Er wollte alle Gelehrten, Magier, Astrologen und Wahrsager umbringen, wenn ihm nicht einer von ihnen sagen konnte, was er geträumt und was der Traum zu bedeuten hatte. Daniel schaffte es. Er erzählte dem König den Traum von dem mächtigen Koloß auf den tönernen Füßen, den berühmtesten Traum der Weltgeschichte. Und er gab mit der Deutung zugleich einen phantastischen Einblick in die Geschichte der Menschheit.

»Du König hast ein großes Bild gesehen. Es war hoch, und prachtvoll war sein Glanz. Es stand vor dir und war schrecklich anzusehen. Des Bildes Haupt war aus feinem Gold. Brust und Arme waren aus Silber. Bauch und Lenden aus Erz. Die Schenkel waren eisern, die Füße teilweise aus Eisen, teilweise aus Ton. Da sahst du, wie sich ein Felsbrocken losriß. Ganz ohne menschliches Zutun. Er traf das Bild an seinen Füßen, die teilweise aus Eisen, teilweise aus Ton waren. Und er zermalmte sie. Zermalmt wurden alsodann das Eisen, der Ton, das Erz, das Silber und das Gold. Und alles wurde wie die Spreu auf Sommertennen. Und diese trug der Wind davon. Und dann war keine Spur mehr von ihnen zu finden. Der Stein dagegen, der das Bild zertrümmert hat, wurde zu einem großen Berg, der die ganze Erde einnahm.«

Soweit der Traum. Der Prophet gab sogleich die Deutung hinzu:

>*Du König bist das Haupt aus Gold. Nach dir entsteht ein anderes Reich, geringer als das deinige. Darauf ein anderes, drittes Reich, von Erz, das alle Welt beherrscht. Ein viertes Reich wird stark wie Eisen sein. Geradeso wie Eisen alles völlig zertrümmert und zerschlägt, so zertrümmert und zerschmettert es alle anderen.*

Daß du die Füße und die Zehen zum Teil aus Töpferton, zum Teil aus Eisen sahst, deutet hin auf ein verschiedenartiges Reich. Es hat die Festigkeit von Eisen, weil du mit dem Töpferton gemischt das Eisen sahst. Die Zehen, teils von Eisen, teils von Ton, bedeuten, daß dieses Reich zum Teil stark, zum Teil zerbrechlich ist. Und daß sie mit dem Menschenstamm sich mischen, doch ohne daß sie dadurch eine Einheit würden. Eisen mischt sich nicht mit Ton.

In den Tagen dieser Könige errichtet Gott ein Reich, das bis in Ewigkeit nicht mehr in Trümmer geht und dessen Herrschaft keinem anderen Volke überlassen wird.<

(DANIEL, KAP. 2)

Diese Prophezeiung wird in der Regel auf die nacheinander folgenden Weltreiche der Erde gedeutet. Und sie paßt nicht schlecht:

Gold ist das Babylonische Reich. Nach Meinung vieler Forscher entfaltete es mehr Glanz als alles, was nachher kam. Silber steht für das persische Weltreich, das mit Kyros dem Großen seine mächtigste Entfaltung erlebte.

Ihm folgten die Griechen, nicht mehr so strahlend, nicht so beherrschend, dafür aber härter – und praktischer. Mit Erz kann man nicht nur Waffen schmieden, sondern auch Werkzeuge. Schließlich beginnt das eiserne Zeitalter: Die Römer erobern die Welt mit Waffengeklirr.

Nach ihnen zerfallen die Reiche in Staaten und Länder. Zu einem Weltreich kann es nicht mehr kommen, weil Weltanschauungen, Religionen, Interessen nicht mehr unter einen Hut zu bringen sind: Ton bindet sich nicht mit Eisen. Das ist unsere zerrissene, pluralistische Zeit. Unterwegs ist aber bereits der Fels, der alles hinwegfegen wird: das Reich Christi. Es wird die ganze Erde umspannen und ewig fortdauern.

JOHANNES – UND DIE VIER APOKALYPTISCHEN REITER

Daniels eigene Deutung legt eine solche Auslegung nahe. Trotzdem ist das wohl nicht alles. Das Bild vom »Koloß auf den tönernen Füßen« ist viel gewaltiger. Das wird deutlich, wenn man es beispielsweise mit den vier apokalyptischen Reitern vergleicht.

In der Geheimen Offenbarung des Johannes sind sie beschrieben. Johannes greift das Bild seines berühmten Vorgängers auf – und vervollständigt es 600 Jahre später.

Der einfache galiläische Fischer – das Markus-Evangelium nennt ihn einen »Donnersohn« hat eine beispiellose Karriere erlebt. Er wurde nicht nur zu einem der 12 Apostel berufen, sondern avancierte in dieser auserlesenen Gruppe neben Petrus zum engsten Vertrauten Jesu. Der wohl jüngste Apostel – möglicherweise der einzige, der nicht den Märtyrertod erlitt – scheint Jesus gefühlsmäßig am nächsten gestanden zu haben. Er wird als »Lieblingsjünger« apostrophiert. Ihm hat der sterbende Jesus die Sorge um seine Mutter anvertraut. In der christlichen Urgemeinde rangierte Johannes an dritter Stelle. Von ihm sind Briefe an seine Gemeinden, das vierte Evangelium überliefert – und die Apokalypse. Ob er diese Geheimen Offenbarungen überhaupt geschrieben hat, wird heute stark bezweifelt. Doch der Autor selbst nennt sich jedenfalls »Ich, Johannes, euer Bruder und euer Gefährte in der Trübsal und in der geduldigen Erwartung in Jesus, ich war auf der Insel Patmos wegen des Wortes Gottes und des Zeugnisses für Jesus.« (Geheime Offenbarung 1/9). Das klingt ganz nach Johannes.

Demnach wäre Johannes also seiner missionarischen Tätigkeiten wegen auf die Insel Patmos verbannt worden, das müßte kurz vor der Wende zum 2. Jahrhundert unserer Zeitrechnung, zur Zeit des römischen Kaisers Domitian, gewesen sein. Dort soll Johannes auch gestorben sein.

An mehreren Stellen des Neuen Testamentes ist die Rede davon, daß dieser Apostel nicht nur prophetische Fähigkeiten besaß, sondern auch andere charismatische Begabungen. Er konnte etwa Gift trinken, ohne daß es ihm geschadet hätte. Er betätigte sich als Wunderheiler – und er war ein Philosoph.

Nachdem Johannes seine sieben kleinasiatischen Gemeinden gewarnt und ihnen die göttlichen Mahnungen mitgeteilt hat, spricht er in den Geheimen Offenbarungen plötzlich vom Gericht am Ende der Tage. Er öffnet das Buch mit den sieben Siegeln – und dabei zeigt es sich: Dieses Gericht ist nicht ein bestimmter Endpunkt, sondern ein langwieriger, andauernder Entwicklungsprozeß. Eine gewaltige Steigerung.

Den Anfang der Prüfungen machen die vier Reiter, die losgaloppieren, nachdem das erste Siegel geöffnet ist. Johannes:

»Ich schaute hin und siehe, da war ein weißes Roß. Der auf ihm saß trug einen Bogen. Es war ihm auch ein Kranz gegeben. So zog er als ein Sieger aus, um zu siegen.

Als er das zweite Siegel öffnete, hörte ich das zweite Lebewesen rufen: ›Komm‹. Alsdann erschien ein anderes Roß, rot wie Feuer, und seinem Reiter ward die Macht gegeben, den Frieden von der Erde zu nehmen, damit sich die Menschen gegenseitig abschlachteten. Auch wurde ihm ein großes Schwert gereicht.

Als er dann das dritte Siegel öffnete, hörte ich das dritte Lebewesen rufen: ›Komm‹. Da schaute ich, und siehe, da war ein schwarzes Roß. Sein Reiter hatte eine Waage in der Hand. Da hörte ich wie eine Stimme inmitten der vier Lebewesen rief: ›Ein Maß Weizen für einen Denar, und drei Maß Gerste für einen Denar. Und Öl und Wein vergeude nicht.‹

Als das vierte Siegel geöffnet wurde, hörte ich die Stimme des vierten Lebewesens rufen: ›Komm‹. Da schaute ich, und siehe, da war ein fahles Pferd. Sein Reiter hieß der Tod. Und mit ihm zog die Unterwelt. Es wurde ihnen Gewalt gegeben über den vierten Teil der Erde, zu morden durch Schwert, Hunger, durch Pest und durch die Tiere der Erde...«

Drei der Pferde scheinen leicht zu deuten: das rote als Krieg und Feindschaft, das schwarze als Hunger, das fahle als Tod. Aber was ist mit dem weißen Pferd, das als Sieger auszieht, um zu siegen? Es paßt nicht in die Reihe.

Auffallend ist in diesem Bild – wie bei Daniel – der Verlust an ursprünglichem Glanz. Aus dem strahlend weißen Pferd mit dem Sieger wird das rote des Kriegers, schließlich das schwarze des Händlers und zuletzt das farblose, fahle des Todes. Das widerspricht unserer Vorstellung vom Fortschritt in der Welt.

Deutbar wäre es dagegen für den Lebenslauf des Menschen: Er, der in jungen Jahren so voller Idealismus und Schwung auszieht, die Welt zu erobern (weißes Pferd), wird bald zum kompromißlosen, rücksichtslosen Typ, der sich um jeden Preis durchsetzt (rotes Pferd). Sobald er seine gewissen Positionen erreicht hat, wird aus ihm der kühle, herzlose Rechner, der Vorteile und Nachteile penibel genau auswiegt (schwarzes Pferd). Und damit geht er auch schon dem Tod entgegen: verkrustet, abgerackert, verbittert (fahles Pferd).

Wollen beide Propheten, Daniel wie Johannes, etwa doch andeuten, daß die Menschheit insgesamt genau denselben Weg geht?

GIAMBATTISTA VICO: ES GEHT BERGAB

Der italienische Philosoph Giambattista Vico (1668–1744) schrieb an der Wende zum 18. Jahrhundert ein Buch, das er *Die neue Wissenschaft über die gemeinschaftliche Natur der Völker* nannte. Darin versuchte er nachzuweisen, daß bisher noch jede Kultur auf Erden den bitteren, offenbar unausweichlichen Weg gegangen ist, der von Stufe zu Stufe abwärts führt.

Am Anfang, so sagt der Philosoph, steht jeweils das Bemühen, überhaupt zu überleben. Der Pioniergeist. Die Menschen denken nur an das Notwendige.

Sobald die Existenz einigermaßen gesichert ist, wird der Grundstock zum Wohlstand gelegt. Sie suchen alles, was nützlich ist.

Danach bemerken sie aber bald, daß es sich auch ohne persönlichen Einsatz gut leben läßt. Man wird bequem. Und schon verderben die Menschen im Luxus. Die letzte, unausbleibliche Folge: der Mensch wird toll und vernichtet sein Erbe.

Sind das nicht die Teile des »Kolosses auf den tönernen Füßen« – und ebenfalls die vier apokalyptischen Reiter, die auf die Menschheit losgelassen werden?

Die Menschen haben zuerst die Erde erobert, sich als dominierendes Lebewesen gegenüber Tierreich, Pflanzenreich und Naturgewalten durchgesetzt. Danach kamen die Jahrhunderte der Machtkämpfe um Land, Besitz, Reichtum, Vorherrschaft der Menschen und Völker und Stämme untereinander. Die dauern bis in unsere Tage an. Längst ist aber schon die dritte Phase in voller Entfaltung: Entwicklung der Industrie, Herrschaft durch Handel und Geldgeschäfte, Verschönerung des Lebens durch Kunst und Musik. Und diese Phase ist auch schon umgeschwenkt in Luxus, Verschwendung der Energie, Raubbau an der Natur, Zerstörung der Ökologie, des Lebensraumes.

Und der letzte Schritt wird eben getan: Tollheit, Vernichtung all der Güter und Werte, die viele tausend Generationen geschaffen haben.

Führt das direkt in den Untergang?

Soweit wird es nicht kommen. Sobald diese Stufe erreicht ist, das kann man, wie noch aufgezeigt wird, den Propheten entnehmen, kündigt sich die große Wende an. Jener Augenblick, der eingeleitet wird durch gewaltige Naturkatastrophen. Die Menschheit wird nicht mehr dazu kommen, sich selbst zu vernichten, weil sie dann alle Hände voll zu tun hat, mit dem fertig zu werden, was um sie herum geschieht. Der Fels rollt los »ganz ohne menschliches Zutun«, wie Daniel in seiner Prophezeiung sagt.

ISAIAS – UND DIE »ENTARTUNG DER ERDE«

Der wortgewaltigste aller Propheten ist Isaias. In einer grandiosen Verzweiflung hat er versucht, das jüdische Volk aufzurütteln und vor dem Untergang zu bewahren. Es sind ziemlich genau 2750 Jahre vergangen, seitdem er das 24. Kapitel seiner Prophezeiungen niedergeschrieben hat. Was für ein überragender Mann muß das gewesen sein! Martin Luther schrieb einmal, daß er beim Versuch, ihn zu übersetzen, fast verzweifelte, »weil ihm die ungelenke deutsche Zunge sauer angekommen ist.«

Ausgerechnet zu einem Zeitpunkt, als es den Juden relativ gut ging und scheinbar keinerlei Gefahr drohte, weil die mächtigen Nachbarn im Osten und im Süden zerstritten waren und mit sich selbst genug zu tun hatten, ausgerechnet da verkündete der Sohn aus bestem Haus die bevorstehende Zerstörung des Tempels, die Eroberung Jerusalems und die babylonische Gefangenschaft der Juden. Als dann tatsächlich feindliche Heere auf Jerusalem zumarschierten, beruhigte er das verstörte Volk: Es ist noch nicht soweit. »Habt keine Angst. Der Assyrerkönig kommt nicht in die Stadt. Auf dem Weg, auf dem er gekommen ist, kehrt er um« (2 Könige 19/33). Und in derselben Nacht, so heißt es weiter, »ging des Herren Engel aus und schlug im Assyrerlager 185000 Mann. Am anderen Morgen waren sie tot.«

Der griechische Geschichtsschreiber Herodot bestätigt diese Darstellung 200 Jahre später. Er spricht von einer Rattenplage, die das Heer vernichtet haben soll, also vermutlich von der Pest, die von Ratten übertragen wird.

Isaias hatte recht behalten. Und auch alle seine Prophezeiungen gingen in Erfüllung. Im Jahre 586 vor Christi Geburt wurde Jerusalem nach 18monatiger Belagerung von Nebukadnezar erobert, der Tempel zerstört, das Volk nach Babylon verschleppt.

Isaias hat sich zeitlebens nicht damit begnügt, seine Mahnungen, Warnungen, Verheißungen zu verkünden und aufzuschreiben. Er tat alles, sie verständlich zu machen und dem Volk nahezubringen. Dabei ging er keineswegs zimperlich vor. Er scheute sich nicht einmal, nackt auf der Straße zu erscheinen, um auf diese Weise die Leute zu schockieren und ihre Aufmerksamkeit zu erregen.

Der erste jüdische König, Ezechias, hörte auf ihn. Isaias, der offensichtlich in vielem dem Michel Nostradamus ähnlich war, weilte am königlichen Hof in Jerusalem als eine Art Lehrer und Wunderheiler. Eines Tages, so erzählt er selbst, hatte er dann beim Gebet im Tempel eine Vision und wurde zum Propheten.

Ezechias' Nachfolger Manasse hielt nicht viel von den düsteren Voraussagen des Isaias. Angeblich hat er den unbequemen, lästigen Propheten zum Schweigen gebracht, indem er ihn in zwei Teile zersägen ließ.

Die sehr umfangreichen Prophezeiungen des Isaias beziehen sich auf die bevorstehende nationale Katastrophe Israels, mit dem tröstenden Hinweis, daß das Volk in seine Heimat zurückgeführt und daß der Messias kommen werde.

Dazwischen aber, völlig unvermittelt, steht die Schilderung des entsetzlichen Untergangs, der ganz offensichtlich mit den anderen Voraussagen und wohl auch mit Israel direkt nichts zu tun hat. Seit eh und je ist diese Prophezeiung auf den Weltuntergang, das große Endgericht hin, gedeutet worden. Aber ist es wirklich das Ende – oder nicht doch nur der Anfang vom Ende?

DIE NATUR – VON UNS ZERSTÖRT

Durch Jahrtausende, bis in unsere Tage hinein mußte dieser Text unverständlich, dunkel, geheimnisvoll bleiben. Nun plötzlich aber scheint er klar geworden:

> *»Geleert, geplündert wird die Erde. Der Herr hat es angedroht. Hintrauernd stirbt die Erde ab.*
> *Hinwelkend verdorrt die Welt. Hinwelken wird in hohem Maß das Volk der Erde.*
> *Denn: entartet ist die Erde unter ihren Insassen. Sie handeln gegen die Naturgesetze und gegen jede Vernunft. Sie brechen eine ewige Vereinbarung.*
> *Darum frißt ein Fluch die Erde. Jene, die sie bewohnen, müssen es jetzt büßen. Darum wird die Zahl der Erdbewohner kleiner... Jeder Freudenquell ist versiegt. Aller Frohsinn aus dem Land geflohen. Nur öde Plätze sind der Stadt verblieben...«*

(ISAIAS 24)

Wir wissen heute, was solche Sätze bedeuten: Die Katastrophe kommt zunächst nicht von außen, sondern sie wird von Menschen verursacht. Sie, die Insassen, bringen die ewigen Naturgesetze durcheinander. Sie stören das Gleichgewicht der Urkräfte, indem sie die Erde gnadenlos ausbeuten und verschmutzen und mit Mächten spielen, die alles Wissen und jede Vorstellung übersteigen. Der Mensch läßt seinen Planeten entarten. »Darum frißt ein Fluch die Erde.« Und: »Hintrauernd stirbt sie ab. Hinwelkend verdorrt sie.« Alles Leben muß kläglich verkümmern. Wie hat ein Mensch vor nahezu 3000 Jahren die Situation, vor der wir am Ende des zweiten Jahrtausends stehen, so treffend, so plastisch beschreiben können? Ein Mensch, der doch überhaupt keine Ahnung von Atomkraft, Vergiftung der Natur und Ausbeutung der Energiequellen haben konnte?

NOSTRADAMUS – DER PROPHET DES ABENDLANDES

Als direkten Nachfolger des Propheten Isaias könnte man den Seher des ausgehenden Mittelalters, den Franzosen Michel Nostradamus sehen.

Am 14. Dezember 1503 in St. Remy in der südfranzösischen Provence geboren und am 2. Juli 1566 in Salon de Provence gestorben, lebte er in einer Zeit der großen Wende: Das christliche Abendland war dabei, auseinanderzufallen. Die Jahrhunderte, in denen man mächtige Dome bauen konnte, in der es die eine Kirche, den einen Glauben, den einen Kaiser gegeben hatte, gingen zu Ende. In Deutschland war Martin Luther am Werk, die Kirche zu reformieren. Damit war der Augenblick der großen Spaltungen gekommen. Ein neues Zeitalter dämmerte herauf. Die großen Geister jener Zeit spürten den Aufbruch kommen und ahnten, daß »Tragisches und Wunderbares« naht, wie Nostradamus es ausdrückte.

Michel Nostradamus war ein Mensch wie Faust, dem Johann Wolfgang von Goethe mit seinen Werken ein unsterbliches Denkmal setzte. Sicher sind in jenen Faust Züge des französischen Sehers eingeflossen. Goethe kannte Nostrademus und widmet ihm in *Faust* sogar einen Vers:

> *»Flieh! Auf! Hinaus ins weite Land!*
> *Und dies geheimnisvolle Buch*
> *Von Nostradamus' eigener Hand,*
> *Ist es dir nicht Geleit genug?«*

Wie Faust hatte Nostradamus versucht, hinter die letzten Geheimnisse des Lebens zu blicken. Als junger Mensch hatte er so ziemlich alles studiert, was man seinerzeit an Hochschulen und aus Büchern an Wissen zusammentragen konnte. Er war schließlich ein begnadeter Arzt geworden, der sich während der Pest-Epidemie beispiellos einsetzte und später als der Besieger der schrecklichen Krankheit in ganz Frankreich gefeiert wurde. Könige und Fürsten kamen zu ihm, um von ihm geheilt zu werden.

Aber das alles genügte dem wißbegierigen, unruhigen Geist noch lange nicht. Er wollte mehr.

Dafür sorgte schon das Blut seiner Ahnen. Die Vorfahren seines Vaters waren Juden. Sie gehörten dem Stamm Isaschar an, der viele große Propheten hervorgebracht hatte. Fast könnte man sagen, Michel Nostradamus ist ein direkter Nachkomme der großen alttestamentarischen Propheten. Großvater und Urgroßvater haben sich aber als Ärzte und Magier betätigt. Die »Zauberkunst« hatten die europäischen Juden von Arabern übernommen. Auch Michels Vater Jacques de St. Remy, ein angesehener Notar, hatte noch mit der Kabbalistik zu tun, ehe er sich taufen ließ und zu Ehren Mariens den Namen annahm, den seinerzeit viele Kirchen und Dome trugen: nôtre Dame – unserer lieben Frau. Der Sitte der Zeit entsprechend wurde der Name dann latinisiert: Nostradamus.

Von Mutterseite bekam Michel Nostradamus eine weitere Begabung mit, die für ihn sehr bedeutungsvoll werden sollte: die Liebe zu den Sternen und die Fertigkeit, Horoskope zu erstellen. Michels Großvater Johann de St. Remy hat ihm letzteres beigebracht.

Prophetische Begabung und kabbalistisches Wissen von der einen Seite – astronomische und astrologische Kenntnisse von der anderen, dieses Erbe hat den Weg des Michel Nostradamus bestimmt. Der große Durchbruch vom Magier zum Propheten kam über Nacht. Er schildert die Szene selbst in einem Vorwort, das er seinem Sohn Cäsar gewidmet hat: Eines Nachts saß er wieder einmal in seiner Alchimistenküche vor dem großen Feuer und betrachtete seine Schriften, die sich wohl damit befaßten, wie man Gold und Silber aus minderwertigen Metallen herstellen könnte; da zerriß er diese Schriften in einem plötzlichen Anfall von Überdruß. Er wollte mit dem »Teufelszeug« nichts mehr zu tun haben, hatte offensichtlich auch Angst bekommen, die Schriften könnten in falsche Hände geraten und ihn vielleicht sogar auf den Scheiterhaufen bringen.

> *»Während das Feuer die Schriften verzehrte, schlug
> die Flamme hoch und wurde plötzlich ungewöhnlich
> hell. Heller als ein gewöhnliches Feuer. Es war gerade
> wie das Aufleuchten eines Blitzes, der die Luft reinigt.
> Schlagartig war das Haus so erleuchtet, als stünde es
> in Flammen.«*
>
> (VORREDE AN CÄSAR)

Michel Nostradamus hatte seine erste Vision. Zum erstenmal
sah er eine Szene aus der Zukunft.

Von diesem Augenblick an, so kann man den Schriften des
Sehers entnehmen, versetzte er sich regelmäßig in eine Art
Trance. Wie er das machte, das beschreibt er wiederum selbst
zu Beginn seiner Prophezeiungen in zwei Versen:

> *»Ich sitze nachts bei geheimen Studien. Ich habe Platz
> genommen auf dem eisernen, dreifüßigen Schemel.
> Allein. Die winzige Flamme steigt aus der Einsamkeit
> und läßt hervorsprießen, woran man nicht vergeblich
> glauben soll.«*
>
> (CENTURIE I/I)

Und:

> *»Die Wünschelrute in der Hand bin ich versetzt in
> das Reich des Branchus.* Das Wasser netzt mir
> sowohl Saum als auch Füße. Durch die Zweige
> überkommt mich Furcht. Meine Stimme zittert.
> Göttliches Leuchten. Das Göttliche läßt sich bei mir
> nieder.«*
>
> (CENTURIE I/2)

Michel Nostradamus benützt also zwei verschiedene Methoden,
sich in Trance zu versetzen: Entweder setzt er sich vor ein großes
Feuer, wobei er, wie die alten Seher, einen dreifüßigen eisernen
Schemel benutzt. Dann starrt er in die Flammen, bis er »einen
zarten, feurigen Hauch« verspürt. Oder er stellt sich auf das
Dach seines Hauses in eine große Schüssel mit Wasser. Er hat

---

* Branchus war ein Seher des Altertums, Begründer des Orakels von Milet. Nostradamus fühlte sich als Nachfolger der griechischen Seher.

eine Wünschelrute in der Hand, gewissermaßen die »Antenne«, mit deren Hilfe er die Visionen empfängt. Er starrt diesmal auf die Wasseroberfläche, in der sich die Sterne spiegeln.

> »Ich war überrascht, wie ich plötzlich ohne jeden Zweifel Vorhersagen niederschrieb. Da gab es keine Geschwätzigkeit. Ich erkannte, daß alles aus der Fülle der göttlichen Macht des großen und ewigen Gottes hervorgeht.«
>
> (VORWORT AN CÄSAR)

ASTROLOGIE – ZUR ABSICHERUNG

Obwohl er sich so sicher fühlt, daß er die großen Propheten zitiert: »Ich kann mich nicht irren und nicht getäuscht werden«, versucht er trotzdem, seine Visionen zu erhärten. Am nächsten Morgen, wenn der Zustand der Trance beendet ist, setzt sich der nüchterne Astrologe über die Visionen und rechnet nach, ob die Voraussagen stimmen können und für welche Zeit sie gelten: »Mit Hilfe langer Berechnungen hole ich die vernebelten Studien der Nacht in die Klarheit.«

So entstanden die sogenannten Centurien, zehn »astronomisch berechnete Voraussagen« mit jeweils 100 vierzeiligen Versen (mit Ausnahme der siebten Centurie, die nur 44 Vierzeiler umfaßt). Dazu kamen später 141 Présages, Vorhersagen, die ebenfalls in Vierzeilern niedergeschrieben sind, und 58 Prédictions, Ankündigungen, in sechszeiligen Versen.

Zu diesen Prophezeiungen gehörten zwei Vorreden. Die ersten sieben Centurien sind dem Sohn Cäsar gewidmet, der Rest König Heinrich II. von Frankreich. Auch diese Vorreden enthalten neben Erklärungen und Erläuterungen prophetische Aussagen.

Die Schwierigkeiten der Prophezeiungen liegen vor allem in der häufig kaum verständlichen Sprache. Nostradamus kümmert sich weder um Grammatik noch um Orthographie. Seine Verse sind, wie er sagt, »eine Synthese aus natürlichem Instinkt und poetischem Feuer«. Nicht selten handelt es sich lediglich um ein paar Brocken. Wörter und Wortfetzen, scheinbar willkürlich nebeneinander gestellt. Das macht natürlicherweise die Aussagen dunkel, unklar. Allzu leicht kann man hineinlesen, was man hören möchte.

Außerdem handelt es sich zwar um eine »fortlaufende Prophezeiung« vom 1. März 1555 bis in das Jahr 3797. Die Zeitenfolge ist jedoch von Nostradamus selbst durcheinander gebracht worden. Er riß die einzelnen Verse auseinander und setzte die Centurien nach einem geheimen Schlüssel wieder zusammen. Bisher ist es nicht gelungen, diesen Schlüssel zu finden und die ursprüngliche Reihenfolge wiederherzustellen. Der Prophet selbst hat im Vers III/94 vorausgesagt:

> »500 Jahre lang wird man den nicht gerade
> hochschätzen, der die Zierde seiner Zeit war.
> Aber dann, ganz plötzlich, wird es große Klarheit
> geben.
> Das ganze Jahrhundert hindurch wird man sehr froh
> darüber sein.«

Das würde also bedeuten: Um das Jahr 2050 erst wird man die Prophezeiungen des Nostradamus voll verstehen und einsehen, wie recht er hatte. Dann ist der Schlüssel gefunden und die Verse können richtig hintereinander geordnet werden.

Das heißt aber nicht, daß bis dahin der Sinn der Prophezeiungen verborgen bleiben müßte. Über 400 Jahre sind seit ihrer Aufzeichnung vergangen. Bei aller Dunkelheit großer Partien ist inzwischen Licht in viele Verse gekommen. Zahllose Voraussagen sind bereits eingetroffen, so daß sich heute zumindest die große Linie absehen läßt.

NUR: BEISPIELE FÜR DAS, WAS KOMMEN WIRD

Wie alle großen Propheten befaßt sich Nostradamus nicht mit Nebensächlichkeiten, sondern mit Ereignissen, die einer Zeit ein Ende setzen und eine neue Epoche einleiten. Sein Thema sind die großen Wendepunkte der Geschichte.

Das beginnt mit der schlimmen Zeit des 30jährigen Krieges. Die Bilder, die der Seher in Trance erblickte, müssen ihn zutiefst erschreckt haben, denn er findet erschütternde Formulierungen:

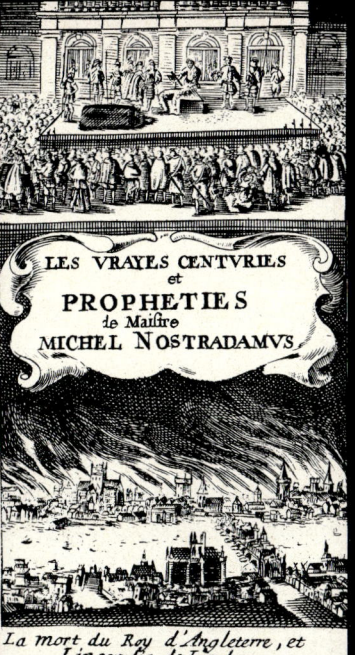

LES VRAYES CENTVRIES
et
PROPHETIES
de Maistre
MICHEL NOSTRADAMVS

La mort du Roy d'Angleterre, et
L'incendie de Londre.

Vera loquor, nec falsa loquor, sed munere coeli
qui loquitur DEUS est, non ego
NOSTRADAMVS.

Links:
Illustration aus der Ausgabe 1668; sie zeigt die Enthauptung des englischen Königs Karl I. in London und den Brand Londons. Beide Ereignisse hatte Nostradamus vorausgesagt.

Rechts:
Nostradamus, aus der Ausgabe 1668.

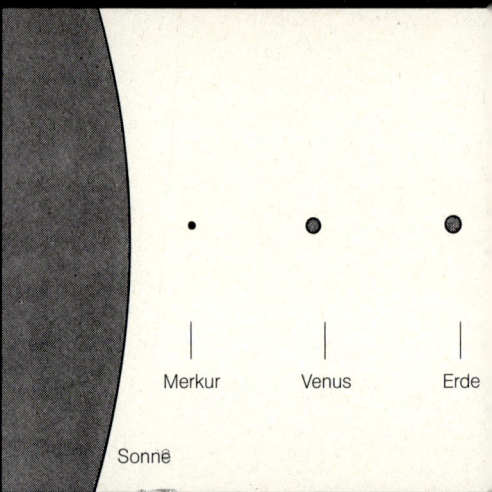

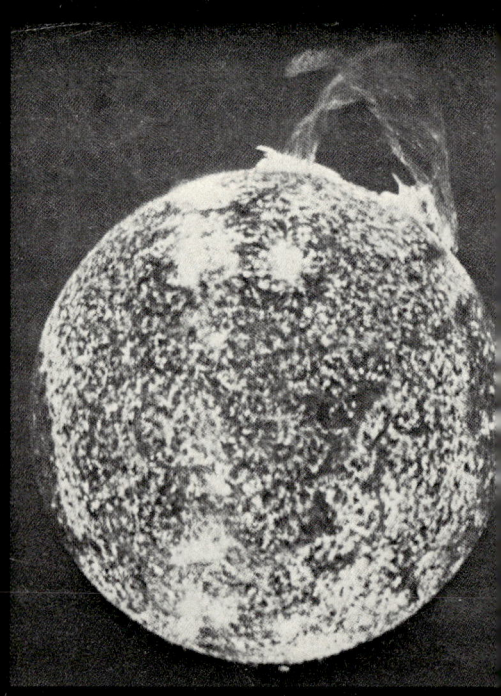

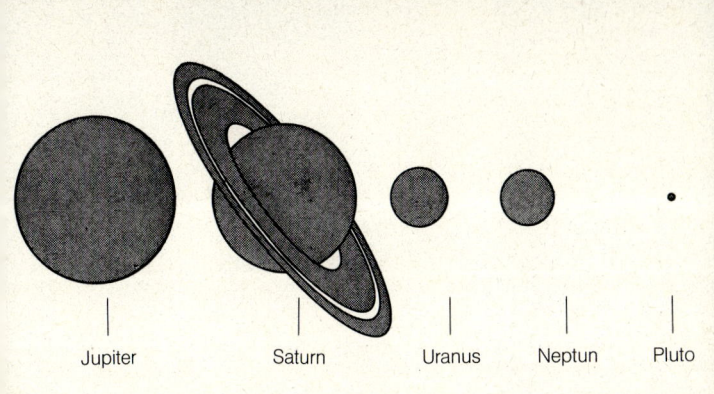

Jupiter   Saturn   Uranus   Neptun   Pluto

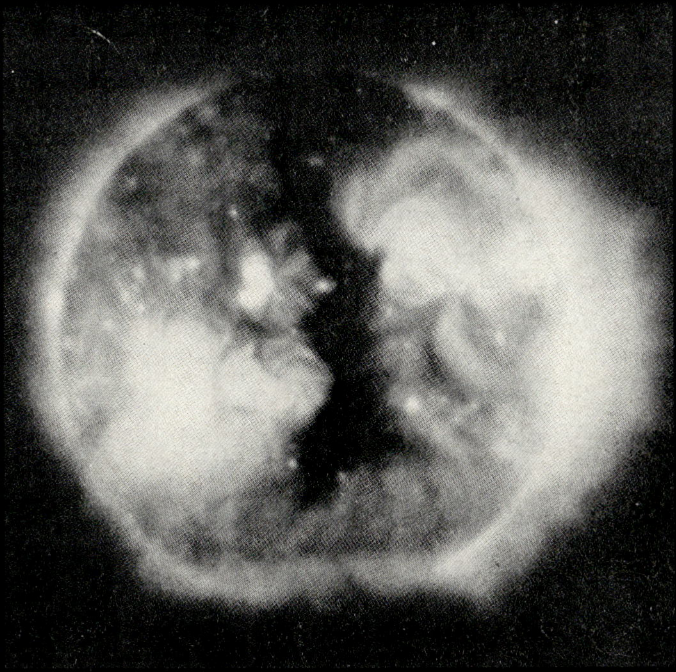

Rauch- und Asche-
wolken über dem
Vulkan St. Helens.

Der kleine Ort
Calabritto im
Apennin wurde
durch das Erdbeben
weitgehend zerstört.
Die Gemeinde liegt
am Rand der Zone
der Provinz Avellino,
die am schwersten
betroffen wurde

Oben:
Drei Blitze über dem
Chiemsee.

Rechts oben:
Altes Testament;
Nebukadnezar bela-
gert Jerusalem
(2. Kön. 25,1-13).

Rechts unten:
Altes Testament;
Hesekiels Vision von
den Tieren
(Hes. 1,4-28).

Rechts:
Michelangelo
Buonarotti.
1475–1564.
Der Prophet Jesias.
Teilstück aus dem
Deckengemälde der
Sixtinischen Kapelle.
Nach 1508.

Unten:
Michelangelo
Buonarotti.
1475–1564.
Der Prophet Daniel.
Teilstück aus dem
Deckengemälde
der Sixtinischen
Kapelle. Nach 1508.

> *»Das tödliche Schwert nähert sich in diesem*
> *Augenblick durch Pest und Krieg und wütet*
> *schlimmer als zu Lebzeiten der drei letzten*
> *Generationen. Hunger wird auf die Erde herabfallen*
> *und immer wieder zurückkehren.«*

So heißt es in der Vorrede an Sohn Cäsar. An anderer Stelle spricht Nostradamus von der stark verminderten Zahl der Menschen und davon, daß kaum mehr jemand da ist, die Felder zu bestellen.

Doch bereits in diesem Zusammenhang findet sich der Bezug zu unserer Zeit:

> *»Aus den sichtbaren Zeichen des Himmels läßt sich*
> *ablesen, daß sich das erneut ereignen wird, wenn wir*
> *uns beim 7. Jahrtausend befinden, das alles*
> *vollendet...«*
>
> (VORREDE AN SOHN CÄSAR)

Auf unsere Zeit, auf den Augenblick der großen Wende um das Jahr 2000, nach des Sehers Vorstellung des 7. Jahrtausends seit Erschaffung der Welt, scheint alles ausgerichtet und abgestellt zu sein.

Michel Nostradamus zeigt die kommenden Ereignisse nicht in allegorischen Bildern, wie das die Propheten des Alten Testamentes und Johannes in der »Geheimen Offenbarung« getan haben. Er spricht nicht von Tieren, die losgelassen werden, oder von Reitern, die über das Land jagen. Er, das ist seine ganz typische Eigenart, skizziert deutliche Szenen, gewissermaßen die Schlüsselszenen der zuendegehenden und der anbrechenden Epoche.

DIE HINRICHTUNG DES ENGLISCHEN KÖNIGS KARL I.

Das Titelblatt einer Ausgabe seiner Prophezeiungen aus dem Jahre 1668, also etwa 100 Jahre nach der ersten Veröffentlichung, schmücken zwei Voraussagen, die bereits eingetroffen waren: die Hinrichtung des englischen Königs Karl I. in London im Jahre 1649 und der Brand von London 1666. Kein Zweifel:

die Herausgeber der Prophezeiungen standen noch ganz unter dem Eindruck dieser Ereignisse:

> *»Die Festung an der Themse – Kerker durch die*
> *Lords. Der König darin festgesetzt.*
> *Bei der Brücke wird er im Hemd gesehen.*
> *Ein Totgeweihter. Dann verstaut im Schloß.«*

So lesen sich manche Verse des Nostradamus, wie dieser Vers VIII/37, wenn man sie ganz wörtlich und ohne jede Ergänzung und Ausschmückung übersetzt. Es sind Stichwörter, Notizen, wie sie ein versierter Reporter in aller Eile auf seinen Block kritzeln würde, wäre er zufällig Zeuge des Geschehens. Die Szene ist in den wesentlichsten Punkten festgehalten: die Themse, das Schloß an ihrem Ufer, das von den Abgeordneten des Parlamentes in ein Gefängnis umgewandelt wurde, der Gefangene darin ist der König. Die neugierige Menschenmenge sieht den König im Hemd, darauf verschwindet er für immer im Schloß.

Zweifellos wird hier die Enthauptung des englischen Königs Karl I. geschildert, den Cromwell hinrichten ließ. Der abgesetzte König, der sich weigerte, die Rechte und Vollmachten des Parlamentes anzuerkennen, saß im Schloß Windsor an der Themse gefangen.

Als er am 30. Januar 1649 zur Enthauptung geführt wurde, mußte er, so berichten Zeitgenossen, von einem Fenster aus über eine Brücke zum Schaffott hinübersteigen. Man wollte dem König den schmählichen Spießrutenlauf durch die gaffende Menge ersparen. Zum erstenmal sahen die Briten ihren König im Hemd, als er vor dem Scharfrichter Mantel und Jacke ausziehen mußte. Zum ersten und letzten Mal in der englischen Geschichte wurde ein König hingerichtet, seiner Würde, seiner absoluten Machtposition beraubt.

Dieser Augenblick war das Ende der absoluten Königsherrschaft in England und die Geburtsstunde der englischen Demokratie, des englischen Weltreichs, des Empire, das fortan, so Nostradamus, 300 Jahre lang dauern sollte.

Unter diese Szene von der Hinrichtung König Karl I. setzten die Herausgeber der Nostradamus-Prophezeiungen das Bild vom Brand in London im Jahre 1666. Nostradamus hatte angekündigt, daß die Freveltat am König ein schlimmes Strafgericht nach sich ziehen werde. Eine schreckliche Pest und der große Brand von London schienen dem Seher recht zu geben – und diese Heimsuchungen wurden seinerzeit von den Engländern auch so verstanden.

Auch die Szene von der Hinrichtung des englischen Königs und dem nachfolgenden Strafgericht verknüpft der Prophet des Abendlandes, Nostradamus, sofort mit der Zeit, auf die es ihm ankommt: mit unseren Tagen. Das ist seine typische Handschrift. Nostradamus verbindet die Wendepunkte der Geschichte miteinander. Er hüpft von einem Stein auf den anderen, um so den Fluß der Zeit zu überqueren:

>*Siebenmal wird man das britische Volk sich verändern sehen –*
innerhalb von 290 Jahren vom Augenblick an, da es sich mit Blut befleckt.
Frankreich, überhaupt nichts gegen das germanische Bollwerk.
Der Widder macht sich Sorgen um seinen bastarner Pol.«

(VERS III/57)

Der Nostradamusforscher C. Loog hat diese Stelle bereits im Jahre 1921 richtig gedeutet. Er schrieb damals in seinem Buch *Die Weissagungen des Nostradamus*: »Nostradamus will uns also offenbar erzählen, daß 1939 mit der letzten und größten englischen Krise auch eine Krise für das wiedererstandene Polen Hand in Hand geht.«

Die Erklärung der Weissagungen ist in diesem Fall auch nicht sehr schwierig. Nur einmal haben die Engländer einen Königsmord begangen: Karl I. wurde 1649 öffentlich hingerichtet.

Zählt man zu diesem Datum 290 Jahre hinzu, kommt man in das Jahr 1939.

Kurz vor Ausbruch des zweiten Weltkriegs, am 1. März 1939, gaben England und Frankreich dem polnischen Staat die Garantieerklärung, daß dessen Souveränität in jedem Fall geschützt würde. Am 25. August, knapp eine Woche vor Kriegsausbruch, schloß England mit Polen zusätzlich einen Bündnisvertrag, der England wenige Tage später zwang, Deutschland den Krieg zu erklären. Damit stand die britische Nation wieder einmal vor einer grundlegenden Veränderung, der siebten, seit dem Tod Karl I., wie Nostradamus sagt.

Die erste sah er wohl in dem Wechsel von der absoluten Monarchie zur »Demokratie« unter Oliver Cromwell, der König Karl I. hinrichten ließ. Cromwell schuf gleichzeitig die Grundlagen für die spätere Seemacht England.

Schon Cromwells Tod brachte ein »neues« England: Die Briten holten die Stuarts zurück. England war wieder eine Monarchie – aber der König konnte niemals mehr gegen das Parlament oder ohne seine Zustimmung regieren.

Dritte Wandlung: Noch einmal setzten die Engländer ihren König ab und holten Wilhelm III. von Oranien, der ihnen mehr zusagte als die katholischen Stuarts. Sie nannten diesen Umsturz stolz die »glorious revolution«, weil dabei kein Tropfen Blut vergossen wurde.

Die vierte Veränderung brachte der Kurfürst Ludwig von Hannover, der als König Georg I. nach England kam. Mit ihm begann die Zeit der großen Ministerpräsidenten R. Walpole, W. Pitt der Ältere und W. Pitt der Jüngere: Sie führten England zur Großmacht, zur weltumspannenden Kolonialmacht.

Fünfte Wandlung: Die Regierungszeit der Königin Viktoria, die ein ganzes Zeitalter prägte.

Die sechste Wandlung schließlich machte England durch, als es sich seinen »Erbfeind« Frankreich im Jahre 1904 zum Freund erwählte und sich damit gegen Deutschland wandte. Die »Entente« stellte England im ersten Weltkrieg an die Seite Frankreichs – gegen Deutschland.

Nachdem am 1. September 1939 die deutschen Truppen in Polen eingefallen waren, blieb England wiederum keine andere Wahl: Es mußte Deutschland ultimativ auffordern, seine Truppen hinter die Reichsgrenzen zurückzuziehen. Als das nicht geschah, war der Weltkrieg unvermeidlich geworden. Am 3. September 1939 begann er. Für England brachte er das Ende der Vormachtstellung auf der Erde.

Nostradamus bezeichnet die Deutschen hier wie an vielen anderen Stellen als Widder und rügt sein Heimatland Frankreich, weil es die deutsche Aufrüstung total verschlafen hat.

Schließlich wird im Vers II/57 auch ziemlich genau gesagt, wo der Krieg beginnen wird: Es geht um den »bastarner Pol«.

Die Bastarner waren ein germanischer Stamm, der seinen Wohnsitz ursprünglich an der Weichsel hatte. Etwa um 200 vor Christus wanderte dieser Stamm von der Weichsel hinunter zum Schwarzen Meer und ließ sich an der Donaumündung nieder. Vermutlich waren die Bastarner die ersten Germanen, die seinerzeit die Völkerwanderung einleiteten.

Das Wort Pol (bei Nostradamus pole) hat wohl eine Doppelbedeutung, ein Reiz, dem sich der Seher kaum einmal versagen konnte. Pole – Pol, Norden, bedeutet also einmal: Es geht um das nördlichste Gebiet des Landes an der Weichsel, also um Ostpreußen, zu dem Hitler damals eine Brücke schaffen wollte. Zum anderen ist auch – wenigstens andeutungsweise – das polnische Volk mit Namen genannt.

Es war alles gesagt. Die Menschheit hätte die Gefahr erkennen und herausfinden müssen, wann und wo der große Krieg losbricht.

DIE FRANZÖSISCHE REVOLUTION –
UND FRANKREICHS VERSAGEN IN UNSEREN TAGEN

Der nächste tiefere Einschnitt, der die Welt verändern sollte, war die Französische Revolution, die den Franzosen Nostradamus natürlich besonders beschäftigen mußte.

In der Vorrede an seinen Sohn Cäsar erklärt Nostradamus, warum er seine Prophezeiungen derart verschlüsselt angelegt hat. Er zitiert die Heilige Schrift: »Ihr sollt das Heilige nicht vor die Hunde werfen und die Perlen nicht vor die Säue schmeißen, damit sie es nicht mit Füßen treten, sich umdrehen und euch zerreißen.«

Und dann fährt der Seher fort:

> »Das ist der Grund, warum ich meine Sprache vom
> Volkstümlichen weg – und die Feder vom Papier
> zurückgezogen habe und sogar alles auslöschen
> wollte: wegen des gemeinen Geschehens...«

Nostradamus war ein sehr gebildeter Mann, der oft in Fürstenkreisen und am Königshof verkehrte. Der Adel und Mitglieder der Königsfamilie kamen sogar in sein Haus.

In wenigstens zwanzig weiteren Versen schildert der Seher Szenen, die so deutlich auf die Französische Revolution zutreffen, daß kaum ein Zweifel offenbleiben kann: Er hat sie vorausgesehen. Er sah die Gefangennahme des Königs und seine Enthauptung, die Schmach, die der Königin Marie Antoinette angetan wurde. In der Vorrede an König Heinrich II. nennt Nostradamus sogar eine Jahreszahl: 1792. Als er von einer schrecklichen Verfolgung der Kirche spricht, fügt er hinzu:

> *»Sie wird fortdauern bis in das Jahr 1792, das man als den Zeitpunkt der großen Erneuerung feiern wird.«*

Wiederum: Zeitenwende. Im Jahre 1792 hatte sich die Französische Revolution durchgesetzt. Auch jene, die noch geglaubt hatten, der Spuk der Volkserhebung werde sich über Nacht wieder auflösen, mußten einsehen, daß die alten Zeiten endgültig vorbei waren. Den König hatte man inhaftiert, auf Hilfe aus dem Ausland konnte nicht mehr gehofft werden.

Im September 1792 schließlich wird Frankreich zur Republik erklärt. Ein neuer Kalender tritt in Kraft, man bezeichnet das Jahr 1792 als das Jahr 1 der neuen Zeitrechnung.

Nostradamus hat es vorausgesehen.

Auch in diesem Fall folgt den farbigen Schilderungen der Ereignisse alsbald der Brückenschlag in unsere Zeit. Nostradamus ist Franzose und, wenn man so will, Royalist. Er leidet unter Frankreichs Schwäche und jubelt mit dem Triumph der »großen Nation«. Er warnt und mahnt – und weiß gleichzeitig: Es wird alles nichts nützen. Dieses Volk wird völlig unvorbereitet sein, wenn der zweite Weltkrieg ausbricht, es wird auch kurz vor dem Jahr 2000 versagen, wenn Europa unter den Einfluß der Araber geraten wird.

ADOLF HITLER – UND DER ZWEITE WELTKRIEG

So wie die Geschichte Englands zuvor den Schlüssel zum Datum des Kriegsausbruchs 1939 geliefert hat, so wird der Kriegsausbruch von Deutschland und Frankreich her angezeigt:

Wenn der Widder regiert, Jupiter und Saturn
bestimmend sind:
Ewiger Gott, welche Veränderungen!
Von da an kehren seine schlechten Zeiten ein langes
Jahrhundert lang immer wieder.
Frankreich und Italien, welche Erschütterungen!

Das ist seinerzeit von vielen Menschen völlig richtig verstanden und gedeutet worden:

Der Widder gilt unter den Astrologen seit Jahrhunderten als das Sternzeichen der deutschen Nation. Adolf Hitler ist ebenfalls gerade noch im Zeichen des Widders geboren. Wenn aber Widder regiert, dann entfacht Mars, der Gott des Krieges, seine Fackel. In den Jahren 1939/1940 nun zeigte sich zudem am Sternenhimmel gleich dreimal die seltene Begegnung der Planeten Jupiter und Saturn.

Und jedesmal bedeutete es Krieg: Überfall auf Polen, Einmarsch in Frankreich, Ausweitung zum Weltkrieg.

Man kann zwei Dinge als die eigentliche Tragik der ersten Hälfte des 20. Jahrhunderts betrachten:

Einmal, daß sich in den 20er Jahren schon Adolf Hitler und sein späterer Stellvertreter Rudolf Heß, in den 30er Jahren Propagandaminister Dr. Goebbels sehr intensiv mit Nostradamus befaßten und das, was sie dort fanden, sehr ernst nahmen, während »der Rest der Welt«, wie vorausgesagt, auf den Propheten und seine Hinweise erst aufmerksam wurden, als es bereits zu spät war.

Zum anderen, daß die Machthaber des 3. Reichs nur jene Verse erkannten und richtig deuteten, die ihnen genehm waren, während sie das angekündigte »böse Ende« nicht sahen oder nicht sehen wollten.

Adolf Hitler ist wohl schon in den ersten 20er Jahren in München im Kreis seiner Gönner und Verehrer auf Nostradamus hingewiesen worden. Vermutlich hat man ihm die eben erschienene Nostradamus-Interpretation des Berliner Postrates C. Loog zu lesen gegeben, in der die Rede von »Großdeutschland« war. Und vom Beginn des zweiten Weltkrieges 1939.

In der Festungshaft in Landsberg nach dem mißglückten Putsch in München 1923 hat sich Hitler zweifellos sehr stark mit dem mittelalterlichen Propheten beschäftigt – und herausgefunden, daß ganz eindeutig er mit dem »Kapitän Großdeutschlands« gemeint sein muß. Er, so glaubte er, sei berufen, das versprochene »Tausendjährige Reich«, das »Goldene Zeitalter« zu bringen, das Nostradamus in seinem Vorwort an Heinrich II. verspricht. Der Nostradamus-Forscher Dr. N. Alexander Centurio berichtet in seinem Buch *Nostradamus – prophetische Weltgeschichte*, 1977: »Als ich in der Staatsbibliothek Berlin im Jahre 1939 die einzige vorhandene Ausgabe der Centurien, angeblich 1568 von Pierre Rigaud in Lyon gedruckt, in die Hand bekam, bemerkte der zuständige Bibliotheksrat: ›Eben ist dieses Werk aus der Reichskanzlei zurückgekommen.‹ Ein Lesezeichen lag noch zwischen den Seiten 58 und 59, und diese Prophezeiung war rot angestrichen:

> »*Am Rhein der norischen Berge wird ein Großer geboren werden aus dem Volke, das zu spät gekommen ist.*
> *Er wird das Land an der Weichsel und an der Donau verteidigen.*
> *Niemand wird ahnen, wie er schließlich endet.*«
>
> (CENTURIE III/58)

Das war der Vers, den Hitler auf sich bezogen hat – und der allgemein so gedeutet wird.

Der »Rhein der norischen Berge«, das ist der Inn. Norica war die römische Provinz in den Alpen mit dem heutigen Salzburg als Hauptstadt. Hitler ist in Braunau am Inn geboren.

Inwiefern das Volk oder die Leute dort zu spät gekommen sein sollen, das kann hier außer acht gelassen werden.

Wichtig ist: die ersten großen Ziele Hitlers waren die »Heimführung Österreichs in das Reich«, die Annektierung der Tschechoslowakei als Reichsprotektorat Böhmen und Mähren – und schließlich die Schaffung einer direkten Verbindung zum abgetrennten Ostpreußen. Als die deutschen Truppen in Österreich, in der Tschechei und später in Polen einmarschierten, hat wirklich niemand geahnt, wie das alles ausgehen wird.

Nostradamus wußte es. Er hat auch den Überfall auf Frankreich gesehen.

Im Herbst 1939 soll Magda Goebbels, die Frau des Propagandaministers, in Berlin ihren Mann mitten in der Nacht aufgeweckt haben, um ihm von den aufregenden Dingen zu erzählen, die sie soeben bei einem uralten Propheten gefunden hatte. Goebbels selbst muß von dem, was er zu hören bekam, sehr beeindruckt gewesen sein. Er gab nämlich den Auftrag, den namhaften Astrologen und Nostradamus-Kenner Karl E. Krafft kommen zu lassen, um Näheres zu erfahren.

Und er bekam eine ganze Fülle zu hören.

> *Die Cimbern, vereint mit ihren Nachbarn, werden*
> *kommen, um Frankreich bis nach Spanien hin zu*
> *entvölkern...«*
>
> (CENTURIE III/8)

Die Cimbern waren ein germanischer Stamm und stehen hier ganz eindeutig für Deutschland.

Und:

> *»Wie oft wirst du erobert, Sonnenstadt!*
> *Du wirst dir barbarische und sinnlose Gesetze*
> *einhandeln.*
> *Dein Unglück naht. Du wirst noch mehr Tribut zollen*
> *müssen.*
> *Der große Hadrie wird dich zur Ader lassen.«*
>
> (CENTURIE I/8)

Die Sonnenstadt ist Paris. Für Frankreich – und speziell für Nostradamus – gibt es nur ein barbarisches Volk, also ungebildete, ungeschliffene Menschen, die Deutschen.

Hadrie – das ist Adolf Hitler. Nostradamus nennt ihn einmal »den in der Kutte der Kapuziner«. Kapuzinerkutten sind braun. Hitlers Uniform war ebenfalls braun. Den Nationalsozialismus nannte man die »braune Bewegung«. An einer Stelle spricht der Seher vom zweiten Weltkrieg, der »grau und braun eröffnet wird«, womit er offensichtlich auf Militär und Partei, das Soldatengrau und die braunen Uniformen der Parteifunktionäre hinweisen will.

Am häufigsten aber, genau fünfmal, spricht Nostradamus vom »Hadrie«. Das ist nicht nur ein Name, sondern ein ganzes Programm. Hadrian – darauf spielt der Seher an – war jener römische Kaiser, der im zweiten Jahrhundert die Juden besonders grausam verfolgte und, nach Titus, als zweiter Römer Jerusalem zerstörte, als er auf dem Boden der heiligen Stadt einen Jupitertempel errichten ließ, was den blutig unterdrückten Bar-Kochba-Aufstand zur Folge hatte (132–135 n. Chr.).

Hitler ist der neue Hadrian, der die »Endlösung der Judenfrage« in Auftrag gegeben hat.

ER ÄNDERTE EINEN EINZIGEN BUCHSTABEN

Es gibt noch eine ganze Reihe ähnlicher Verse, die man überzeugend auf den Einmarsch deutscher Truppen in Frankreich 1940 deuten kann. Und das ist seinerzeit auch geschehen. Konnte man bei Nostradamus doch sogar nachlesen, welchen Weg die deutschen Armeen einschlagen werden: über Holland und Belgien.

Die Übereinstimmungen von Prophezeiung und Wirklichkeit wurden damals als derart erdrückend empfunden, daß ein heilloser Wirbel um die Prophezeiungen entstand. In Deutschland ließ die Geheime Staatspolizei alle Nostradamus-Texte verbieten, um zu verhindern, daß der Feind »durch die Vorwegnahme der Ereignisse« Einblick in die Pläne der Berliner Kriegsherren bekommt. In Frankreich setzte eine massive Gegenpropaganda ein. Die Regierung verbot bei hoher Strafe, über die »Unglücksorakel des alten Verrückten« zu sprechen. In England gab der Geheimdienst nicht weniger als 80000 Pfund aus, um die Nostradamus-Interpretationen des deutschen Propaganda-Ministeriums zu widerlegen. In Amerika schließlich war Nostradamus der ganz große Illustrierten-Renner, den Millionen Leser begierig verfolgten.

Doch dann geriet der Meisterdeuter Karl E. Krafft in erhebliche Schwierigkeiten. Da gab es nämlich einen Vers, der nicht in das bisher verfolgte Schema paßte. Er verkündete Unheil:

> *»Großdeutschland einverleiben will er Brabant und*
> *Flandern, Gent, Brügge und Boulogne.*
> *Der Burgfriede ist geheuchelt.*
> *Der große Führer aus Armenien läßt Wien und Köln*
> *berennen.«*
>
> (CENTURIE V/94)

Alexander Centurio behauptet, der Schweizer Astrologe Krafft hätte diesen Vers schon 1938 richtig gedeutet: Hier ist Stalin, der Mann aus Georgien, gemeint.

Centurio schreibt: »Krafft kam spontan zu Goebbels, um ihn zu warnen. Goebbels erkannte sofort, daß sich dieser Vers dazu eignet, das Glück zu korrigieren. Er beredete Krafft, statt *le grand duc d'Armenie* zu lesen: *le grand duc d'Arminie*. Er machte also aus einem Führer aus Armenien einen Führer des Arminius-Landes und damit aus Stalin Hitler. Krafft ging leider darauf ein und erhielt eine Stellung als Referent im Propagandaministerium. Gleichzeitig wurde er zum astrologischen Berater Hitlers ernannt.«

Einen einzigen Buchstaben hat er verändert – das hat ihn später den Kopf gekostet. Krafft starb im KZ. Er ist, nachdem sich seine gefälschte Prophezeiung nicht erfüllte, 1944 verhaftet worden. Recht behalten hat lediglich Nostradamus. Er hat vorausgesagt, daß die Machthaber des 3. Reiches ganz Holland und Belgien dem Reich einverleiben wollten. Er wußte, daß der Nichtangriffspakt zwischen Hitler und Stalin von keiner Seite ernst gemeint und von ehrlichen Friedensabsichten getragen würde. Er sah, daß Deutschland am Ende des Krieges von beiden Seiten überrannt wird.

Adolf Hitler hätte nicht nur seine anfänglichen Siege, sein Scheitern, sondern auch seinen unrühmlichen Abgang bei Michel Nostradamus finden können:

Da heißt es nämlich:

> *In dem Konflikt wird der Große, der wenig wert war, zuletzt doch die Wunder vollbringen: Während Hadrie sehen wird, was alles verloren ist, erschießt sich der Größenwahnsinnige beim Festmahl.«*

(CENTURIE II/55)

Der Große, der wenig galt oder gar wenig wert war, zumindest aber gewaltig unterschätzt wurde, ist wohl wieder Stalin. Mit dem Begriff »Hadrie« ist Hitler gemeint. In den letzten Kriegstagen, als er in seinem Bunker in Berlin hoffnungslos eingeschlossen war und einsehen mußte, daß er alles verloren hatte, ließ er sich mit seiner Lebensgefährtin Eva Braun trauen. Nach dem Festmahl erschoß er seine Frau und sich selbst.

Interessant sind in diesem Zusammenhang zwei Begriffe: Nostradamus bezeichnet Hitler als den Größenwahnsinnigen, ein Schimpfname, der während des 2. Weltkrieges weit verbreitet war.

Für den Vorgang des Erschießens findet er sogar eine Wort-Neuschöpfung: pongnale. Die erste Silbe ist das »pong«, mit dem die Franzosen allgemein den Laut eines Schusses nachahmen. Aus der zweiten Silbe könnte man das deutsche Wort »Knall« heraushören. Der französische Begriff »poing«, mit pongnale noch am ehesten verwandt, bezeichnet heute nicht nur die Faust, sondern eine Handfeuerwaffe, wie etwa einen Revolver oder eine Pistole. Genau damit hat sich Hitler aber umgebracht.

Das erbärmliche Ende: Hitlers Leiche und die von Eva Braun wurden auf dem Straßenpflaster mit Benzin übergossen und verbrannt. So wünschte es der Diktator. Nostradamus schildert das in Vers VI/65:

»...Zwei auf dem Pflaster gegrillt.«

Die Beispiele ließen sich beinahe endlos fortführen. Und eines ist verblüffender als das andere.

NAPOLEON – DER VERDERBER

Nostradamus hat geschichtliche Persönlichkeiten beim richtigen Namen genannt. So in der Centurie IX/16 Generalissimus Franco, im selben Vers vielleicht sogar seinen Kampfgefährten Miguel Primo de Rivera, denn da ist die Rede von einem Ribiere, und das klingt fast genauso. Das kann kein Zufall mehr sein.

Den Kaiser Napoleon skizzierte der Seher als den Mann, der vom einfachen Soldaten zur Kaiserherrschaft aufgerückt ist. Er nennt ihn nicht etwa König, sondern benützt jene Bezeichnung, die für das Zeitalter, für Stil und Mode zum Begriff wurde: Empire (Centurie VIII/57). Vor Napoleon hat es in Frankreich niemals einen Kaiser gegeben. Dieser Mann ist dem Seher so ungeheuerlich, daß er sehr deutlich warnt: Sein schrecklicher Name spricht für sich. Ne-apollyon – das ist griechisch und heißt der Verderber! (Centurie I/76).

> »*Er wird Italien, Spanien und die Engländer zittern*
> *lassen und ist hinter der hochgestellten, ausländischen*
> *Frau her...*«
>
> (CENTURIE IV/54)

Napoleon hat zuerst Italien und Spanien zugesetzt. Seine Hauptgegner aber waren die Engländer. Und die Tochter des österreichischen Kaisers, Luise, wollte er unbedingt heiraten, um sich damit beim alten Adel »hoffähig« zu machen.

Das ist für Nostradamus wiederum ganz typisch – und ähnliche Beispiele finden sich in vielen Dutzend Versen: Der Seher möchte gerne sagen, daß die Frau Napoleons aus Österreich kommt. Aber direkt, so, daß es jeder verstehen könnte, tut er es nicht. Statt dessen verwendet er ein Wort, das ganz ähnlich klingt, und gleichzeitig stimmt: estrange (sonderbar, auswärtig). Heute sagen die Franzosen étrange.

Wiederum gibt es noch ein paar andere Verse, die sich auf Napoleon deuten lassen. Und das ohne jede Verdrehung oder Verbiegung.

Ein letztes Beispiel, das zeigen soll, wie sich der Prophet des Mittelalters mitteilt, und wie man ihn verstehen muß, ist die Centurie VIII/66:

> »*Wenn die Inschrift D. M. gefunden wird, und man*
> *ein altes Grab beim Licht der Lampe entdeckt, werden*
> *königliches und prinzliches Recht auf harte Probe*
> *gestellt.*
> *Bis die Fahne des Königs mit der des Duce eingerollt*
> *wird.*«
>
> (CENTURIE VIII/66)

D. M. – das war der große Auftritt von Benito Mussolini. In den frühen 20er Jahren wurden diese Initialen überall in Italien an Hauswände geschmiert. 1927, so deutet Centurio diesen Vers, fand man das Grab des ägyptischen Königs Tut-ench-Amun. Ziemlich gleichzeitig entmachtete der »Duce« Mussolini den italienischen König. Schließlich, nach dem Krieg, verschwanden beide Fahnen und Herrschaften gleichzeitig: Der Duce wurde ermordet, der König Viktor Emanuel mußte endgültig abdanken.

Aber solche Verse zielen nicht auf das eigentliche Anliegen des Propheten. Sie bleiben, trotz imponierender Virtuosität, kleine Kabinettstückchen – wenn man so will, Beweise der Tüchtigkeit des Sehers, als wollte er sagen: »Wenn der Augenblick naht, auf den es wirklich ankommt, soll niemand sagen können, ich hätte keine deutlichen Hinweise gegeben.«

Es gibt diese Hinweise in reichster Fülle. Und deutlich sind sie auch. Wer sie finden will, der findet sie.

3
Die Erde wird
aus ihrer Bahn geworfen

»Sie wankt und schwankt wie ein Betrunkener«
>*»Der Herr reißt die Erde auf. Er pflügt sie um und*
>*macht das Oberste zum Untersten. Er zerstreut, die*
>*sie bewohnen.*
>*...Du Erdensiedler, dich überkommen Grauen, Grube,*
>*Garn. Wer flieht vor dem greulichen Geschrei, der*
>*fällt in eine Grube. Und wer nicht in die Grube fällt,*
>*verfängt sich im Garn.*
>*Der Höhe Gitter öffnen sich. Der Erde Gründe sind*
>*erschüttert. Die Welt zerbricht, zerkracht. Die Welt*
>*zerspringt, zerreißt. Die Erde schwankt und wankt.*
>*Die Erde wankt wie ein Betrunkener. Sie schwankt*
>*wie eine Hängematte. Ihr Frevel lastet schwer auf ihr.*
>*Sie stürzt und steht nicht wieder auf...«*

(ISAIAS 24)

So schildert der Prophet Isaias die riesige Katastrophe, in die
unsere Erde hineintrudeln soll: das Chaos am Himmel, die totale
Panik unten auf der Erde. Es wird so schlimm werden, sagt der
Prophet in seiner grandiosen Sprache, daß sich ein Davonlaufen
nicht mehr lohnt: Entweder fällt man in einen riesigen Erdspalt,
oder der Weg ist mit Trümmern zugepflastert. Andernorts ist es
keinesfalls besser. Die Erde wird »umgepflügt«, das Unterste
wird zuoberst gekehrt. Und umgekehrt.

Der Prophet sagt auch, wie es zu der Katastrophe kommen
wird: Zunächst »öffnen sich der Höhe Gitter«, es wird also reg-

nen, stürmen, Unwetter geben. Danach sind »der Erde Gründe erschüttert«: Erdbeben suchen die Kontinente heim, bis die Welt in Fetzen geht. Und dann gerät die verunstaltete Erde selbst ins Wanken und Schwanken. »Sie stürzt und steht nicht wieder auf.«

Edgar Cayce, der »Schlafende Prophet«, der den Untergang New Yorks angekündigt hat, prophezeite im Jahre 1934:

> »Die Erde wird im Westen aufbrechen. Der größte
> Teil von Japan muß im Meer versinken. Der Norden
> Europas wird sich im Handumdrehen verändern. Und
> vor der Ostküste Amerikas wird Land auftauchen.«

Ist das das »Umpflügen«, das »Zerreißen«, von dem der Prophet Isaias spricht?

Was mit einem tollwütigen Krieg begonnen hat, so muß man befürchten, setzt sich in unvorstellbaren Naturkatastrophen fort. Edgar Cayce hat angekündigt, daß die Landkarten ein neues Gesicht bekommen werden. Die Kontinente würden sich so verändern, daß man sie nicht wiedererkennt. In Amerika, so prophezeit er, wird der ganze Süden und Teile des Westens im Meer versinken. Da, wo heute Florida, Alabama, Mississippi, Texas liegen, würde sich dann der Ozean erstrecken – bis nach Nebraska.

Die schlimmste Erdbeben-Katastrophe wird Kalifornien heimsuchen, ein Ereignis, das längst auch Geologen vorausgesagt haben – es muß kommen –, und es wird um so grauenvoller werden, je später es sich ereignet. Im Westen des amerikanischen Kontinents reiben sich nämlich zwei Kontinentalschollen aneinander. Der eine Block, das amerikanische Festland, driftet nach Westen, die kalifornische Küste nach Nordosten. Beide Blöcke werden also gegeneinander gedrückt, wobei Kalifornien, sobald der Druck zu groß geworden ist, ein Stück weiterrutscht. Immer dann, wenn die Spannung an der Reibfläche zwischen den beiden Blöcken zu groß geworden ist, gibt es einen Ruck, eine Verschiebung, die sogar sichtbar und meßbar ist. Erdspalten tun sich auf, Straßen brechen ab und gehen meterweit neben der Bruchstelle wieder weiter.

Das nächste Beben in Kalifornien ist absehbar. Alle Wissenschaftler sind sich darin einig, daß es früher oder später stattfinden muß. Die Frage ist nur, wie groß das Ausmaß der Verwüstungen sein wird.

Es klingt kaum glaubhaft, doch es ist wahr: Wie Edgar Cayce, wie Nostradamus so spricht auch der Prophet Isaias von der Zerstörung der »Neuen Stadt«. Das Wort »neu«, new, wird vom Propheten betont und hervorgehoben:

> *»In Trümmern liegt die Neue Stadt. Und jedes Haus wird für den Zugang abgesperrt. Gejammer um den Wein auf den Straßen. Jeder Freudenquell ist versiegt. Aller Frohsinn aus dem Land geflogen. Nur öde Plätze sind der Stadt verblieben...«*
>
> (ISAIAS, 24. KAPITEL)

Dieser Hinweis findet sich mitten in der Schilderung vom Niedergang, von der Entartung der Erde, womit einmal mehr das Zusammentreffen von Krieg und Naturkatastrophen angedeutet wird. Womit aber auch hervorgehoben wird, daß es sich um dasselbe Ereignis handelt, von dem auch die übrigen Propheten sprechen: von den Katastrophen am Ende des 20. Jahrhunderts, von der Zerstörung New Yorks zu Beginn des 3. Weltkrieges.

FLUTKATASTROPHE IN EUROPA

Ein anderer »Prophet« hat das noch wesentlich ausführlicher geschildert und ergänzt: Anton Johannsson. Er war ein norwegischer Fischer, ganz oben in der Einsamkeit des Nordkaps zu Hause, ein schlichter, tieffrommer Mann. Johannsson wurde am 24. Mai 1858 geboren und verstarb am 10. Januar 1929. Von Kind an besaß er hellseherische Fähigkeiten. Er sah Unglücksfälle voraus, Katastrophen, Kriege. Unter anderem soll er das Erdbeben von San Francisco angekündigt haben.

Am 14. November 1907 hatte er eine Vision, die alles, was er bisher gesehen hatte, weit übertraf. Er schaute eine Naturkatastrophe von unvorstellbaren Ausmaßen und den Untergang und die Zerstörung vieler Städte und Landstriche:

> *»Über allen Nordseestaaten lag Dämmerung. Kein Stern war zu sehen, und vom Meer her wehte ein starker Wind. In den norwegischen Gebirgen war*

noch kein Schnee gefallen. Im Geist wurde ich in die Nähe von Drontheim geführt. Ich stand am Strand und schaute über das Meer. Plötzlich begann der Boden zu erbeben. Die Häuser der Stadt zitterten wie Espenlaub, und einige hohe Holzbauten an der Küste stürzten zusammen. Gleich darauf erscholl vom Meer her ein furchtbares Getöse, und eine gewaltige Sturzwelle näherte sich mit rasender Geschwindigkeit der Küste und zerschellte an den Felswänden. In den flachen Gebieten rollte die Flut weit ins Land hinein, überschwemmte große Teile von Drontheim und richtete erheblichen Schaden an. Große Speicher und Lagerhäuser barsten auseinander und wurden ins Meer gespült. Die Überschwemmung erstreckte sich über die ganze norwegische Küste, von Südnorwegen bis hinauf in die Gegend von Bodö. Ich vernahm die Namen mehrerer dort liegender Städte.«
»Weiter wurde ich im Geiste zu den großen Städten an der englischen Ostküste geführt, wo die Naturgewalten den allergrößten Schaden anrichteten. Die ganze englische Ostküste stand bis weit ins Land hinein unter Wasser. Besonders gelitten hatte die Stadt Hull und ihre nähere Umgebung. Schottland mußte einem besonders heftigem Aufprall ausgesetzt sein, denn es schien, als seien große Teile des Landes ins Meer gesunken. Dann gewahrte ich London. Hier schien die Katastrophe ihren Höhepunkt erreicht zu haben. Hafen und Kaianlagen waren völlig zerstört, unzählige Häuser eingestürzt, das Wasser von schwimmenden Wrackteilen bedeckt. Im Hafen waren viele Schiffe gesunken, andere waren sogar weit aufs Land zwischen Häuser geschleudert worden. Auf dem Meer sanken die Schiffe, und zahllose Matrosen ertranken. Riesige Mengen toter Fische, vor allem Heringe, trieben auf der Wasseroberfläche. Danach zwängten sich die Sturzwellen durch den Kanal und zerstörten dort auf beiden Seiten Häfen und Städte. Besonders schwer betroffen wurde Rouen, aber auch andere Städte der französischen Nordküste litten

stark... Auch große Teile Hollands, Belgiens und der
deutschen Nordseeküste wurden schrecklich
heimgesucht. Zu den Städten, die besonders große
Schäden aufwiesen, gehörten Antwerpen und
Hamburg. Letztere bekam ich zu sehen, und mir
schien, als habe sie nach London am schwersten
gelitten. Es wurde mir auch gesagt, daß dort riesige
Warenvorräte verlorengingen. Auch die dänische
West- und Nordküste und die dort liegenden Städte
und die ganze schwedische Westküste – insbesondere
Göteborg, Hälsingborg und Malmö – bekamen
ebenfalls die Folgen der Katastrophe zu spüren.«

(A. Gustafsson: Merkwürdige Geschichte – Die Zukunft der Völker,
gesehen vom Eismeerfischer Anton Johannsson)

Die Katastrophe würde demnach nicht nur Amerika betreffen,
sondern auch den Norden der europäischen Länder. Auch hier
würde eine gewaltige Sturzwelle die Küstengebiete über-
schwemmen, Schiffe aufs Land spülen und Städte im Wasser
versinken lassen.

Und wann soll das alles passieren? Nach Angaben des
»Schlafenden Propheten«: noch vor dem Jahr 1998.

Edgar Cayce hat noch an anderer Stelle vom Untergang New
Yorks berichtet. Kurz vor seinem Tod sah er sich in Trance in
das Jahr 2100 versetzt. In einer Art Zeppelin aus Metall flog er
sehr schnell über den amerikanischen Kontinent hinweg. Bei
ihm waren Gelehrte mit langen Bärten, Glatzen und dicken Bril-
len. Edgar Cayce schilderte die Szene:

»Wir kommen zu einer riesengroßen Stadt. Die
Häuser sind fast alle gänzlich aus Glas. Ich frage, wie
die Stadt heißt. Und sie sagen: ›Das ist das neue New
York. Die alte Stadt ist zerstört worden. Man hat sie
wieder aufgebaut‹...«

Mit anderen Worten: das Leben wird nach der Katastrophe weitergehen. Die Welt wird sich auch im 21. und 22. Jahrhundert
drehen, was immer dazwischen passiert sein mag. New York
wird untergehen – und von neuem erstehen. Das mag uns in die
Lage versetzen, die Grauen überhaupt zu ertragen.

Als Jesus seinen Jüngern den Weltuntergang schilderte, von der Zerstörung Jerusalems und den Drangsalen der Zeit unmittelbar vor seiner Wiederkehr sprach, da fragten sie ihn ungeduldig: »Nun sag uns doch, wann wird das denn passieren? Woran sollen wir erkennen, daß es soweit ist, daß du wiederkommst und die Welt vollendet wird?« Da sprach Jesus zuerst vom Krieg und machte ausdrücklich darauf aufmerksam: Das ist nicht das Ende. Dann sagte er:

> *»Pest, Hunger und Erdbeben werden an vielen Orten sein. Dies alles ist aber erst der Anfang der Wehen.«*
>
> (MATTH. 24/7)

Und kurz später fügte er hinzu:

> *»Vom Feigenbaum aber lernt das Gleichnis: Wenn seine Zweige saftig werden und er Blätter treibt, dann wisset ihr, der Sommer ist nahe. So sollt ihr auch, wenn ihr all dies seht, erkennen, daß es dicht vor der Tür steht. Wahrlich ich sage euch: Dieses Geschlecht wird nicht vergehen, bis dies alles geschehen wird.«*
>
> (MATTH. 24/32)

Das ist eine doppelte Aufforderung und Belehrung: Die Angst vor einem Weltuntergang durch einen mörderischen Krieg ist unbegründet. Das Ende der Welt kommt überhaupt nicht mit einem einzigen, riesigen Knall – sondern es wird sich Stufe für Stufe, Schritt um Schritt vorbereiten und entfalten. Die vier apokalyptischen Reiter sind alle unterwegs. Jetzt stehen wir am Anfang der nächsten großen Phase: Das sechste Siegel wird geöffnet. In der Geheimen Offenbarung heißt es:

> *»Als er das sechste Siegel öffnete, schaute ich und es entstand ein gewaltiges Beben...«*
>
> (APOKALYPSE 6/12)

Das ist der »Anfang der Wehen« – nicht das Ende. Die Ouvertüre einer gewaltigen Steigerung. Nirgendwo steht, daß die vier Reiter damit von der Bühne des Weltgeschehens abgetreten wären. Sie werden weiterwüten. Aber das, was sie an Plagen und an Schrecken auslösen, wird in den Hintergrund gedrängt.

Erdbeben, Flutkatastrophen, Vulkanausbrüche hat es auf unserer Erde schon immer gegeben. Wenn nahezu alle Propheten davon sprechen, daß die »Vollendung der Zeit« mit schrecklichen Beben, Sturmfluten, Feuersbrünsten eingeleitet wird, so handelt es sich dabei ganz gewiß nicht um örtlich begrenzte Katastrophen, sondern um ein weltumspannendes Ereignis.

Etwas, das in seinen unvorstellbaren Ausmaßen an die Sintflut vor rund 6000 Jahren erinnert.

Über jene Katastrophe wird nicht nur in der Bibel, sondern auch an anderen Stellen berichtet. Noah, der angeblich sich und seine Familie und auch die bestehenden Tierarten retten konnte, war offenbar nicht der einzige, der von der bevorstehenden Katastrophe wußte. Nach babylonischer Überlieferung besaß auch ein gewisser Emmeduranki entsprechende Offenbarungen. Vermutlich war er ein Astrologe, der die Naturkatastrophe vorausberechnen konnte.

Auch der phrygische König Annabos soll für die Abwendung der »großen dunklen Flut« gebetet haben. Der griechische Philosoph Plato weiß ebenfalls von einer sintflutartigen Weltkatastrophe zu berichten. Und manche indianischen Volksstämme erinnern sich selbst in Amerika an das große Wasser, das alles hinweggeschwemmt.

Noah überlebte und wurde der neue Stammvater. Das Ende der gewaltigen Wasser-Katastrophe wurde zur historischen Stunde Null »dieses Geschlechtes«, das nicht vergehen wird, ehe sich die Prophezeiungen nicht erfüllt haben.

DIE ERDE WIRD EXPLOSIVER

Als im Frühjahr 1980 der Vulkan St. Helens im US-Staat Washington, nicht weit von der kanadischen Grenze entfernt, die obersten 400 Meter seines Gipfels wegsprengte und Asche, Feuer, Gestein und schwarze Rauchwolken bis zu 20000 Meter hoch in die Luft schleuderte, sprachen die Vulkanologen davon, daß unsere Erde ständig explosiver werde. Mußte man noch vor wenigen Jahrzehnten mit rund zwölf Vulkanausbrüchen im Jahr rechnen, so sind es heute plötzlich dreimal so viel. Monat für Monat werden drei der rund 500 Vulkane tätig. Und auch in Gebieten, in denen seit Jahrhunderten die Vulkane erloschen schienen, beginnt es wieder zu rumoren.

Dabei sollte eigentlich das Gegenteil der Fall sein. Müßte man nicht annehmen, daß sich der glühend-flüssige Erdkern mehr und mehr abkühlt, also auch das Rumoren im Pulverfaß, auf dem wir durch das Weltall jagen, nachläßt?

Vulkane sind nun keineswegs einfach Ventile des »flüssigen Erdinnern«, sondern werden gespeist von Magma-Nestern in der Mantelregion. Sie liegen in Tiefen von 10 bis 20 Kilometern. Von dort bis zur Kernregion ist es noch sehr weit.

Vermutlich wird das Gestein in diesen Vulkan-Nestern durch radioaktiven Zerfall angeheizt. Doch das ist bis zur Stunde nicht restlos geklärt. Risse, Verschiebungen in Mantel und Erdkruste können zur Ausdehnung des Magmas und der darin enthaltenen Gase führen. Das löst dann explosive Entladungen aus – vor allem in den Unruhegebieten und Schwächezonen der Erde, das heißt in Gebirgen und an den Rändern der Kontinentalschollen, wo tektonische Kräfte wirksam werden.

Das heißt aber auch: Je unruhiger es um und auf dem Erdmantel zugeht, desto häufiger muß es zu Vulkan-Ausbrüchen kommen.

DIE ERDE ZERREISST...

»Der Erde Gründe sind erschüttert. Die Welt zerbricht, zerkracht. Die Welt zerspringt, zerreißt.«

In der Prophezeiung des Isaias ist die Lösung des Rätsels klar und für den Menschen des 20. Jahrhunderts verständlich mitgeteilt.

Schon einmal, so sagen die Geologen, ist die Erde auseinandergerissen worden. Nicht der Planet ging dabei in Stücke, sondern der ursprüngliche, einzige Kontinent auf ihr, der sich aus dem Ozean rundum wie eine Insel abhob. Amerika, das zeigt seine heutige Form noch, war einstmals mit Afrika und Europa verbunden. Seit der Trennung driftet es Jahr für Jahr um einen Zentimeter weiter nach Westen. Australien gehörte einst zu Asien. Es ist nach dem Süden weggeglitten.

Die Rotation der Erde bringt solche Bewegungen notwendigerweise mit sich. Denn die Kontinente sind keine festverankerten, unverrückbaren Kolosse – sondern Schollen, die auf dem plastischen Mantel des flüssigen Kerns unserer Erde schwimmen. Das Gesetz der Trägheit bringt es mit sich, daß feste Körper auf einer Flüssigkeit das Tempo der Fahrt oder der Drehung genau mithalten – solange dieses Tempo nicht schneller oder langsamer wird, oder auch solange sich die Drehrichtung nicht plötzlich verändert.

Die Rotation unserer Erde ist aber keineswegs stabil. Einmal führt die schrägliegende Erdachse wie ein Kreisel eine große Kreisbewegung aus, so daß sich die Pole – und damit auch der Äquator – im Laufe von Jahrtausenden verschieben. Diese Kreiselbewegung führte beispielsweise zu den Eiszeiten, die große Teile von Europa unter kilometerdickem Eis begruben. Allein in der jüngsten geologischen Formation, im Quartär, sind schon vier solcher Eiszeiten über Europa hereingebrochen, die letzte vor etwa 12000 Jahren.

DIE ERDACHSE KIPPT

Zum anderen nehmen die Wissenschaftler heute an, daß die Erdachse von Zeit zu Zeit sogar kippt, so daß die Pole an ganz anderer Stelle zu liegen kommen. Es besteht kaum ein Zweifel daran, daß der Nordpol früher einmal im Golf von Mexiko lag – und natürlich genauso wie die heutigen Pole in ewiges Eis gepackt war, während jene tropisches Klima besaßen. Solche Veränderungen in der Umdrehung reißen und zerren natürlich an den Kontinenten. Die Kräfte, die dabei wirksam werden, übersteigen unsere Vorstellungskraft.

Sie rütteln zugleich an den hochexplosiven »Dynamitfässern«, die 10 bis 20 Kilometer tief verstreut im ganzen Erdmantel liegen: Magma-Nester, angefüllt mit Gasen und glühendheißem Gestein. Druckveränderungen, die etwa bei Rissen im Mantel oder in der Kruste entstehen, wirken auf diese Nester wie ein Zündfunke. Es kommt dann zu gewaltigen Vulkanausbrüchen.

Im Augenblick scheint sich die Erde tatsächlich in einem besonderen Spannungszustand dieser Art zu befinden. Das sagen nicht nur die Wissenschaftler unserer Tage, sondern das haben Propheten vor bereits 4700 Jahren vorausgesehen. Propheten, die namentlich nicht bekannt sind, die aber mächtige Zeugnisse ihrer Kunst hinterlassen haben. Die Pyramiden.

Schon immer fragten sich die Menschen angesichts dieser riesigen Steinhaufen: »Was soll das Ganze? Handelt es sich wirklich nur um übersteigert große Grabhügel, errichtet über der sterblichen Hülle eines Pharaos, damit diese, vor Grabräubern sicher, den jüngsten Tag erlebt? Oder sind diese Bauwerke nicht doch viel mehr? Vielleicht astronomische Meßgeräte? Rätselhafte Energiespender? Steingewordene Prophezeiungen?«

Sicher ist: schon immer hielt sich hartnäckig das Gerücht, in den Pyramiden seien gewaltige Schätze und das unendliche Wissen aus uralten Zeiten aufbewahrt.

Als der Kalif von Bagdad, Abdullah al-Ma'mum, ein sehr gebildeter und wißbegieriger Mann, im Traum von Aristoteles den Auftrag erhielt, er möge ein »Abbild der Erde« und ein »Bild des Himmels« anfertigen, beauftragte er 800 Jahre nach Christi Geburt 70 Gelehrte mit Vermessungsaufgaben. Doch sie kamen nicht von der Stelle. Mit welchem Maß hätten sie denn messen sollen? Wo am unendlichen Himmel anfangen?

Da erinnerte sich der Kalif von Bagdad an die Überlieferungen der alten Ägypter: »Alle Weisheit liegt in den Pyramiden«. Man sagte, im Inneren der Steinkolosse fände man wahre Wunderdinge. Etwa Glas, das sich biegen läßt, und Eisen, das nicht rostet.

Kalif al Ma'mum ließ einen Stollen in die größte der Pryamiden hineintreiben – und stieß tatsächlich auf einen geheimen Gang. Er führte in die »Königskammer«, einen wunderschönen, mit rotem Granit ausgelegten Raum, zehneinhalb Meter lang, fünfeinhalb Meter breit und fast sechs Meter hoch. Wunderschön – aber leer. Kein toter Pharao im Sarkophag. Keine Schätze. Keine Schriften. Keine Wunderdinge.

Die Enttäuschung war riesengroß.

500 Jahre später, als man die Pyramiden als Steinbruch benutzte und vor allem die blankpolierten Deckplatten von der Oberfläche riß, um damit Moscheen in Kairo einzukleiden – da stieß man doch noch auf einen »Schatz«: Die Arbeiter fanden zufällig den Ausgang jenes Geheimgangs, auf den schon der Kalif Abdullah al-Ma'mum gestoßen war. Und nun zeigte sich: Der zunächst abwärts führende Gang war so angelegt, daß man durch seine Öffnung – wie durch ein Fernrohr – genau auf den Polarstern blickte.

Vor etwa 100 Jahren entdeckte ein schottischer Forscher, der sich intensiver mit den Pyramiden befaßte, eine überraschende Vielzahl an erstaunlichen Fakten und Daten.

Da gab es beispielsweise eine Maßeinheit, nach der offensichtlich die Cheops-Pyramide errichtet wurde, das »Pyramidenzoll«, 2,54 Zentimeter lang. 25 dieser Pyramidenzoll, die sogenannte »Heilige Elle« – 63,5 cm – entsprechen genau dem zehnmillionsten Teil des Erdradius, also der Strecke vom Pol zum Erdmittelpunkt. Ein Maß, das noch genauer ist als unser heutiger Meter.

UNSERE VORFAHREN WUSSTEN EINFACH MEHR

Der Umfang der Pyramide an der Grundfläche umfaßt wiederum genau 36524 Pyramidenzoll, nämlich fast 928 Meter. Damit sind die Tage eines Sonnenjahres auf die Stelle hinter dem Komma genau angegeben: 365,24. Woher hatten die Erbauer der Pyramide ihr Wissen? Oder sollte das alles Zufall sein? Doch auch der Abstand der Erde von der Sonne und viele andere natürliche Größen lassen sich in der Cheops-Pyramide finden.

Wobei sich einige Zusammenhänge auf ganz simple Weise erklären lassen. Beispielsweise das Geheimnis um die Zahl Pi (3,14), mit der man Kreise berechnet und die überall in der Pyramide als Berechnungsgrundlage vorgelegen haben muß. Es scheint völlig ausgeschlossen, daß die Ägypter vor nahezu 5000 Jahren diese mathematische Größe schon kannten. Erst sehr viel später ist sie entdeckt worden. Trotzdem haben sie mit ihr gearbeitet – vielleicht ganz einfach, indem sie statt Meßlatten oder

Meßbändern große Räder als Meßgerät verwendeten. Alles, so darf man annehmen, wurde nach Umdrehungen dieser Meßräder gemessen. Eine Umdrehung entsprach vielleicht 10 Heiligen Ellen (6,35 Meter) und 250 Pyramidenzoll.

Also: alles doch ganz selbstverständlich und ohne jede Geheimniskrämerei?

Ohne Geheimnisse – abgesehen von der Frage: Wie kamen sie auf ihre Maßeinheit? In den letzten Jahrhunderten ist mehrfach versucht worden, solche Zusammenhänge als »Zahlenmystik« oder gar als reine Erfindungen abzutun – neuere Messungen und Berechnungen haben bestätigt, daß sich die Maße und Verhältnisse der Cheops-Pyramide tatsächlich in einmaliger, ungewöhnlicher Harmonie und Übereinstimmung mit natürlichen Zahlen auf der Erde und im Kosmos befinden – weil jene Menschen offensichtlich noch so sehr mit der Natur verbunden waren, daß sie viel mehr wußten, als sich unser Verstand vorstellen kann.

Man braucht wohl keine außerirdischen Hilfen in Anspruch zu nehmen, wie es Erich von Däniken fordert, keine versunkenen Kulturen auf Atlantis, wie andere meinen, will man die Pyramiden und ihre »Wunderzahlen« erklären. Unser Fehler bei der Beurteilung der früheren Jahrtausende ist die Annahme, unsere Vorfahren damals wären primitiv gewesen. Sie waren gewiß keine Verstands-Spezialisten, wie moderne Gelehrte es sind, aber sie besaßen noch, was längst verlorenging, gerade weil sie nicht einseitig auf Verstand und Logik und Einsicht bauten, eine natürliche, man könnte sagen: universelle Intelligenz, der vieles einfach selbstverständlich war.

So darf es uns nicht verwundern, wenn man in den Pyramiden das Gesetz des Goldenen Schnitts findet und eine exakte Bestimmung der Himmelsrichtungen. Wenn es sich herausstellt, daß jede Pyramide für sich eine riesige Sonnenuhr ist, die sehr genau die Stunden, Tage und Monate anzeigt. Vermutlich lassen sich alle Pyramiden-»Wunder« auf diesen ganz einfachen, »primitiven« Nenner bringen: Wo etwas auf unserer Erde in harmonischem Einklang mit der Natur existiert – stimmt es in jeder Hinsicht. Dann ist es zu dem geworden, was der Kalif vor 1100 Jahren in den Pyramiden gesucht hat: das »Abbild der Erde« und das »Bild des Himmels«.

So muß wohl auch die Prophezeiung verstanden werden, die sich im Geheimgang zur Königskammer findet. Schon im 19. Jahrhundert vermuteten Pyramiden-Forscher darin so etwas Ähnliches wie einen Kalender.

Und zwar einen Kalender, der im Augenblick zu laufen begann, als die Pryamiden fertig waren – und der bis zum Ende einer großen Zeitepoche, bis zur Wende in eine neue Zeit dauert. Eine prophetische, steingewordene Chronik der Menschheit mit den wichtigsten Meilensteinen.

Tatsächlich gibt es in den Wänden des Pyramiden-Ganges seltsame Markierungen, Hindernisse, Stufen, Verengungen, plötzliche Erweiterungen, die irgendeinen Sinn haben müssen.

Legt man an die Kerben und Kennzeichen das Pyramidenzoll an, dann lassen sich tatsächlich verblüffende Zusammenhänge erkennen:

Der Weg der Menschheit führt zunächst 28 Meter lang = 1102 Jahre abwärts. Bis zu dem Augenblick, da Moses der Menschheit die zehn Gebote vom Berg Sinai bringt. Diese Stelle ist die große Wende. Fortan geht der Weg aufwärts.

Allerdings zunächst mehr als mühsam. Der Gang ist nur 1,22 Meter hoch, so daß man sich beim Gehen bücken muß. 37,77 Meter weit = 1487 Jahre.

An dieser Stelle beginnt wiederum etwas völlig Neues. Plötzlich wird der Gang von einer kleinen Plattform aus (33 Jahre) achteinhalb Meter hoch. Wie eine schmale Halle führt er nun 48 Meter lang aufwärts = 1881 Jahre. Die kleine Plattform am Fuße dieser sogenannten »Großen Galerie« wurde als die Lebenszeit Jesu gedeutet, die schmale Halle selbst als die Zeit des Christentums vom Jahre 33 bis zum Jahre 1914. Unterwegs sind die wichtigsten »Meilensteine« dieser Geschichte markiert: Kriege, Entdeckungen, Revolutionen, Reformationen. Wie in allen Prophezeiungen sind wiederum die Wendemarken festgehalten.

Die »Große Galerie« endet an einer Schwelle, die nahezu einen Meter hoch ist. Wenn sie überwunden ist, dann steht man endgültig oben – und nach ein paar Schritten vor einem niedrigen Schlupfloch. Im Jahre 1914 begann der erste Weltkrieg. Man kommt in einen kleinen Raum – und muß sich erneut bücken: zweiter Weltkrieg. Mächtige Felsblöcke hängen von der Decke. Der Weg ist furchterregend, beängstigend.

Ja, dann steht man in der Königskammer. Die Wanderung ist zu Ende. Eine große Halle tut sich auf.

DIE MAGISCHE ZAHL 25 827

Alles nur reiner Zufall? Oder sollte nicht doch ein genialer Prophet vor 4700 Jahren die Geschichte der Menschheit mit großer Präzision vorausgesehen und in Stein gemeißelt haben?

Noch eine Zahl der Cheops-Pyramide ist bemerkenswert. Vielleicht bildet sie sogar den Schlüssel zu den gesamten Prophezeiungen: Die Königskammer liegt auf der 50. Gesteinsschicht der Pyramide. An dieser Stelle beträgt der Umfang des Bauwerkes aber genau 258,27 Pyramidenzoll.

25 827 Jahre, genau so lange dauert das »platonische Jahr«, eine Großepoche auf der Erde. So viel Zeit braucht die Erdachse, um nach einer ihrer Kreiselbewegungen an den Ausgangspunkt zurückzukehren. Wollten die Erbauer der Pyramide uns sagen, daß im Jahre 2000 eine solche Periode zu Ende geht, weil hier der Gang zur Königskammer zu Ende ist?

An dieser Stelle findet sich erneut eine verblüffende Übereinstimmung: Noch vor der Zeit, in der die Pyramiden gebaut wurden, begründeten babylonische, indische und chinesische Weise die Astrologie, ursprünglich von der Astronomie nicht getrennt. Sie berechneten sehr exakt den Umlauf der Sterne und teilten das Jahr in zwölf Tierkreiszeichen ein, die den Namen von Sternbildern bekamen, beginnend mit Widder, dem Sternbild, das den Frühlingsbeginn anzeigt.

Heute weiß man, was offensichtlich schon jenen Alten bekannt war, daß die astrologischen Tafeln und Berechnungen mit den Himmelsbildern nicht mehr übereinstimmen. Der Frühlingsbeginn verschiebt sich alle 2152 Jahre um ein Zeichen. In 25 827 Jahren erst wird der Widder der Astrologen mit dem Widder am Sternenhimmel wieder übereinstimmen.

Die Astrologen nennen den Zeitraum, den die Verschiebung durch alle zwölf Sternzeichen benötigt, also die Zeit von 25 827

Jahren, ein Weltenjahr. 2152 Jahre umfassen entsprechend einen Weltenmonat.

Momentan, so sagen die Astrologen, befinden wir uns an der Schwelle zu einem neuen Weltenmonat. Das Fischezeitalter geht gerade zu Ende, das Wassermannzeitalter bricht an.

»Der Schritt des Zeigers der Weltenuhr im Zeichen Wassermann«, so schreibt der bekannte Astrologe Herbert A. Löhlein in seinem *Handbuch der Astrologie*, »verkündet nichts weniger als einen völlig neuen Zeitgeist, ein neues Weltbild, aber auch planetare Umwälzungen, die ihrerseits wiederum ein völlig neues Denken auslösen müssen.«

Der sogenannte »Herrscher« des Zeichens Wassermann ist nach alter astrologischer Tradition Saturn, die »infortuna major«, das große Unglück, wie schon Ägypter und Griechen ihn nannten. Saturn, der Dunkle, Harte, der große Gegenspieler der strahlenden, erheiternden Sonne, drückt, bringt Veränderungen, Wandel, Bewährungsproben, Revolutionen, Trauer – aber auch Weisheit und Reife durch bittere Erfahrungen.

Wenn Saturn regiert, muß man stets mit etwas Neuem rechnen. Man wird, wie die Alten sagen, »in Zucht genommen«, damit man sich weiterentwickeln kann und seine Fähigkeiten gezwungenermaßen entfaltet. Die Zeit der oberflächlichen Tändelei, von Spiel und Tanz und Flirt ist vorbei.

Von den Künstlern des Mittelalters ist Saturn als grimmiger Krieger dargestellt worden, der kleine Kinder umbringt oder gar frißt. Saturnjahre galten schon immer als Krisenjahre, als Zeit, in der besonders viele und schwere Erdbeben registriert werden, als Beginn eines neuen Schicksalabschnittes.

Im Saturnjahr 1979 bekamen die »Reichen« dieser Erde zum erstenmal deutlich zu spüren, daß Wohlstand kein gesicherter Besitz ist, den man grenzenlos erweitern könnte, und daß auch der Fortschritt nicht ohne Ende vorangetrieben werden kann.

Das nächste Saturnjahr stellt sich 1986 ein. Ein Jahr, das nach den Voraussagen der Propheten besonders bedeutungsvoll werden soll.

Michel Nostradamus hat in seinem Vers V/24 vorhergesagt:
»Das Reich und das Gesetz, das unter der Herrschaft
der Venus emporgewachsen ist, wird durch Saturn
unter Jupiter zum Kaiserreich.

Das Gesetz und das Reich, das von der Sonne
emporgehoben wurde, wird durch Saturn das
Schlimmste zu erdulden haben.«

Die Erklärung dazu findet sich in der Vorrede an Sohn Cäsar.
Dort heißt es:

> *»Gegenwärtig, da wir unter der Herrschaft des*
> *Mondes stehen, wird vermittels der unbegrenzten*
> *Macht des ewigen Gottes die Sonne folgen, noch bevor*
> *er seinen Kreislauf völlig vollendet hat. Und dann*
> *kommt Saturn. Das sind die himmlischen Zeichen:*
> *Saturn im Rücklauf, die nach den Berechnungen*
> *anzeigen, daß sich die Welt einem Wandel nähert, der*
> *alle Zeitbegriffe auf den Kopf stellen wird.«*

Der Astrologe Nostradamus hat den Vorstellungen seiner Zeit
gemäß den Weltmonat von 2152 Jahren unterteilt in vier Welt-
wochen von 538 Jahren. Diese »Wochen« besitzen wiederum
ihre eigenen Regenten, die den Zeitläuften ihren Stempel auf-
drücken. Das »finstere Mittelalter« stand, so sagt Nostradamus
in diesem Text, »unter der Herrschaft des Mondes, dem Symbol
für Innerlichkeit, Empfindsamkeit und Sehnsucht nach dem
Jenseits. Doch diese Zeit ging, als die Prophezeiungen niedergeschrieben wurden, eben vorzeitig zu Ende und wurde abgelöst
von der Regentschaft der Sonne. Die Zeit der strahlenden Kö-
nigsherrschaften, der barocken Prachtbauten, der glanzvollen
Aktivität – und Äußerlichkeit begann. Nicht von ungefähr
nannte man König Ludwig XIV. den »Sonnenkönig«. In unseren
Tagen ist die Zeit der Sonne abgelaufen. Und von jetzt an wird
nicht nur die Weltwoche, sondern auch der Weltmonat von Saturn bestimmt. In dieser Zeit werden vor allem jene Gesell-
schaftsordnungen, politischen und wirtschaftlichen Formen,
Mächte und Gruppierungen in die Brüche gehen, so prophezeit
der Seher, die in den zurückliegenden 500 Jahren entstanden
sind. Es würden demnach speziell die jungen Länder und Nationen von der Landkarte verschwinden. Ideologien wie der Kommunismus hätten endgültig ausgedient, weil etwas grundsätz-
lich Neues kommt.

Das Neue aber wäre wohl – das ganz Alte. Das, was vor dem

Mittelalter und vor dem nationalstaatlichen Denken schon existierte und sich nun zur eigentlichen bestimmenden Macht aufschwingt.

Diese Angaben deuten wiederum auf ein »Arabisches Imperium« und auf globale, kontinentale Herrschaften, vielleicht auch, wie später noch gesagt wird, auf asiatische Philosophie hin, auf buddhistische, islamische Heilslehren.

ES BEGANN SCHON 1936

Wenn der »Schlafende Prophet« Edgar Cayce von den großen, bevorstehenden Veränderungen auf der Erde sprach, die seiner Meinung nach noch in unserem Jahrhundert ihren Anfang nehmen werden, dann nannte er immer wieder einen Begriff: das Kippen der Erdachse.

Das entscheidende Jahr für unsere Zeit ist für ihn – übereinstimmend mit dem »Kalender« in der Cheopspyramide – nicht 1939, der Beginn des zweiten Weltkriegs, oder irgendein Ereignis in der nächsten Zukunft – sondern 1936.

Als man Edgar Cayce 1932 aufforderte, er möge doch etwas über die wichtigsten Ereignisse der nächsten 50 Jahre sagen, gab er eine Antwort, die viel Verwirrung gestiftet hat. Zunächst sprach er von Zerstörungen, Unruhe und Krieg. Dann fuhr er fort:

> *»Zuvor wird die Katastrophe kommen, ausgelöst von*
> *Kräften, die aus dem Weltraum auf die Erde*
> *einwirken. Das beginnt 1936. Die Kräfte bewirken*
> *eine Verlagerung des Gleichgewichts der Erde im All,*
> *das indirekt davon auch betroffen sein wird.«*

Man fragte erschrocken: »Von welchem Ausmaß werden die Umwälzungen im Jahre 1936 denn sein?«

Cayce, wie immer bei solchen Prophezeiungen in Trance, sagte:

> *»Kriege. Umwälzungen im Erdinnern. Und eine*
> *Veränderung der Erde selbst, weil sich die Achse*
> *verlagert und die Pole an eine andere Stelle zu liegen*
> *kommen.«*

Wissenschaftler räumen heute ein, es sei durchaus vorstellbar, daß im Jahre 1936 im Erdinnern etwas begonnen habe – etwa eine veränderte Drehbewegung des Kerns –, das sich erst nach und nach bemerkbar mache. Es könnte also eine Veränderung eingeleitet sein, die wir in Kürze deutlich zu spüren bekommen.

Nicht übersehen darf man in diesem Zusammenhang den Hinweis des »Schlafenden Propheten« auf die »Kräfte aus dem Weltraum«, die auf die Erde einwirken.

EIN NEUER »STERN VON BETHLEHEM«?

Der Direktor der Bochumer Sternwarte, Professor Heinz Kaminski, drückt das so aus: »Zu der dramatischen Vielzahl ungelöster menschlicher – politischer Probleme auf der Erde kommt eine parallele himmlische Demonstration.« Und: »Wenn die Menschheit sich nicht dieser Umbruchsituation bewußt wird, stürzt sie automatisch in einen apokalyptischen Totentanz um das Jahr 2000.«

Die »himmlische Demonstration« begann im Frühjahr 1981 mit der sogenannten »großen Messiaskonstellation«. Die Planeten Jupiter und Saturn trafen sich gleich dreimal, so daß es von der Erde aus so aussah, als wären sie nur ein Stern, der besonders hell leuchtet.

Zum erstenmal begegneten sich die beiden Planeten am 1. Januar, das zweitemal am 5. März, zum drittenmal am 24. Juli 1981.

Als »Stern von Bethlehem« ist diese Konstellation in die Geschichte eingegangen und daher hat sie auch ihren Namen: Messiaskonstellation. Gewöhnlich wird der Stern von Bethlehem als Komet mit feurigem Schweif dargestellt. Aber schon Johannes Kepler, der bedeutendste Astronom der neueren Zeit, fand heraus, daß diese Darstellung nicht stimmen kann. Die Erde ist zur Zeit der Geburt Christi von keinem Kometen besucht worden.

Im Jahre 1603 beobachtete Kepler eine Konjunktion von Jupiter und Saturn und war erstaunt über die Leuchtkraft der beiden Riesenplaneten, die ihr Licht gewissermaßen gebündelt zur Erde schickten. Er rechnete nach und stellte fest: Im Jahre 6 vor unserer Zeitrechnung, also in dem Augenblick, in dem Jesus aller Wahrscheinlichkeit nach geboren wurde, begegneten sich Jupiter und Saturn ebenfalls. Und zwar auch gleich dreimal – genau wie im Jahre 1981. Damals fand die Konjunktion im Sternbild Fische statt. Die ersten Christen benutzten als Erkennungszeichen untereinander den Fisch. In der altjüdischen Tradition galt der Fisch als Zeichen des Messias.

Diesmal trafen sich die beiden Planeten im Sternbild Waage. Johannes Kepler kam nicht zufällig darauf, daß der Stern von Bethlehem eine solche Begegnung gewesen sein muß.

Immerhin hat dieser »Stern« drei Magier bewogen, ihre Heimat zu verlassen und eine wochenlange Reise nach Bethlehem anzutreten. Diese drei Männer können nur ein Ereignis von allerhöchster Bedeutung erwartet haben.

Die Magier, wir nennen sie in Deutschland die heiligen drei Könige Kaspar, Melchior und Balthasar, waren, das kann man heute mit nahezu hundertprozentiger Sicherheit sagen, sternenkundige Gelehrte aus babylonischen Gegenden.

In Babylon aber galt Jupiter als der Stern des Lichtgottes und Weltschöpfers. Er wurde als Heils- und Friedensbringer verehrt und als Glücksbote herbeigesehnt.

Saturn stand im Rang eines »Stellvertreters der Sonne« und symbolisierte Gerechtigkeit, Ordnung und Weisheit. Beides zusammen: Friedensbringer und ordnende Weisheit, ergibt genau das, was Jesus von sich selbst gesagt hat: »Ich bin der Weg, die Wahrheit und das Leben« (Johannes 14/6).

Es kommt noch eines hinzu: In der Vorstellung der alten Menschen im Vorderen Orient war Saturn der Schutzstern des Volkes, das den Sabbat verehrte, also der Stern der Juden.

Und das haben die drei Magier ja auch gesucht: den »neugeborenen König der Juden« (Matthäus 2/2), der eine neue Zeit begründet. »Wir haben gesehen, wie sein Stern aufleuchtete, und sind gekommen, ihm zu huldigen.«

Auch die Juden verstanden dieses »Zeichen«, denn, so heißt es weiter, »sie gerieten in Aufregung«. Sowohl die Priester als auch die Schriftgelehrten und König Herodes.

Er fragte ohne lange überlegen zu müssen: »Wo soll Christus, der Messias, geboren werden?« Und er bekam als richtige Antwort ein Prophetenwort zu hören. In Bethlehem: »Denn aus dir wird der Fürst hervorgehen, der Mein Volk leiten soll.« (Micha 5/1)

»Und siehe, der Stern, den sie beim Aufleuchten gesehen hatten, ging vor ihnen her, bis er über dem Ort stillstand, wo das Kind war.« (Matthäus 2/9)

Daraus kann man schließen: Die erste Konjunktion von Jupiter und Saturn hat die drei Magier bewogen, die Reise anzutreten. Bei der zweiten Konjunktion im Oktober sind sie aufgebrochen. Am 6. Januar im Jahre 6 vor unserer Zeitrechnung, bei der dritten Begegnung von Jupiter und Saturn, fanden sie das neugeborene Kind. An diesem Tag feiert die christliche Kirche seit jeher das Fest »Erscheinung des Herrn«, den eigentlichen Geburtstag von Jesus.

Ein Komet wäre nicht zeitweise erschienen, verschwunden und erneut aufgetaucht. Er hätte weder den Weg gezeigt noch über dem Stall von Bethlehem angehalten. Wohl treffen solche Schilderungen aber genau auf die »große Messias-Konstellation« zu. »Sein Zeichen«, sagten die Magier.

Im Evangelium (Matthäus 24/30) heißt es:

> »Alsdann wird erscheinen das Zeichen des
> Menschensohnes am Himmel...«

Also wiederum: sein Zeichen, die »Messias-Konstellation«?

Diese Stelle wird in der Regel gleichgesetzt mit dem unmittelbar folgenden Satz:

> »Dann werden alle Völker auf der Erde wehklagen
> und den Menschensohn auf den Wolken des Himmels
> kommen sehen mit Macht und großer Herrlichkeit...«
>
> (MATTHÄUS 24/30)

Die folgenden Darlegungen werden aufzeigen, daß hier von zwei völlig verschiedenen Ereignissen die Rede ist. Das eine ist der Anfang. »Sein Zeichen« zeigt, daß der große Augenblick gekommen ist, in dem die große Wende beginnt. Der Zeitpunkt, in dem der neue Retter geboren wird. Das andere ist der Schlußpunkt, auf den alles zustrebt, die Vollendung. Das eine ereignet sich in unseren Tagen – das andere erst nach Jahrtausenden. Diese Deutungen können erst nach den Darlegungen der folgenden Kapitel voll verstanden werden.

Die Unordnung am Himmel geht weiter. Im Jahre 1982 werden sämtliche Planeten unseres Sonnensystems wie zu einer Parade antreten. Alle stehen sie in einer nahezu geraden Reihe, als wären sie an einer Schnur aufgereiht. Im Herbst 1982 wird sich der letzte Planet in diese Reihe eingefügt haben.

Das ist, wie Professor Kaminski sagt, »auf jeden Fall ein Sonderzustand im Planetensystem, was die Gravitationsauswirkungen anbetrifft. Direkte Auswirkungen sind statistisch bisher insoweit mit Aufmerksamkeit verfolgt worden, als etwa 20–25 Jahre nach solchen astronomischen Gegebenheiten lokale Naturkatastrophen auf der Erde bekannt wurden, die allerdings wissenschaftlich weder gedeutet noch gar erklärbar wären.«

Wie riesig jene Kräfte sind, die alle Himmelskörper in ihren Bahnen halten, zeigen Ebbe und Flut. Bei seiner Umdrehung um die Erde zieht der Mond das Wasser der Ozeane wie eine riesige Schleppe meterhoch hinter sich her, als wäre er ein mächtiger Magnet. Wenn Mond und Sonne in der selben Richtung ziehen oder auch wenn sich die beiden Gestirne entgegengesetzt befinden, dann kommt es auf der Erde zu den besonders starken Springfluten.

Aber das ist nicht alles. Exakte Messungen aus jüngster Zeit haben erbracht, daß sich auch die feste Erdkruste mit der stärkeren oder schwächeren Anziehung der Gestirne »verbiegt«. So sind die Alpen, wenn der Mond über ihnen steht, immerhin um fünf Zentimeter höher als sonst.

Man muß sich einmal vorstellen, welche enormen Anlagen oder Kräfte nötig wären, den Wasserspiegel des Bodensees auch nur um ein paar Millimeter anzuheben! Die Gestirne tun das mit Milliarden Tonnen Wasser und sogar festverwachsenem Fels. Mit ganzen Kontinenten.

Die äußersten Planeten unseres Sonnensystems sind erst entdeckt worden, nachdem man Bahnabweichungen ihrer Nachbarn beobachtete und daraus die Schlußfolgerung zog: Da muß noch einer sein, der sie aus der Bahn zwingt. Und so war es auch.

Normalerweise ist die Verteilung der Kräfte im Weltall harmonisch. Die Unterschiede in der gegenseitigen Beeinflussung bleiben minimal, weil die Umlaufgeschwindigkeiten der Planeten, ihre Massen wie auch ihre Entfernungen von der Sonne verschieden sind. Im ewigen Spiel nähern sich die Planeten einander und entfernen sich wieder voneinander. Einmal sind Venus und Erde einander nahe, dafür steht Mars, von der Erde aus gesehen, hinter der Sonne. Ein andermal läuft Jupiter mit der Erde nahezu parallel, während Mars und Venus weit voraus oder hinterher eilen. Ein wechselvolles, harmonisches Spiel, aus dem die Astrologen das Horoskop entwickelten.

Wenn nun alle Planeten mit der Sonne an einem Ende in einer Reihe stehen, wird die Erde aufs Folterbrett gespannt: Auf der einen Seite ziehen Sonne, Merkur und Venus, auf der anderen Mars, Jupiter und all die anderen Planeten. Der Mond wird sich abwechselnd von der einen Seite zur anderen wenden und damit dieses Zerren und Reißen an der Erdhülle noch aufschaukeln.

Wird unser Planet dieser Zerreißprobe gewachsen sein? Werden die übrigen Gestirne sie aushalten?

DIE SONNE IN AUFRUHR

Mit einiger Besorgnis registrieren die Astronomen, daß sich die Sonne ausgerechnet zu diesem Zeitpunkt in besonders hektischer Aktivität befindet: Die Sonnenflecken erreichen 1982 ein Maximum, wie das nur alle elf Jahre etwa der Fall ist. Das bedeutet: verstärkte kosmische Strahlung und veränderte Einwirkung dieser Strahlung auf die Erde und ihren Lebensraum.

Was im Herbst 1982 passieren wird, das kann niemand genau sagen. Letztlich hängt alles vom momentanen »Befinden« der Erde ab. Ist die Erdkruste während der Krise gerade mit inneren Spannungen aufgeladen, die sich sowieso zu befreien versuchen, dann können schon geringste Kräfte von außen ausreichen, die Katastrophe auszulösen – und wohl nicht erst 20 oder 25 Jahre nach der Zerreißprobe. Haben sich solche Kräfte im Erdinnern bereits in Beben und Vulkanausbrüchen Luft verschafft, dann dürfte unser Planet ziemlich heil davonkommen.

Geologen, Geophysiker, Astronomen können heute weder beruhigen noch warnen. Ihre Aussagen bleiben widersprüchlich. Die Propheten haben die Katastrophe vorausgesagt.

»Die Erde wankt wie ein Betrunkener. Sie schwankt wie eine Hängematte...« sagt Isaias.

Und Christus hat es noch deutlicher ausgedrückt:

»Die Sterne werden vom Himmel fallen, die Kräfte des Himmels erschüttert werden...«

(MATTHÄUS 24/29)

In der Geheimen Offenbarung des Johannes heißt es:

»Die Sterne des Himmels fielen auf die Erde wie der Feigenbaum die Früchte abwirft, wenn ihn ein starker Sturm schüttelt. Der Himmel wich zurück wie eine Rolle, die sich zusammenrollt...«

(APOKALYPSE 5/13)

Wenn die Erdachse kippt, die Erde sich also anders als bisher zu drehen beginnt – oder gar, wie manche Experten vermuten, zunächst einmal torkelt »wie ein Betrunkener«, dann muß der Zuschauer auf ihr genau den Eindruck haben, der hier wiedergegeben wird: Die großen Sternbilder, die bisher nahezu unverrückbar fest am Himmel standen, fallen hinter den Horizont und an ihrer Stelle wird ein »neuer Himmel« sichtbar, nämlich jene Sterne, die man sonst nur von der südlichen Halbkugel aus sehen konnte. Der Himmel, so glaubt der Beobachter, weiche zurück, als würde eine Kulisse eingerollt. Dann wird auch der Rhythmus von Tag und Nacht durcheinandergeraten. In manchen Gegenden wird die Sonne eine Zeitlang nicht aufgehen, in anderen am Himmel stehen bleiben, wie es bei Matthäus angekündigt ist:

»Sogleich nach der Drangsal jener Tage wird sich die Sonne verfinstern. Der Mond wird seinen Schein nicht geben...«

(MATTHÄUS 24/29)

Damit ist allerdings nicht die große Sonnenfinsternis gemeint, von der später noch zu reden sein wird. Denn diesmal bleibt der Sternenschein erhalten, während bei jener 70stündigen Finsternis auch die Sterne ihr Licht nicht mehr ausstrahlen werden.

DAS ENDE DER HOROSKOPE

Im Vorwort zu den Prophezeiungen, die Michel Nostradamus seinem Sohn Cäsar gewidmet hat, schreibt er über die Naturereignisse in unseren Tagen:

>*Die Wissenschaft wird einen mächtigen Stoß erhalten, weil ich herausfand, daß die Welt einen universellen Aufruhr erleben wird, nämlich derartige Überschwemmungen und so hohe Wogen, daß es kaum einen Landstrich mehr geben wird, der nicht mit Wasser bedeckt wäre. Lange Zeit hindurch kann man kein Horoskop mehr berechnen und sich am Himmel nicht mehr orientieren, als wäre alles verloren.*
>*Außerdem werden vor und nach der Flutkatastrophe in einigen Gegenden die Niederschläge mehr als dürftig sein. Vom Himmel fallen riesige Mengen von Feuer und herabstürzende Steine, so daß niemand bleiben kann, der nicht erschlagen werden will.*
>*Das wird sich in Kürze ereignen, vor dem letzten Aufruhr, noch während der Planet Mars seinen Kurs vollendet, am Ende seiner letzten Periode, wenn er wieder von vorne beginnt, die anderen (Planeten) für mehrere Jahre im Wassermann und andere im Krebs versammelt sind.«*

Und danach die bereits zitierte Stelle:

>*Gegenwärtig, da wir in der Herrschaft des Mondes stehen, wird vermittels der unbegrenzten Macht des ewigen Gottes, noch bevor er seinen Kreislauf völlig vollendet hat, die Sonne folgen und dann der Saturn. Das sind die himmlischen Zeichen: Saturn im Rücklauf, die nach der Berechnung anzeigen, daß sich die Welt einer Revolution nähert, die alle Zeitbegriffe auf den Kopf stellen wird.«*

In dieser Prophezeiung steckt Schrecklicheres, als man auf den ersten Blick erkennen kann.

Die riesigen Überschwemmungen, die kaum einen Landstrich verschonen, kann man sich vielleicht noch vorstellen. Auch die Dürre, die nichtbetroffene Gebiete heimsuchen soll. Schwieriger wird es bereits beim Feuer, das vom Himmel fällt und vom Steinhagel, der die Leute erschlägt.

Das eigentliche Ausmaß der Katastrophe – und das ist nun völlig unvorstellbar – wird durch den Satz angedeutet: »Lange Zeit hindurch wird man kein Horoskop mehr berechnen können... Es sieht aus, als wäre alles verloren.«

Das Horoskop wird nach den Bahnen der Planeten errechnet, nach ihrem Weg durch die großen, fixen Sternbilder vom Widder bis zu den Fischen, und nach ihrer Stellung zueinander. Die Planeten bilden Quadrate, stehen in Opposition zu anderen Planeten oder laufen parallel miteinander.

Wenn es nicht mehr möglich sein wird, solche »Konstellationen« zu berechnen, dann haben die Planeten, ebenso wie die »torkelnde« Erde ihre Bahnen verlassen, um anders als bisher um die Sonne zu kreisen. »Alle Zeitbegriffe sind auf den Kopf gestellt«, sagt der Seher. Das könnte bedeuten, daß der Tag nicht mehr 24 Stunden lang ist, die Monate und Jahre länger oder kürzer als bisher dauern. Möglicherweise wird sich die Erde dann so drehen, daß man in Europa die Sonne nicht mehr oder nur noch für kurze Stunden untergehen sieht. Damit müßte sich aber auch das Wetter, das Klima, die Jahreszeiten verändern. Alles, das gesamte Leben auf der Erde hätte sich grundlegend verändert.

Genau von solchen schwerwiegenden Veränderungen sprach auch die Muttergottes von La Salette zu den zwei einfältigen Hirtenkindern. In der Großen Botschaft von La Salette heißt es:

>*Die Jahreszeiten werden sich verändern. Die Erde*
>*wird nur noch schlechte Früchte bringen. Die Sterne*
>*werden die regelmäßigen Bahnen verlassen...«*

Michel Nostradamus faßt alles, was bisher dargelegt wurde, in knapper Form zusammen – und zwar von den ersten Anfängen im Jahre 1981 bis zur »letzten Periode« im August 1998:

> *»Ihr seht bald und doch zu spät, wie die große*
> *Veränderung sich vollzieht.*
> *Extreme Schrecken und Verfolgungen, als ob der*
> *Mond von seinem Engel geholt würde.*
> *Der Himmel nähert sich Verschiebungen.«*
>
> (CENTURIE I/56)

Die »Revolution« am Himmel wird sich nicht blitzartig vollziehen, sondern nach und nach bemerkbar machen. Nostradamus sagt: »Der Himmel nähert sich Verschiebungen.« Jeder ahnt, so weiß er, daß sich etwas tut, aber alle versuchen, sich gegenseitig zu beruhigen: Es wird schon gut gehen. Bis die alte Ordnung endgültig verloren ist.

Wetterkatastrophen werden die ersten Anzeichen dieser Verschiebungen sein. Beispielsweise klirrende Kälte im Süden, Regen im Norden, Sommer, die sich vom Winter nicht mehr unterscheiden. Das geht wiederum aus einer Prophezeiung des Nostradamus hervor:

> *»Die Erde und die Luft lassen das große Wasser*
> *gefrieren. Dann, wenn man daran geht, den*
> *Donnerstag zu feiern…«*
>
> (CENTURIE X/71)

Der Sonntag wird von den Christen als Tag des Herrn gefeiert, der Samstag, der Sabbat, ist der wöchentliche Fest- und Ruhetag der Juden. Am Freitag feiern die Mohammedaner. In Kürze, so sagt Nostradamus voraus, wird eine Sekte auftauchen, die den Donnerstag zu ihrem »Sonntag« machen wird. Es wird später davon die Rede sein.

Wenn es soweit sein wird, erlebt die Erde einen so kalten Winter, daß das »große Wasser«, also die Ozeane gefrieren.

Zur gleichen Zeit, so verrät die Centurie VI/5, wenn also bei uns alles zu Stein und Bein gefriert, wird es am Nordpol einen »langen Regen« geben. Kaum auszudenken, was passieren muß, wenn am Nordpol Regen fällt und das Polareis weg-schmilzt. Die mindeste Auswirkung: die Weltmeere steigen an. Zwei, drei, womöglich vier und mehr Meter hoch.

Entsprechend wäre der nächste Schritt die große Flutkata-strophe.

> *»Dort, wo Hieron sein Schiff bauen ließ, wird eine so*
> *große und plötzliche Flut hereinbrechen, daß man*
> *keinen Ort und kein Land mehr findet. Die Wogen*
> *steigen bis zum olympischen Fiesole.«*

Das kündigt Nostradamus in der Centurie VIII/16 an.

Hieron war ein Tyrann auf der Insel Sizilien. In einer großen Seeschlacht vernichtete er die Etrusker im Jahre 470 vor Chri-stus. Seine Flotte aber ließ er in Syrakus bauen. Nostradamus gibt uns damit zu verstehen, daß die Insel Sizilien (und damit alle Küsten des Mittelmeeres) besonders hart betroffen wird. Nur der Ätna wird noch aus den Wasserwogen herausragen.

Nach dieser Flut, der viele Städte und halbe Kontinente zum Opfer fallen, werden Feuer und Steine vom Himmel fallen. Da-von ist im nächsten Kapitel die Rede. Der Schluß dieser Schilde-rung bildet die exakte Berechnung des Höhepunkts der Kata-strophe: August 1998.

Der Planet Uranus wechselt nämlich am 13. Januar 1996 in das Zeichen Wassermann, um bis ins Jahr 2000 dort zu bleiben. Neptun folgt ihm am 29. Januar 1998 und pendelt dann eben-falls, von einer kurzen Unterbrechung abgesehen, für den Rest unseres Jahrtausends in diesem Zeichen hin und her.

Der Planet Mars aber ist zwischen dem 7. Juli 1998 und dem 20. August 1998, Venus zwischen dem 20. Juli 1998 und dem 14. August 1998 im Zeichen des Krebs.

Im August 1998 also manifestiert sich der »letzte große Auf-ruhr« von dem Nostradamus spricht. Eine »mächtige Revolu-tion« der Himmelskräfte, die alle Zeitbegriffe durcheinander bringen wird, sowohl Tageszeiten als auch die Jahreszeiten, Klima und Vegetation.

Das Chaos wird offensichtlich sehr lange anhalten. Denn ebenfalls im Vorwort an den Sohn Cäsar schreibt Nostradamus: Erst wenn wir uns dem 8. Jahrtausend nähern (also um das Jahr 3000), wird sich der Lauf der Erde wieder stabilisieren:

> *»Wenn der große und ewige Gott den Entschluß*
> *fassen wird, die Bilder des Himmels sollen*
> *zurückkehren zu ihrem Lauf. Diese höhere Bewegung*
> *wird uns eine stabile und feste Erde zurückgeben.*
> *Denn ›sie (die Erde) soll nicht Jahrhundert um*
> *Jahrhundert schief stehen‹. Es muß geschehen, damit*
> *sein Wille erfüllt wird und nichts anderes sonst.*
> *Mögen auch von mohammedanischen Träumern durch*
> *vieldeutige Meinungen noch so viel natürliche Gründe*
> *dafür gefunden werden.«*

Wiederum der Hinweis, daß die Vorgänge wissenschaftlich nur
unzulänglich erklärt werden können.

> *»Die Könige der Erde, die Großen und die Obersten,*
> *die Reichen und die Mächtigen, jeder Sklave und Freie*
> *verbargen sich in Höhlen und in Felsen der Gebirge.*
> *Sie riefen den Bergen und Felsen zu: ›Fallet über uns,*
> *verbergt uns vor dem Angesichte dessen, der auf dem*
> *Thron sitzt und vor dem Zorn des Lammes.*
> *Gekommen ist der große Tag des Zornes. Wer könnte*
> *da bestehen.‹«*

(GEHEIME OFFENBARUNG, 6. KAPITEL)

So beschreibt Johannes die Situation in der Apokalypse: allgemeine, ungeordnete Flucht der Menschen in die Berge. Eine
Welle der Reue und Besinnung.

> *»Mehrere Nächte lang wird die Erde erzittern, im*
> *Frühjahr folgen zwei weitere Gewaltschläge. Korinth*
> *und Ephesus werden in zwei Meeren schwimmen.*
> *Durch zwei Kampfhähne bricht Krieg aus.«*

So Nostradamus in Vers II/50. Also auch Griechenland und die
Türkei werden heimgesucht.

Im Anschluß an das himmlische Strafgericht folgt dann das
irdische: Die Rache der Menschen an jenen, die ihrer Meinung
nach am Unglück schuld sind: an Regierungschefs, an Techni-
kern und Wissenschaftlern, die dies angeblich nicht vorausgesehen haben.

Das ist wohl genau das, was Isaias so beschreibt:

»Im Haufen wirft man sie gebunden ins Verließ und
schließt sie in den Kerker ein und zieht sie für die
versäumte Frist zur Rechenschaft...«

(ISAIAS, 24. KAPITEL)

Jene, die alle Warnungen in den Wind geschlagen haben und nicht rechtzeitig reagierten, als längst bekannt war, wie riskant das Spiel mit Atomkraft und Nuklearwaffen und sinnloser Aufrüstung geworden war, werden der Volkswut ausgeliefert. Doch damit ist das Unheil nicht wieder gutzumachen.

Denn jetzt geht es Schlag auf Schlag weiter. Die Erdbeben, die Überschwemmungskatastrophen, mächtige Vulkanausbrüche, das Torkeln der Erde, die aus dem Gleichgewicht geriet – das alles war erst der Anfang.

4
Der Komet
stürzt auf der Erde ein

»Da fällt ein Berg von Feuer glühend in das Meer...«
»Mit einem mächtigen Mißton bringt die Posaune zum
Erzittern. Sobald der Schall verklungen ist, erscheint
die Prüfung am Himmel.
Ein blutiger Rachen wird im Blut schwimmen.
Das Gesicht der Sonne ist mit Milch und Honig
verschmiert.«

Ein schauerliches Bild, das Michel Nostradamus im Vers I/57
ausmalt. Der erste, disharmonische Knall, das sind offenbar die
soeben geschilderten Naturkatastrophen auf der Erde, Vulkanausbrüche, Flutkatastrophen, Erdbeben, die alles Dagewesene
an Schrecken übertreffen.

Doch dieses Grauen wird kaum vorüber sein, da »erscheint
die Prüfung am Himmel«.

Der Menschheit, so scheint es, wird kaum eine Atempause
gewährt. Die nächste »Plage«, die über die Erde hereinbrechen
soll, ist schon unterwegs. Es wird nur, wie Johannes in der Apokalypse schreibt, »wohl eine halbe Stunde lang still im Himmel«, bevor die siebte Posaune geblasen wird:

»Der Engel nahm sodann ein Rauchfaß, füllte es von
dem Feuer des Altars und warf es auf die Erde. Es
gab Donnerschläge, Tosen, Blitze, Erdbeben...«
(GEHEIME OFFENBARUNG, 7. KAPITEL)

Wie lange wird die halbe Stunde dauern, ehe das passiert? Ein
halbes Jahr? Oder drei, vier Jahre?

Im Jahre 1986, vielleicht etwas früher, vielleicht etwas später, taucht der Halleysche Komet auf. Das wird die 28. Begegnung mit ihm seit dem Jahre 187 vor Christus sein. Ist er die »Prüfung am Himmel«? Das »Rauchfaß«, das zur Erde geschleudert wird?

Kometen gelten seit jeher als schlechtes Zeichen. Man nannte sie schon immer »kosmische Boten« für Krieg, Seuchen, Untergang und den Tod großer Herrscher – also für Wendemarken in der Geschichte.

Im Jahre 451 soll ein Komet erschienen sein, als Attila mit seinen Hunnen über Europa herfiel.

Ein Komet stand am Himmel, als Karl der Große gekrönt wurde, ein anderer, als er starb.

Im Jahre 1066 verkündete ein Komet die Eroberung Englands durch die Normannen und den Tod des britischen Königs Harold in der Schlacht von Hastings. Die Erscheinung dieses Kometen ist im berühmten Wandteppich von Bayeux festgehalten. Es war übrigens der Halleysche Komet.

1347 zeigte ein Komet verheerende Erdbeben und die Pest an. 1618 begann mit dem Erscheinen eines Kometen der 30jährige Krieg. 1811 verkündete ein Komet das Ende der Herrschaft Napoleons. 1910 soll der Halleysche Komet den ersten Weltkrieg angezeigt haben.

Natürlich ist es nicht schwer, für jedes Auftauchen eines Kometen irgendein schreckliches Ereignis zu finden. Rund alle fünf Jahre taucht ein solcher Irrläufer auf, um irgendwo in der Weite des Alls wieder zu verschwinden.

Also: gibt es überhaupt keine Sorgen für das Jahr 1986?

Darauf wagen die Experten keine eindeutige Antwort zu geben. Kometen sind unberechenbare Gesellen. Und keineswegs so ganz ohne. Die Aussagen über ihr Wesen, ihre Gefahr gehen weit auseinander. Doch eine Ahnung von dem, was sie anrichten können, zeigt der Zusammenprall der Erde mit einem Winzling am 30. Juni 1908 in Sibirien.

Kurz nach Mitternacht hörte der Zugführer des Transsibirischen Eisenbahn-Schnellzuges einen donnerartigen Knall. Er war so laut, daß der Beamte glaubte, es hätte sich in seinem Zug eine Explosion ereignet. Deshalb ließ er den Schnellzug anhalten. Der Zug war in Ordnung. Aber die aufgeregten Passagiere erzählten ihm, sie hätten im Norden eine helle, blauleuchtende Feuerkugel beobachtet, die eine lange Rauchfahne hinter sich herzog. Der Knall sei von diesem grellen Licht gekommen, daß irgendwo, weit weg eingeschlagen hätte.

Die Erdbebenwarten rund um die Welt notierten gleichzeitig ein merkwürdiges Beben, das scheinbar kein Zentrum besaß, rund um die Erde lief und sich mit bisherigen Erfahrungen nicht vergleichen ließ.

In den unzugänglichen Wäldern Sibiriens war etwas auf die Erde gestürzt. Aber was?

Erst 19 Jahre später – es ist heute kaum mehr vorstellbar, erforschte eine wissenschaftliche Expedition die »Unfallstelle«, um zu erfahren, was wirklich passiert war.

Die erste große Überraschung: es gab keinen Krater. Aber in einem Kreis mit einem Durchmesser von 34 Kilometer waren sämtliche Bäume wie Streichhölzer geknickt und umgemäht. Rund 100 Millionen Bäume lagen zerbrochen, geschält, zerrissen, teilweise auch angekohlt auf dem Boden.

Die Wissenschaftler fanden eine Reihe kleinerer Krater, die Größten von ihnen hatten einen Durchmesser von 50 Metern.

Offensichtlich war der Besucher aus dem All explodiert – kurz bevor er auf dem Boden einschlagen konnte. Es war die Explosion einer Atombombe.

Der amerikanische Physiker und Astronom Professor William K. Hartmann vom Institut für planetarische Forschung in Tucson, Arizona, erklärt die Wirkung dieser Explosion: »Wäre der Komet auf New York gefallen, dann hätte das verwüstete Gebiet sich bis hinter Jersey City erstreckt. Die Leute wären von Philadelphia bis nach Hartford bewußtlos zusammengebrochen. Den Knall hätte man von Washington bis nach Boston, vielleicht sogar bis Pittsburgh gehört.«

Übertragen auf unsere Heimat heißt das in etwa: Bei einem Sturz des Mini-Kometen auf München wäre die Stadt bis nach Starnberg weggefegt worden. Die Leute hätten die Druckwelle von Garmisch bis nach Ingolstadt heftig zu spüren bekommen. Der Aufprall und die Explosion des Himmelskörpers wäre auch noch in Stuttgart, Regensburg und in Passau zu hören gewesen, vielleicht sogar in Orten, die noch viel weiter entfernt von München liegen.

Die Einschlagstelle des Kometen von Sibirien lag mehr als 600 Kilometer von der Transsibirischen Eisenbahn entfernt!

Doch wie gesagt: der Komet von 1908 war ein Winzling. So klein, daß man ihn nicht sehen konnte. Erst kurz vor seiner Explosion begann er aufzuleuchten. Es handelte sich vermutlich um einen nur wenige Meter dicken Brocken.

Was müßte erst passieren, wenn der Halleysche Komet auf die Erde stürzt? Vielleicht auf ähnliche Weise sich in eine Riesen-Wasserstoff-Bombe verwandelt?

Der amerikanische Wissenschaftsautor Nigel Calder versucht in seinem Buch: *Das Geheimnis der Kometen, Wahn und Wirklichkeit*, die Katastrophe in etwa zu skizzieren. Er schreibt:

»Hätte man einen guten Ausblick auf den Sturz, so könnte man später nicht davon erzählen, weil man ihn nicht überleben würde, – doch hätte man noch einen Augenblick Zeit, um über den Anblick eines blau-weiß-glühenden Etwas, größer als der Mount Everest, nachzusinnen, das mit mehr als fünfzigfacher Schallgeschwindigkeit in die Atmosphäre eintaucht und den Boden oder das Meer in einer grellen Explosion zerreißt. Der hoch in die Luft steigende Pilz aus Rauch und Explosionstrümmern würde als ein großes, abgeflachtes Wolkendach aus Hunderten von Kilometern Entfernung sichtbar sein. In dieser Entfernung würde die Druckwelle nach ein paar Minuten eintreffen und die Lungen des Betrachters zerfetzen.

Die Druckwelle würde, von erdbebenartigem Schütteln begleitet, die grauenvolle Nachricht um die ganze Erde tragen und viele Lebewesen auf der Stelle töten.

Wenn der Einschlag ins Meer ginge, würden Flutwellen von bis zu über einem Kilometer Höhe durch die Ozeane rasen und über die Küstenzonen brechen. Der Explosionspilz würde um die Einschlagstelle sofortige Dunkelheit verbreiten. An entfernten Orten würden die sich in der Stratosphäre ausbreitenden Staubteilchen zunächst gerötete Sonnenuntergänge hervorrufen und der Mond würde blau erscheinen. Eines Tages würde die Sonne nicht aufgehen. Die endgültige Verdunkelung würde innerhalb von wenigen Wochen beginnen, zunächst in einem Band, das die Erde auf der geographischen Breite des Einschlagortes umfaßt. Durch Vergleiche mit der Ausbreitung radioaktiven Staubes in der obersten Atmosphäre läßt sich schließen, daß fast ein Jahr vergehen kann, bis der ganze Planet bedeckt wäre...«

Die Dunkelheit aber könnte dann Monate, Jahre andauern. Das Leben müßte verkümmern, erfrieren ohne Sonnenlicht, zugrunde gehen. So, wie es vielleicht schon einmal der Fall war, als die Dinosaurier ausgerottet wurden.

Nigel Calder stellt fest, daß eine solche Katastrophe weit schlimmer wäre als die gleichzeitige Explosion sämtlicher gelagerter Atombomben. Und was passiert erst, wenn die eine Katastrophe die andere auslöst? Wenn der abstürzende Komet die Atombombenlager in die Luft sprengt?

Am 12. Februar 1947 wurde, diesmal in Ostsibirien, erneut eine »feurige Kugel« beobachtet, die, so die Zeugen, »heller als die Sonne« schien und einen dicken schwarzen Schweif hinter sich herzog. Sie explodierte ebenfalls mit ohrenbetäubendem Lärm kurz vor dem Aufprall und übersäte ein viele Kilometer großes Gebiet mit kleinen Kratern.

Ganz so selten sind die »Raketen« aus dem Weltall nicht. Auf der Erde gibt es weit über hundert große Krater. Die größten von ihnen messen 140 Kilometer im Durchmesser.

Folgt man den Ankündigungen der Propheten, dann wird der Halleysche Komet diesmal ins Meer stürzen.

Die bekannteste amerikanische Wahrsagerin, Jeane Dixon, die seinerzeit nachgewiesenermaßen die Ermordung des Präsidenten John F. Kennedy vorausgesagt hat, prophezeit für die Mitte der 80er Jahre eine schwere kosmische Katastrophe.

Sie schreibt:

> »Für Mitte der 80er Jahre sehe ich den Absturz eines
> Kometen auf die Erde voraus. Die Folgen des
> gewaltigen Kometenaufpralls in einem unserer Ozeane
> werden Flutwellen und Erdbeben sein. Der Aufschlag
> wird sich als eine der schlimmsten Naturkatastrophen
> des 20. Jahrhunderts herausstellen. Ich weiß –
> ziemlich genau –, wo der Komet einschlagen wird.
> Aber es wäre wohl nicht gut, den Ort jetzt schon
> anzugeben. Eine detaillierte Warnung werde ich zu
> einem späteren Zeitpunkt ergehen lassen...«

Ob die Wahrsagerin diesmal recht behalten wird? Wo wird dann der Komet einschlagen?

Die Antwort findet sich wiederum bei Nostradamus, in der Centurie VI/6, die auf den Halleyschen Kometen passen könnte:

> *In der Nähe des Septentrion nicht weit vom Krebs*
> *entfernt wird der behaarte Stern auftauchen.*
> *Dann müssen Susa, Siena, Boëke und Eritrea gewarnt*
> *sein.*
> *In Rom wird der Große sterben. Die Nacht ist*
> *verschwunden.«*

Diese Voraussage bietet eine ganze Fülle wertvollster Informationen. Die Septentrionen sind die »sieben Dreschochsen«, wie die Alten sagten, nämlich jene Sterne, die den Großen Wagen am Himmel bilden. Das Sternbild heißt auch der Große Bär. Septentrion zeigt demnach die Himmelsrichtung an: Im Norden wird der Komet auftauchen. Beim Sternbild Krebs wird er zuerst gesehen. Wenn das aber der Fall sein wird, droht Unheil. Susa ist ein Tal östlich von Turin. Genau dort, so erfahren wir im 6. Kapitel, im Zusammenhang mit dem Untergang des Christentums, wird ein endloser Regen die Landschaft derart unter Wasser setzen, daß sogar Bäume entwurzelt und davongeschwemmt werden. Es handelt sich um die gewaltigen Überschwemmungen beim Auftauchen des Kometen Halley im Jahre 1985/86.

Die Provinz Siena im toskanischen Hügelland wird zur gleichen Zeit von einer ebenso endlosen Trockenheit heimgesucht. Davon wird die Rede sein, wenn es um die beiden Propheten geht, die kurz vor dem Ende Roms auftreten sollen.

Mit Boëke kann eigentlich nur Böotien gemeint sein, eine Tallandschaft in Griechenland um Theben. Dieses Gebiet wird nach den Vorhersagen des Nostradamus im Vers II/3 von unvorstellbarer Hitze ausgeglüht:

> *»Wegen der Sonnenhitze über dem Meer bei*
> *Negroponte sind die Fische halb gekocht. Die*
> *Einwohner trocknen sie, während man sie in Rhodos*
> *und in Genua brät.«*

Negroponte ist die Insel Euböa im ägäischen Meer. Sie liegt dicht vor Böotien. Bereits im Hochsommer 1980 herrschten dort so hohe Temperaturen, daß, Zeitungsmeldungen zufolge, Fische aus dem warmen Wasser ans Land sprangen.

Eritrea kann sich auf die kleinasiatische Stadt gleichen Namens beziehen. Wahrscheinlicher ist aber, daß damit die Küstenprovinz in Äthiopien gemeint ist, denn bisher wurden nur Landschaften, keine Städte genannt.

Damit wäre dann wohl angedeutet, wo der Einschlag des Kometen zu erwarten ist: im Arabischen Meer oder im Indischen Ozean. Die beim Einschlag entstehende Flutwelle würde besonders an den Küsten des Roten Meeres Verwüstungen anrichten. In Rom wird gleichzeitig der Große sterben. Damit kann eigentlich nur der Papst gemeint sein.

Davon später mehr.

»Die Nacht ist verschwunden« – bevor der Komet einschlägt, wird sein glühender Schweif taghell leuchten, so daß es nachts nicht finster wird. Daß es sich bei der Schilderung des Vorgangs tatsächlich um einen Kometen handelt, das läßt sich dem Wort »der Behaarte« entnehmen. Das Wort Komet ist griechisch. Wörtlich übersetzt heißt es: der Behaarte. Der Stern, der lange Haare hinter sich herzieht.

FRIEDE UND ERDE WERDEN ZITTERN...

Im Vers II/43 deutet Nostradamus an, daß der Komet auch diesmal als »Unglücksbote« verstanden sein will:

> »Während der behaarte Stern sich nähert, werden sich
> die drei Weltmächte verfeinden. Geschlagen vom
> Himmel werden Friede und Erde zittern. Der Po und
> der Tiber treten über die Ufer, die Schlange wird über
> Bord geworfen.«
>
> (CENTURIE II/43)

Das könnte wiederum auf das Erscheinen des Halleyschen Kometen abzielen.

Die »drei großen Prinzen«, hier als Weltmächte übersetzt, können nur die USA, die Sowjetunion und China sein. Zuspitzungen der politischen Lage sind bereits seit dem Jahre 1979 unübersehbar. Friede und Erde werden zittern – man wird also um den Frieden und um die Existenz der Erde überhaupt heftig bangen müssen. Denn beides gerät in höchste Gefahr.

Bevor noch der Komet einschlägt – während er »sich nähert«, ereignet sich die große Überschwemmung in der Po-Ebene und in Rom. Diese Überschwemmung mit allem, was darauf folgt, wäre ein Zeichen dafür, daß diese Deutung der Nostradamus-Verse richtig ist. Welche Schlange allerdings über Bord geworfen werden muß, bleibt abzuwarten.

GEFAHR VOM »GIFTIGEN SCHWEIF«?

Als der Halleysche Komet im Jahre 1910 sich der Erde näherte, befürchtete man nicht so sehr den Einschlag des Kometen-Kopfes auf der Erde, als vielmehr seinen »giftigen Schweif«. Die Wissenschaftler hatten berechnet, daß die Erde durch seinen Schweif hindurchfliegen würde. Und man wußte, daß zumindest manche Kometen-Schweife aus hochgiftigen Gasen zusammengesetzt sind.

Diese Gasschleier sind unvorstellbar groß – aber auch ebenso dünn. Durch sie hindurch sieht man den Sternenhimmel, so daß das Ganze nur wie ein Hauch sein kann. Dagegen besitzt die Erde eine dichte, stabile Atmosphäre, die solchen Gasen gegenüber eigentlich wie ein sicherer Schutzschild wirken müßte.

Beides könnte arg täuschen – sowohl die Flüchtigkeit des Kometenschweifs wie auch die Stabilität unserer Atmosphäre. Zweimal im Jahr beobachten die Menschen ein herrliches Schauspiel am Nachthimmel: Sternschnuppen. Im Mai und im Oktober flimmert es am Sternenhimmel, als hätte jemand Konfetti über die Erde geworfen.

Und so ähnlich ist es auch: Die winzigen Staubkörner, die wie ein Lichtregen vom Himmel fallen, stammen vom Halleyschen Kometen. Er hat diesen »Dreck« auf seiner Bahn zurückgelassen. Zweimal im Jahr muß die Erde hindurchfliegen. Und dann fallen die kleinen Brocken auf die Erde und verglühen in der Atmosphäre. Das ist auch noch dann der Fall, wenn der Komet schon 75 Jahre fort ist, sich selbst ganz am anderen Ende unseres Sonnensystems befindet. Es muß also eine ungeheuere Fülle von Staub und Dreck und Gasen auf seinem Weg zurückbleiben.

Jahr für Jahr gehen viele Tonnen davon auf die Erde nieder. Selbst am Meeresboden findet man Kometen-Ablagerungen.

Anders ausgedrückt: der Schleier ist nur so dünn, weil er sich so weit im Raum verteilt. Er kann aber ganz schön massiv werden, wenn er zusammengetragen, konzentriert wird. Seit Jahrhunderten behaupten Menschen, Kometen würden stinken. Ist das nur Einbildung – etwa weil man glaubt, sie kämen aus der Hölle –, oder bleibt vielleicht doch etwas von ihren Gasen in der Atmosphäre hängen? Könnte bei einem direkten Zusammenstoß dieses Gas so dicht werden, daß unsere Luft giftig oder explosiv wird?

In der Apokalypse schildert Johannes die Schrecken der ersten drei Posaunen, die erschallen, sobald das »Rauchfaß« auf die Erde geschleudert wird. Hier die ersten beiden:

> »Der erste stieß in die Posaune. Da gab es Hagel und Feuer, untermischt mit Blut. Und das alles fiel auf die Erde. Der dritte Teil des Landes verbrannte. Und es verbrannte auch der dritte Teil der Bäume. Und es verbrannte alles grüne Gras.
> Der zweite Engel stieß in die Posaune. Da stürzte etwas wie ein großer Berg von Feuer glühend in das Meer hinein. Da ward der dritte Teil des Meeres Blut. Der dritte Teil der in dem Meer lebenden Geschöpfe starb. Der dritte Teil der Schiffe ging zugrunde.«
>
> (GEHEIME OFFENBARUNG, KAPITEL 18)

Noch bevor der Komet mit der Erde zusammenstößt, es wurde schon darauf hingewiesen, fällt Hagel und Feuer vom Himmel. Brandkatastrophen und eine fürchterliche Dürre suchen das Land heim. Der Regen und das Feuer sind untermischt »mit Blut«. Das stimmt wieder überein mit dem bereits zitierten Vers II/46 von Nostradamus, als er von Regen, Blut, Milch, Hunger und Feuer spricht. Die ersten Plagen, da wie dort, sind Feuer-Regen und ein blutroter Regen.

Der abstürzende Komet wird auch das Meer rot (blutig) färben, woran ein Drittel aller Fische zugrunde gehen soll.

Interessanterweise finden sich solche Schilderungen auch im Alten Testament. Dort wird aber nicht von einem künftigen Ereignis berichtet, sondern von etwas, das stattgefunden hat.

Als die Juden, von ihrem Führer Moses angetrieben, Ägypten verlassen wollten, widersetzte sich der Pharao diesem Begehren sehr energisch, bis schlimme Plagen über das Land kamen, die ihn schließlich zwangen, diese Leute ziehen zu lassen. Denn Moses hatte das Unheil jeweils vorausgesagt, so daß er annehmen mußte, die Naturkatastrophen wären durch irgendeinen Zauber gemachte »Druckmittel« dieser Leute und ihres Schutzgottes.

So heißt es im 7. Kapitel des Buches Exodus:

> *»Er (Moses) hob den Stab und schlug das Wasser im Nil. Vor Pharaos und seiner Diener Augen. Da ward alles Wasser im Nil zu Blut. Die Fische im Nil starben, der Nil begann zu stinken. Da konnten die Ägypter kein Wasser vom Nil mehr trinken. Blut war im ganzen Land Ägypten... Alle Ägypter gruben nun rings um den Nil nach Trinkwasser, weil sie vom Nilwasser nicht trinken konnten. So vergingen sieben Tage...«*

Im Kapitel 9 heißt es, nachdem Frösche das Land heimgesucht und schwere Seuchen das Vieh befallen hatten:

> *»Da nahmen sie (Moses und Aaron) Ofenruß, traten vor den Pharao, und Moses streute ihn himmelwärts. Da entstanden schwärende Beulen, die aufbrachen, an Mensch und Vieh...«*

Weil der Pharao immer noch nicht nachgeben wollte, wurden die Plagen immer schlimmer:

> *»So ließ der Herr Donner und Hagel kommen, und Feuer ging nieder. So ließ der Herr Hagel auf das Land Ägypten fallen. Ein Hagel war es – und mitten im Hagel ein Flugfeuer, übermächtig. Seinesgleichen war nie über Ägypten gekommen, seit die Ägypter ein Volk geworden waren. Und der Hagel erschlug im ganzen Land Ägypten alles auf dem Feld. Mensch und Vieh. Auch alles Feldgewächs schlug der Hagel und zerschmetterte alle Bäume des Feldes...«*

Vor rund 3200 Jahren gab es also schon einmal eine Naturkatastrophe, vergleichbar dem, was in Kürze auf uns zukommen
wird. Auch damals »blutiges« Wasser und ein Steinhagel vom
Himmel, begleitet von einem riesigen Feuer. In seinem Buch
World in Collision vermutet Immanuel Velikovsky, auch damals wäre ein Komet mit der Erde kollidiert, wobei die Erde in
seinen giftigen Gasschweif geriet: »Die Erdoberfläche wurde
von dem feinen Staub eines rostfarbenen Stoffes gerötet. Dieser
Farbstoff verlieh dem Wasser des Meeres, der Seen und Flüsse
eine blutige Färbung...«

PHAETON – UND DER KAMPF DER STERNE

Auch das Feuer, das man am Himmel »funkensprühend dahineilen sieht«, findet eine Erklärung in uralten Schriften: Tontafeln, teilweise bis zu 5000 Jahre alt, bezeugen: so etwas Ähnliches hat es schon einmal gegeben.

Franz Xaver Kugler, Jesuitenpater, Chemiker und Erforscher
der Keilschrift, widmete den größten Teil seines Lebens der Ent-
zifferung und Deutung assyrischer und babylonischer Tontafeln. Dabei stieß er immer wieder auf Schilderungen von gewaltigen Katastrophen. So beispielsweise auf ein Ereignis, das
im Norden zu riesigen Überschwemmungen, im Süden zu ver-
heerendem »himmlischen Feuer« führte. Kugler selbst war
überzeugt, damit nur auf eine andere, vollständigere Schilderung der biblischen Sintflut gestoßen zu sein. Demnach wären
mit den großen Überschwemmungen in manchen Teilen der
Erde gleichzeitig Dürre- und Hitzekatastrophen in anderen Gebieten verbunden gewesen.

Die Tontafeln berichten auch von erschreckenden Vorgängen
am Himmel. Etwa von einer feurigen Kugel, die wie eine Spirale
auf die Erde zuraste.

Kugler faßte solche Schilderungen zusammen und kam im
Jahre 1927 in seiner Schrift *Sibyllinischer Sternenkampf und
Phaeton in naturgeschichtlicher Bedeutung* zu dem Ergebnis:
Irgendwann einmal, daran erinnern sich die Menschen, die die
Tontafeln beschriftet haben, ist am östlichen Himmel ein Stern
aufgetaucht, der so hell war wie die Sonne – und scheinbar auch

gleich groß. Erst glaubten die Menschen, zwei Sonnen zu sehen. Dann vermischte sich das Licht von Sonne und Stern zu langen Feuerströmen, die sich kreuzten.

Der aufgetauchte Stern muß ein Komet gewesen sein, der ins Meer stürzte. Das geht auch aus der Phaeton-Sage hervor. Denn solche Sagen und Mythen sind nach Kuglers Ansicht nicht irgendwelche Hirngespinste, sondern Erinnerungen an besonders schlimme Erfahrungen.

Phaeton war der Sage nach der Sohn des Sonnengottes. Er lieh sich eines Tages den Sonnenwagen aus, um mit ihm von Firmament zu Firmament zu fahren. Aber die Pferde gehorchten ihm nicht und begannen zu bocken. Der Sonnenwagen kam der Erde zu nahe und verursachte einen großen Brand. Um noch Schlimmeres zu verhüten, mußte Zeus selbst eingreifen. Er schleuderte einen Blitz nach Phaeton, so daß dieser tot zur Erde fiel und in den Eridanus, einen sagenhaften Fluß im Norden, stürzte.

Eine Sage, die ebenso Erinnerung an einen furchtbaren Augenblick in der Geschichte – wie auch Prophezeiung eines kommenden Ereignisses sein könnte. Zumindest kommen sich die verschiedenen Prophezeiungen und die Sage sehr nahe.

Interessant ist die Angabe auf Tontafeln über die Dauer der einstigen Katastrophe. Sie soll genau 7 Monate, 2 Tage und 16 Stunden vom ersten Auftauchen des Sterns bis zum Abebben der Katastrophenfolgen gedauert haben.

Ob auch solche Zahlen für das, was uns bevorsteht, eine Bedeutung haben?

EIN BAUERNKNECHT VOM BÖHMERWALD WARNT VOR DER »GIFTIGEN LUFT«

Während des ersten Weltkriegs lebte in dem kleinen Flecken Frischwinkel im Böhmerwald ein einfacher Bauernknecht. Sepp Wudy. Er war lieber draußen im Wald und auf dem Feld beim Vieh als unter Menschen. Und er redete überhaupt nur, wenn man ihn etwas fragte.

Die Leute im kleinen Dorf wußten aber: Der Sepp weiß mehr. Der Bauer setzte sich immer wieder zu seinem Knecht, um von ihm etwas Neues zu erfahren. Und einiges von diesen Gesprächen hat er in seinen Kalender aufgeschrieben. Deshalb blieben die Vorahnungen und das Wissen des Sepp überhaupt erhalten.

Knecht Wudy sagte den Leuten, ob ihre Söhne an der Front wohlauf sind und ob sie nach Hause zurückkehren werden. Und es wird behauptet: Er behielt immer recht. Als er schließlich selber eingezogen wurde, verabschiedete er sich von seinem Bauern: »Ich komm' nicht wieder. Ich muß sterben in Eis und Schnee.« Tatsächlich fiel er kurz darauf in den Dolomiten.

Zuvor aber hatte er dem Bauern noch einiges über die Zukunft vorausgesagt. So den zweiten Weltkrieg – und eine Katastrophe in unseren Tagen:

> »Wenn du das noch erleben würdest, könntest du deinen Vetter in Wien von der Stube aus sehen. Und wenn du ihn schnell bräuchtest, könnte er in einer Stunde hier sein. In der Kirche spielen sie dann Tanzmusik, und der Pfarrer singt auch noch dazu.«

Viel besser kann man unsere Tage kaum charakterisieren: Fernsehen (der Vetter, den man in der Stube sehen kann), das Düsenverkehrszeitalter (in einer Stunde könnte er von Wien in den Böhmerwald kommen) – und Jazz-Messen in der Kirche, für den einfachen Knecht die Verderbnis schlechthin.

Die Katastrophe selbst schilderte Sepp Wudy in seiner unkomplizierten Art so:

> »Es steht gegen Norden ein Schein, wie ihn noch niemand gesehen hat. Und dann wird alles in Feuer aufgehen. Es wird dann wieder so sein wie vor hundert Jahren. So wird es die Leute zurückwerfen. Die Luft frißt sich in die Haut wie Gift. Zieh alle Kleider an, die du hast, und paß auf, daß nicht einmal die Nasenspitze herausschaut. Setz dich in ein Loch und wart ab, bis alles vorbei ist. Lange dauert's nicht. Du hast Essen vor dir und darfst es nicht anrühren, weil es dein Tod wäre. Wenn dir die Haare ausfallen, hat es dich erwischt. In Bayern wird es besser sein als anderswo, aber auch dort geht alles drunter und drüber. Bauer, sag deinen Kindern, sie sollen dem Berg zurennen, wenn es kracht...«

Hat der Bauernknecht vom Böhmerwald einen Atomkrieg vorausgesehen, der das Land radioaktiv verseucht? Aber dann wäre der Satz »Lange dauert's nicht« wohl falsch.

Oder schildert er den Kometen-Einschlag, von dem Jeane Dixon spricht?

Als wollte er sich für das Furchtbare, das er da sagte, entschuldigen, bekannte Wudy: »Ich bin nur ein Knecht und weiß nicht, ob es ein böser oder ein guter Geist ist, der mir diese Sachen vormacht. Aber ich weiß, daß es einmal wahr werden wird.«

Ist das »Gift«, das sich in die Haut frißt und die Lebensmittel ungenießbar macht, das Gas des Kometen? Wird es tatsächlich in unsere Atmosphäre eindringen und sie verderben?

JAKOB LORBER: DER FEIND KOMMT AUS DEN LÜFTEN ANGEFAHREN

Der »Grazer Prophet« Jakob Lorber hat in der Mitte des 19. Jahrhunderts folgende Sätze in sein »Großes Evangelium« geschrieben:

> »Es werden dann kurz vor dem Jahr 2000 den stolzen
> Menschen ihre Feuer und Tod speienden Waffen
> nichts mehr nützen. Auch nicht ihre Burgen und
> ehernen Wege, auf denen sie pfeilschnell dahinfahren.
> Denn es wird ein Feind aus den Lüften angefahren
> kommen und wird sie alle verderben, die da allzeit
> Übles getan haben. Und ich werde zerstören alle
> Krämer – und Wechslerbuden durch den Feind, den
> ich aus den weiten Lufträumen der Erde zusenden
> werde wie einen dahinzuckenden Blitz mit großem
> Getöse. Wahrlich gegen den werden vergeblich
> kämpfen alle Heere der Erde! Aber meinen wenigen
> Freunden wird der große, unbesiegbare Feind kein
> Leid antun und wird sie verschonen für eine ganz neue
> Pflanzenschule, aus der neue und bessere Menschen
> hervorgehen werden...«

Jakob Lorber behauptete, aus seinen Texten spräche Jesus persönlich. Deshalb die Formulierungen: »Ich werde zerstören…«

Deshalb auch die Sprache, die an die Heilige Schrift erinnert. Bei dem »Feind aus dem Weltall« handelt es sich wohl kaum um eine Attacke durch UFOs. Das würde allen prophetischen Ankündigungen widersprechen. Die Erde wird nicht von vernunftbegabten Wesen angegriffen, die von einem anderen Stern zu uns kommen und uns in Wissen und Können weit überlegen sind –, sondern von Himmelskörpern.

Einer von ihnen, so könnte man den Propheten entnehmen, ist möglicherweise der Halleysche Komet.

Doch, folgt man erneut den Propheten, dann kommt er nicht allein. Mit ihm werden sich zahlreiche andere »Besucher« einfinden, denn von der »kosmischen Revolution«, so sagen sie, vom allgemeinen Chaos ist nicht nur die Erde, sondern das ganze Sonnensystem betroffen.

5
Die Sonne
wird zur »Nova«

»Der große Stern wird sieben Tage lang glühen«

(NOSTRADAMUS, CENTURIE II/41)

Das sind ganz merkwürdige, furchteinflößende Stellen bei den Propheten – und sie tauchen nahezu überall auf: Die Menschen lassen alles stehen und liegen und starren fassungslos und von Angst fast verrückt zum Himmel. Denn dort oben tut sich etwas Schreckliches. Die Sonne scheint nicht mehr so, wie das immer der Fall war. Sie flackert. Es sieht aus, als würde sie erlöschen, als hätte sie keine Kraft mehr. Aber dann beginnt sie plötzlich größer und immer größer zu werden. Sie fängt an, mörderisch zu glühen, als wollte sie die Erde in Brand stecken. Was ist nur mit der Sonne los?

»ZEICHEN« UND »GEBRECHEN« AN DEN GESTIRNEN

Da ist zunächst immer wieder die Rede von »Zeichen« und »Gebrechen« an den Sternen, die bei den Menschen großes Entsetzen auslösen.

Der Evangelist Lukas sagt im 21. Kapitel:

>*»An Sonne, Mond und Sternen werden Zeichen sein,*
>*auf Erden Angst und Bestürzung bei den Völkern ob*
>*des Tosens und Brausens der Meereswogen. Die*
>*Menschen werden vor Bangen vergehen in Erwartung*
>*dessen, was über den Erdkreis kommen soll...«*

Michael Nostradamus erklärt die »Zeichen« an Sonne und Mond als Gebrechen – Fehler (defauts):

> »Wenn dann das Gebrechen der Sonne zu sehen sein
> wird, sieht man am ganzen Tag das Monster: Ganz
> anders wird man es deuten!
> Der hohe Preis wird nicht beachtet. Nichts ist
> dagegen gefeit.«
>
> (CENTURIE III/34)

Und:

> »Dann naht die Zeit der Mondgebrechen.
> Zwischen dem einen und dem anderen vergeht nicht
> viel Zeit.
> Kälte, Dürre, Gefahren zu den Grenzen hin.
> Selbst dort, wo das Orakel seinen Anfang nahm.
>
> (CENTURIE III/4)

Und schließlich:

> »Zu den entfernten Gebrechen der zwei großen
> Lichter,
> die zwischen April und März plötzlich auftauchen,
> oh welch hoher Preis! Aber zwei große Wohltäter
> werden überall über Land und Wasser helfen.«
>
> (CENTURIE III/5)

Das Bild wird immer klarer. Vieles bekommt einen Sinn, sobald man sich daran erinnert, daß dann, wenn sich diese Schrecken ereignen sollen, ja bereits grundlegende Veränderungen auf der Erde vorangegangen wären: Unser Planet, so sagen die Propheten, geriet ins Torkeln, die Erdachse kippte, die Pole verlagerten sich, die Erdhülle mußte unter dem Druck von innen und dem »Zug« von außen bersten.

Bei so drastischen Ereignissen auf der Erdoberfläche wäre eine radioaktive Verseuchung weiter Landstriche unvermeidlich. Eine Reihe atomarer Produktions- und Lagerstätten stünden unter Wasser, andere wären von Erdbeben zerstört. Würden wir die Propheten-Stimmen auch nur ein bißchen ernst nehmen, dann könnte wenigstens diese Katastrophe, diese Verschärfung der Situation vermieden werden.

Das war die Vorgeschichte.

Nun zeigt es sich aber deutlich: Das Durcheinander ist allgemein und nicht auf die Erde beschränkt. Kein Gestirn kommt ungeschoren davon. Das wird man, so Nostradamus, im Frühjahr, nach dem heutigen Kalender bereits ab Ende Februar, erkennen können.

Soeben befand sich die Sonne noch in einer besonders kritischen Situation mit einem Maximum an Sonnenflecken. Mehr als sonst brodelte es in dem Feuerball, die atomaren Kernfusionen vollzogen sich hektischer und heftiger als sonst. Gleichzeitig war sie, wie ihre Planeten, der Zerreißprobe ausgesetzt. Alle Planeten hingen an einer Seite und zerrten, als wollten sie sich gemeinsam von der Bindung an die Sonne losreißen, um neue Bahnen zu ziehen.

WIRD DIE SONNE ZU EINER »NOVA«?

Wird sich nun auf der Sonne – vielleicht ausgelöst durch diese doppelte Belastung – eine Katastrophe ereignen?

Soviel scheint sicher: Erlöschen wird unsere Sonne noch nicht so schnell. Ihre Vorräte an Brennstoff reichen nach Schätzungen der Experten noch rund zehn Milliarden Jahre. Deshalb ist auch nicht zu befürchten, daß sie langsam beginnt, kälter zu werden. Aber könnte sie vielleicht heißer werden? Kann sie zu einer »Nova« entarten?

Jahr für Jahr entdecken die Astronomen am Sternenhimmel ferne Sonnen, die plötzlich ganz hell aufleuchten. Aus winzigen bisher kaum wahrnehmbaren Fixsternen werden geradezu schlagartig Riesensonnen, die ihre Umgebung überstrahlen und so hell wie die größten Sterne am Himmel leuchten.

Es tauchen also keine »neuen« Sterne auf, die bisher nicht existiert hätten, wie man dem Namen »Nova« entnehmen könnte. Vielmehr, das weiß man heute, steigern Sonnen ihre bisherige Helligkeit innerhalb von Stunden oder Tagen bis auf das 100 000fache. Die Temperatur an der Oberfläche kann dabei auf 20 000 bis 50 000 Grad ansteigen. Die Sonnen werden rasend schnell größer, als würden sie, wie ein Luftballon, aufgeblasen. Schließlich kann es sogar dazu kommen, daß die Nova eine

Wolke abstößt, die in der Regel aus verschiedenen Gasen und aus Eisen besteht.

Die Katastrophe auf dem Stern dauert nur sehr kurz. Dann »schrumpft« die »Nova« auf die ursprüngliche Größe. Die Sonne scheint wieder wie zuvor.

Solche Erscheinungen am Himmel sind keineswegs so selten, wie gemeinhin angenommen wird. Die Experten schätzen, daß allein in unserer Galaxie, also in der Milchstraße, Jahr für Jahr rund 50 Sterne zur »Nova« werden. Und wahrscheinlich neigen bevorzugt jene dazu, die klein oder von mittlerer Größe sind – wie unsere Sonne.

Würde unsere Sonne aus irgendeinem Grund zu einer Nova, dann sähe man von der Erde aus die Sonne immer größer und größer werden. Die Menschen hätten den Eindruck, die Erde stürzte auf die Sonne. Sie wäre schließlich so groß, daß sie ein Viertel oder gar die Hälfte des Himmels bedecken würde. Ein glühender, gleißender, unvorstellbar heller Riesenball, der das Meer zum Kochen bringt und alles Brennbare auf der Erde in Flammen aufgehen läßt.

Im Vers II/41 der Weissagungen des Nostradamus' heißt es:
»Der große Stern wird sieben Tage lang glühen.
Eine Wolke bewirkt, daß man zwei Sonnen sieht...«

Das klingt tatsächlich so, als wollte der Seher eine »Nova« beschreiben: Der große Stern, die Sonne, glüht eine Woche lang besonders heiß. Sie ist so groß, daß eine kleine Wolke sie nicht verdecken kann, so daß es aussieht, als stünden tatsächlich zwei Sonnen am Himmel.

Wenn es so etwas gäbe wie eine »Mini-Nova«, eine kleine »Nova«, die nicht das Ende bedeutet, aber doch zu einer ernsten Bedrohung des Lebens auf der Erde werden kann, dann wäre das der bevorstehende »Fehler« auf der Sonne.

Dann dürften wir den Propheten einmal mehr dankbar dafür sein, daß sie uns mit ihren Voraussagen einen gewissen Trost gegeben haben: Es mag alles noch so schlimm werden – das Ende der Welt ist noch längst nicht gekommen. Und das, was sich am Himmel abspielt, mag noch so gewaltig erschrecken und uns »vor Bangen vergehen lassen in Erwartung dessen, was über den Erdkreis kommen soll«: keine Sorgen. Eine »Super-

Nova« wird nicht daraus, wenn das die Wissenschaftler dann auch befürchten werden.

Bei der »Mini-Nova« könnte sich, folgt man den Angaben der Propheten, etwa folgendes ereignen:

Die riesigen, feurigen Gasausbrüche, die man am Rande der Sonne immer wieder beobachten kann und die schon unter normalen Bedingungen oft 100 000 Kilometer von der Sonne aus in den Weltraum hineinschießen, werden aus irgendeinem Grund gewaltiger als sonst. So gewaltig, daß eine besonders große und besonders wuchtig geschleuderte Fackel abreißt, um als glühende Wolke um die Sonne zu kreisen. Dann wäre tatsächlich das eingetroffen, was Nostradamus im Vers I/23 im Zusammenhang mit dem plötzlichen Kriegsende erwähnt:

> »Man sieht einen Adler um die Sonne tanzen«.

Oder wie er im ebenfalls schon zitierten Vers I/57 schreibt:
> »Ein blutiger Rachen wird im Blut schwimmen. Das Gesicht der Sonne ist mit Milch und Honig verschmiert.«

Je nach der Größe dieser Wolke, die nach und nach dunkelrot würde, käme das Sonnenlicht nur noch wie durch einen Schleier zu uns. Und dann könnte auch der Mond nicht mehr hell strahlen, sondern er wäre nur noch blutrot, weil auch er nicht mehr von der prallen Sonne angestrahlt würde.

Mit anderen Worten: wir hätten die »verfinsterte Sonne« ebenso wie die »Zeichen an Sonne und Mond«. Und auch die Planeten könnten nicht mehr wahrgenommen werden.

NEUE »FORM« FÜR VENUS UND MERKUR

Erst wenn sich Nebel und Rauch und die dicken Wolken verzogen haben und die Luft nicht mehr vor Hitze flimmert, werden die Menschen erkennen, daß Mars, Venus, Jupiter und Merkur ebenfalls in Mitleidenschaft gezogen wurden:
> »Wenn Venus von der Sonne verdeckt sein wird, vollzieht sich hinter dem Lichtschein verborgen die Form.

Merkur wird sie im Feuer enthüllen.
Im Kriegsgeschrei wird sie zur Beleidigung gemacht.«

(NOSTRADAMUS, VERS IV/28)

Man könnte es deuten: So wie Erde, Mond und Sonne gehen auch auf den Planeten Venus und Merkur große, tiefgreifende Veränderungen vor sich. Bei Venus wird man das nicht beobachten können, weil sie sich zu dem Zeitpunkt, als es passiert, von der Erde aus gesehen, gerade hinter der Sonne befindet. Merkur dagegen wird so am Himmel stehen, daß man alles genau verfolgen kann.

Nur: die ursprüngliche Angst wird wieder einmal rasch, sehr rasch vergessen sein. Die Zeichen werden nicht verstanden und nicht ernst genommen. Im Gegenteil: wieder ist von Kriegsgeschrei die Rede. Möglicherweise ist die Not auf der Erde schon so groß geworden, daß die Menschen ums nackte Überleben miteinander kämpfen müssen. Im Zusammenhang mit der großen Angst wegen der »Gebrechen an Sonne und Mond« war bereits die Rede davon, daß »zwei große Wohltäter überall über Wasser und Land helfen werden«. Man denkt unwillkürlich an Staaten in Übersee, die dem schwer heimgesuchten Europa Nahrungsmittel schicken.

Das Schlimmste scheint überstanden zu sein. Die Sonne scheint wieder. »Es ist nichts passiert«, so glauben die Leute. Doch die Folgen von den Sonnenereignissen sollen erst noch kommen. Im übernächsten Kapitel wird die Rede davon sein. Zuvor, vor der Katastrophe der 3tägigen Sonnenfinsternis, so scheint es, kommt eine andere »Heimsuchung«.

6

Ein Riesenmeteorit
schlägt auf die Erde

> *»Da stieß der dritte Engel in die Posaune. Da fiel ein*
> *großer Stern vom Himmel, der wie eine Fackel*
> *brannte. Er fiel auf den dritten Teil der Flüsse und auf*
> *Wasserquellen. Der Stern heißt Wermut. Der dritte*
> *Teil des Wassers wurde bitter, und viele Menschen*
> *starben an dem Wasser, das gallig war...«*
>
> (GEHEIME OFFENBARUNG, KAPITEL 8)

Es bleibt nicht beim Absturz des Kometen, bei Veränderungen an den Gestirnen. Ein neues Unheil naht in Form eines Meteoriten, der wie eine Fackel brennend auf die Erde stürzt.

In den zurückliegenden Jahrmillionen haben unzählige Meteoriten auf unserer Erde eingeschlagen und schufen zum Teil auch riesige Krater. Jährlich gehen schätzungsweise mehr als 10000 Steine, Steinbrocken oder Metallkugeln nieder. Insgesamt wird die Erde durch diesen »Zuwachs« aus dem Weltraum Tag für Tag um 6000 Tonnen schwerer. Wahrscheinlich ist sie seit ihrem Bestehen auf diese Weise im Durchmesser um 10 Meter »dicker« geworden.

Trifft ein größerer »Irrläufer« auf die Erde, kann man den Donnerschlag bis zu 140 Kilometer weit hören. In grauer Vorzeit haben Riesen-Meteoriten Krater gerissen, die bis zu 200 Meter tief und drei Kilometer im Durchmesser groß sind. Besäße unsere Erde keine Atmosphäre, in der glücklicherweise die meisten Eindringlinge verglühen, sähe ihre Oberfläche ebenso vernarbt aus wie die des Mondes, die von Mars und Merkur.

Die meisten »Besucher« aus dem Weltall kommen wohl aus dem Planetoidengürtel.

Er besteht aus zahllosen Zwergplaneten, die einen nahezu geschlossenen Ring zwischen Mars und Jupiter bilden. Dieser Gürtel kreist ebenfalls um die Sonne. Vermutlich gab es in dieser Bahn einmal einen Planeten, den es zerrissen hat, denn die einen Brocken des Planetoidengürtels bestehen aus Gestein, wie man es auf der Erdoberfläche findet, andere aus Eisennickel, wohl dem ursprünglichen Kern des zertrümmerten Planeten.

Die »Splitter«, die heute miteinander durch das Weltall rasen, sind größtenteils klein wie Sandkörner. Doch es gibt darunter immerhin mehr als 2000 Brocken, die so groß sind, daß man sie mit dem Teleskop beobachten kann. Viele von ihnen tragen sogar einen Namen. Die Astronomen kennen genau ihre Umlaufbahn, ihre Größe, ihr Gewicht und ihre Masse.

»Ceres«, der größte unter ihnen, besitzt einen Durchmesser von 955 Kilometer. Das ist schon »ein Berg«. Und wahrscheinlich sieht er auch so aus: nicht etwa kugelförmig wie Erde und Mond, sondern eher wie eine riesige, von unzähligen Einschlägen zerbeulte Kartoffel.

Das eigentliche Problem mit diesen Himmelskörpern ist nun: »Ceres« und all die anderen Planetoiden oder Asteroiden, wie man auch sagt, reagieren auf Veränderungen in der Umlaufbahn der benachbarten Planeten sehr viel empfindlicher als größere Sterne. Das ist schon wiederholt beobachtet worden. Es darf deshalb keineswegs ausgeschlossen werden, daß während der kritischen Planetenkonstellation im Jahre 1982, bei der alle Planeten und selbst die Sonne ihren Teil abkriegen, auch dieser Gürtel auseinandergerissen wird – oder zumindest ein paar seiner Brocken verliert, die dann der Erde zurasen.

Die Gefahr wird noch deutlich vergrößert durch Asteroiden-Gruppen, die nicht in dem geschilderten Planetoidengürtel gebündelt kreisen, sondern eigene Wege gehen – und dabei regelmäßig unsere Erdbahn kreuzen.

EINE AUFREGENDE BEOBACHTUNG

Die hochspezialisierten Fachleute der französischen Luftwaffe, die ständig den Weltraum rund um unsere Erde nach hochfliegenden Raketen und Satelliten absuchen, machten am 10. April

1972 eine aufregende Beobachtung: In der Höhe von 60 Kilometern raste ein Meteorit auf die Erde zu. Er mußte schätzungsweise 1000 Tonnen wiegen. Soviel schien sicher: Die Atmosphäre würde diesen Klotz nicht restlos verbrennen können. Wenn er aber bis zur Erde durchkäme, müßte er die Stadt Alberta treffen und dort einen Krater von wenigstens 100 Metern im Durchmesser aufwerfen.

Doch der Meteorit drang nicht in die Erdhülle ein. Er schoß heran, prallte auf die Luft und wurde von ihr wie ein Stein, den man flach auf eine Wasserfläche wirft, in den Weltraum zurückgeschleudert. Wäre sein Eintauchwinkel allerdings auch nur ein bißchen steiler gewesen, dann hätte er die Lufthülle durchstoßen und wäre auf der Erde eingeschlagen.

Der amerikanische Physiker und Astronom Professor William K. Hartmann vom Institut für planetarische Forschung in Tucson (USA) vermutet, daß solche »Beinahe-Zusammenstöße« der Erde mit anderen Himmelskörpern gar nicht so selten sind, wie man allgemein annimmt. Seiner Meinung nach geht die größte Gefahr für die Erde von einer Asteroiden-Gruppe aus, die »Apollos« genannt werden. 30 Brocken dieser Gruppe sind bekannt. Sie schwanken in der Größe zwischen 200 Metern im Durchmesser und Ausmaßen von 7 × 19 × 30 Kilometern. Und sie tragen so klingende Namen wie »Eros« und »Icarus«. Auf ihrer Bahn durch den Weltraum kommen diese Brocken der Erde manchmal bedenklich nahe. Eine winzige Bahnverschiebung könnte genügen, einen oder gar mehrere von ihnen auf die Erde stürzen zu lassen.

Professor Hartmann sagt aber: »Das Risiko für einen Zusammenstoß für die inneren Planeten Erde, Venus und Merkur bleibt nicht auf die ›Apollos‹ beschränkt. Es gibt ein riesiges Reservoir an Asteroiden – und ein noch größeres Reservoir an Kometen, die jederzeit in den Anziehungsbereich der Erde gerissen werden können.«

Zeitweise, so prophezeit Michel Nostradamus, wird es geradezu, als wäre ein Loch im Schutzmantel der Erde, zu einem Steinregen kommen:

> »Steinregen prasselt herunter auf jene, die sich unter
> den Dächern verstecken...«
>
> (CENTURIE II/47)

Im Vers III/42 heißt es sogar:
> *Steine werden wie ein Regen in der Tulcie*
> *herabfallen.*
> *Ein paar Jahre lang wird es weder Korn noch Gerste*
> *geben, um jene zu sättigen, die vor Hunger zugrunde*
> *gehen...«*

Und schließlich im Vers II/70:
> *»Der Stein auf dem Baum hat den Leuten den*
> *Glauben zurückgegeben...«*

Solche Steinregen sind ebenfalls nichts Neues in der Geschichte der Menschheit. In jüngster Zeit hat es sie gleich zweimal gegeben. 1868 fielen die sogenannten »Pultrusker Erbsen«, 1896 der »Steinregen von Madrid«. In beiden Fällen gab es erheblichen Sachschaden und sogar Menschenopfer.

Diesmal scheint es allerdings schlimmer zu werden. Denn hinterher wird für Jahre kein Getreide mehr wachsen. Es wird eine Hungerskatastrophe geben, weil nicht nur ein kleines Gebiet, sondern offensichtlich weite Landstriche verwüstet sind.

Die Menschen werden so sehr erschrecken, daß sie zum Glauben zurückfinden und wieder beten lernen.

Ein Brocken unter den Millionen Steinen, die vom Himmel fallen, muß, glaubt man Johannes, ein »Berg«, ein Riesenmeteorit, oder anders gesagt, ein kleiner Planet sein.

DIE UNHEIMLICHEN »APOLLOS«

Nigel Calder, der in seinem Buch versucht, die Angst vor Kometen als Unsinn zu entlarven, schreibt: »Die Bedrohung der Erde kommt gerade nicht von den aktiven Kometen, die ihre Köpfe und Schweife im Sonnensystem herumschwingen, sondern von den kleinen, dunklen Apollo-Objekten, den Mikro-Planeten, welche die Erdbahn kreuzen. Aus Gründen geistiger Hygiene wäre es geraten, die Risiken kosmischer Zusammenstöße herunterzuspielen. Kometenliebhaber versuchen manchmal, diese zu vertuschen, indem sie ihren Mitbürgern einreden, Kometen seien nichts weiter als hübsch. Besser stimmt es jedoch mit den

Tatsachen überein, sie als anstößige Objekte anzusehen, die unter Kontrolle gebracht werden sollten.«

Die Gefahr eines Zusammenstoßes mit einem »Apollo« wird immerhin für so groß gehalten, daß nicht wenig Wissenschaftler dafür eintreten, eine Art Abwehrwaffe aufzubauen: Raumschiffe, die um die Erde kreisen und mit Wasserstoff-Bomben bestückt sind. Sie könnten das »Geschoß aus dem Weltraum« in die Luft sprengen. Immerhin kam einer dieser Brocken, »Hermes«, im Jahre 1937 der Erde so nahe, daß er nur noch 600 000 Kilometer, also doppelt so weit wie der Mond, von uns entfernt war. Beinahe wäre er in die Anziehungskraft der Erde geraten und zur Kreisbahn um die Erde gezwungen worden. Dann hätte die Erde plötzlich zwei Monde gehabt.

Diese dunklen, kaum sichtbaren Stein- und Eisenbrocken, die durch den Weltraum tollen, werden neuerdings von den Wissenschaftlern übrigens für »erloschene« Kometen gehalten.

Dazu noch einmal Nigel Calder: »Diese Kometenleichen müssen als die unangenehmste Form der Himmelsverschmutzung angesehen werden, weil mehr als einer von vieren aller Apollos früher oder später an der Reihe ist, mit der Erde zusammenzustoßen.«

Die momentan gültige Meinung der Experten rechnet damit, daß die Erde alle 250 000 Jahre von einem Riesen-Meteoriten getroffen wird. Der Aufprall würde einen Krater von 20–50 Kilometer Durchmesser aufreißen. Die Explosion entspräche der Sprengkraft mehrerer Wasserstoffbomben.

Es klingt völlig absurd, daß ausgerechnet in unseren Tagen ein Komet und auch noch zugleich ein Riesenmeteorit auf der Erde einschlagen sollen – wo doch ein solches Ereignis der Rechnung der Wahrscheinlichkeit nach nur alle paar 100 000 Jahre oder gar Jahrmillionen einmal eintrifft. Das wäre ja gerade, als würde ein Spieler gleichzeitig im Lotto den Hauptpreis und in der Lotterie das Große Los ziehen.

Abgesehen davon, daß es solche Zufälle gibt, muß man jedoch bedenken, daß die Planeten und Planetoiden und Kometen keine Roulett-Kugeln sind, die rein zufällig einmal diese, ein andermal jene Zahl treffen. Eine Bahn im Weltraum wird durch eine Reihe anderer vorgezeichnet, jede ist von vielen anderen abhängig. Wenn irgendwo in diesem geordneten System ein Fehler auftritt, müssen alle anderen Bahnen in Mitleidenschaft gezogen werden. Das heißt: wenn erst einmal einer stürzt, wächst die Wahrscheinlichkeit rapide, daß andere nachfolgen.

VERSEUCHTES WASSER – UND EINE SCHRECKLICHE KRANKHEIT

Und was wird auf der Erde dann passieren?

Johannes spricht von einer grauenvollen Verseuchung des Wassers, das »bitter« wird, das nicht mehr trinkbar ist und vielen Menschen den Tod bringen soll.

Zu denken wäre in diesem Fall wohl nicht an eine chemische Verseuchung mit Giftstoffen, sondern eher an eine bakterielle, durch Viren oder andere Krankheitserreger verursachte Verschmutzung. Wenn man sich daran erinnert, welche umfangreichen Vorsorgemaßnahmen getroffen wurden, als die ersten Astronauten vom Mond zurückkehrten – aus Angst, sie könnten Krankheitserreger mitgebracht haben, gegen die unser menschlicher Organismus nicht gefeit ist, dann sind solche Deutungen keineswegs abwegig. Meteoriten kommen aus weit ferneren Tiefen des Weltraums als der Mond. Möglicherweise sind sie auch älter als er. Ob es irgendeine Form oder Keime von Leben auf ihnen gibt, kann niemand sagen. Ob sie uns gefährlich werden können, das weiß keiner.

Im 9. Kapitel der Apokalypse spricht Johannes noch einmal von einem Stern, der vom Himmel auf die Erde fällt. Ist es derselbe oder schon wieder ein anderer? Johannes schildert die schlimmen Folgen des Einschlags so:

>*»Da sah ich einen Stern. Der war vom Himmel auf*
>*die Erde gefallen. Ihm wurde der Schlüssel zum*
>*Brunnen des Abgrundes gegeben. Er öffnete den*
>*Brunnen des Abgrundes. Da stieg Rauch auf aus dem*
>*Brunnen, wie Rauch aus einem großen Ofen, so daß*
>*die Sonne und die Luft verfinstert wurden durch den*
>*Rauch, der aus dem Brunnen kam. Und aus dem*
>*Rauche kamen Heuschrecken über die Erde hin, und*
>*ihnen wurde Gewalt gegeben, wie sie die Skorpione*
>*der Erde haben. Es wurde ihnen aufgegeben, das Gras*
>*der Erde nicht zu schädigen, auch nicht das Grün und*

nicht die Bäume, sondern nur die Menschen, die das Siegel Gottes nicht auf der Stirne tragen. Doch wurde ihnen nicht die Macht gegeben, sie zu töten, vielmehr nur, sie zu quälen, fünf Monate lang. Und ihre Qual war wie die eines Skorpions, wenn er einen Menschen sticht. In jenen Tagen suchen die Menschen den Tod, doch sie werden ihn nicht finden. Sie werden zu sterben verlangen, und der Tod wird sie fliehen...«

(GEHEIME OFFENBARUNG, 9. KAPITEL)

Da ist zunächst die bereits geschilderte Situation von der Staubschicht, die aus dem Einschlagkrater aufsteigt und sich wie eine schwarze Wolke so um die Erde legt, daß das Sonnenlicht nicht mehr hindurchgelangt.

Doch nun erfahren wir zusätzlich, daß bei diesem Sternen-Einschlag die Pflanzenwelt nicht zugrunde geht. Auch die Menschen und Tiere werden nicht sterben – aber entsetzlich leiden. Ist das die »Seuche«, von der schon wiederholt die Rede war, die im Zusammenhang mit Krieg, Naturkatastrophen, Kometen-Besuch auftreten soll? Eine Seuche, die mit der Giftwirkung des Skorpion-Stiches verglichen wird?

Johannes spricht davon, daß Heuschrecken »aus dem Rauch« kommen. Mit anderen Worten: es wird beim Einschlag aus der Tiefe der Erde gerissen, was dort gelagert war. Möglicherweise sind es ABC-Waffen-Lager, die hochgesprengt werden.

Oder es entfalten sich, wie zuvor angedeutet, Krankheiten, deren Keime aus dem Weltall mitgebracht wurden.

Das Bild, das Johannes zeichnet, läßt jedenfalls keinen Zweifel daran übrig, daß es sich um entsetzliches Leiden handeln muß.

Doch auch das wird noch nicht das letzte sein. Ein neuer, vermutlich noch schlimmerer Schrecken steht der Menschheit bevor.

7
Die große
dreitägige Sonnenfinsternis

»Verdunkelt geht die Sonne auf, nicht scheint der Mond...«
»Zuvor aber wird es eine Sonnenfinsternis geben. Es
wird die dunkelste und finsterste sein seit der
Erschaffung der Welt bis zum Sterben und Leiden
Jesu Christi und von da an bis zum heutigen Tag. Im
Monat Oktober werden einige Verschiebungen
eintreten, daß man glauben wird, die Schwerkraft der
Erde hätte ihre natürliche Bewegung verloren und die
Erde wäre hinausgeschleudert in ewige Finsternis...«

Um die Jahrtausendwende und in den ersten Jahrzehnten des 21.
Jahrhunderts wird es auf unserer Erde »extreme Veränderun-
gen« geben. Das kündigt Michel Nostradamus im Vorwort zu
seinen Weissagungen dem französischen König Heinrich II. an.
Einerseits sollen sich Naturkatastrophen derart verheerend
auswirken, daß Kontinente und Länder kaum wiederzuerkennen
sind. Andererseits wächst das »Arabische Imperium« zum
Schrecken der Welt heran. Es wird im Gebiet des Xerxes und des
Attila, also in Vorderasien entstehen, und auf die europäischen
Staaten massiven Druck ausüben.

Zuvor aber, so fährt Nostradamus an dieser Stelle weiter, bevor diese Dinge dem Höhepunkt zustreben, wird unser Planet
von einem ganz besonderen Schrecken heimgesucht: Wir erleben die dunkelste Sonnenfinsternis aller Zeiten.

Man könnte an das Datum 11. August 1999 denken, an jene
Sonnenfinsternis, die den großen »Chyren«, den Retter des
Abendlandes in Frankreich an die Macht bringen soll. Doch sie

kann nicht gemeint sein. Nostradamus sagt ausdrücklich: Diese Sonnenfinsternis wird im Oktober stattfinden. Also nicht im August. Oktober nach der Rechnung des mittelalterlichen Sehers das heißt Ende Oktober oder November in unserem heutigen, gregorianischen Kalender.

Daß Nostradamus keine gewöhnliche Sonnenfinsternis gemeint hat, das geht auch aus den nächsten Sätzen hervor. Wiederum ist in ihnen die Rede von der »Schwerkraft der Erde« und von den Befürchtungen der Menschen, die Erde könnte aus ihrer bisherigen Bahn herausgeschleudert worden sein und nun rettungslos in die ewige Finsternis hineinrasen.

Schilderungen, die schon einmal dagewesen sind. Der erneute Bericht vom Kippen der Erdachse dürfte die zeitliche Verbindung der beiden Ereignisse herstellen: Die Polverlagerung ist unverkennbar geworden. Es gibt keinen Zweifel mehr daran. Bei der Sonnenfinsternis jedoch, die nun eintritt, handelt es sich nicht darum, daß die Sonne vorübergehend vom Mond verdeckt wird – sondern um die finsterste Finsternis aller Zeiten.

AUCH DIE STERNBILDER ERLÖSCHEN

Damit kann weder eine Sonnenfinsternis gemeint sein, bei der die Sonne für einen schmalen Streifen auf der Erde hinter der Mondscheibe verschwindet – um nach kurzer Zeit wieder aufzutauchen, noch um eine Finsternis, die entsteht, weil die Sonne der falschen Erddrehung wegen nicht mehr über dem Horizont emporsteigt. Es muß etwas ganz anderes sein.

Eine Katastrophe, wie sie Isaias im 13. Kapitel so beschreibt:
>»Jetzt kommt der Tag des Herrn, mehr als
>fürchterlich. Mit Grimm und Zornesglut. In Öde
>verwandelt er die Erde und ihre Sünder tilgt er daraus
>aus. Nicht leuchten mehr die Sterne am Himmel noch
>seine Sternbilder in ihrem Glanz. Verdunkelt geht die
>Sonne auf. Nicht scheint der Mond in seinem Licht.«

Nicht nur Sonne und Mond erlöschen am Himmel – sondern auch die Sterne. Und damit ja kein Mißverständnis entsteht, fügt der Prophet ausdrücklich hinzu: ebenfalls die Sternbilder.

Das heißt: mit den Planeten, die ihr Licht von der Sonne bekommen und deshalb mit ihr automatisch dunkel werden müssen, hören auch die Fixsterne auf zu leuchten. Die vielen Milliarden Sonnen des Weltalls sind auf einen Schlag verschwunden. Nicht das geringste, kleinste Sternchen flackert mehr in der absoluten Finsternis. Sie werden alle noch da sein, denn die Sonne geht nach wie vor auf und auch der Mond dreht sich noch um die Erde. Aber es wird sein, als hätte einer ihr Licht ausgepustet. Die Erde ist an ihrer alten Stelle, also weder davongeflogen in die Tiefe des Weltalls noch hat sie aufgehört, sich zu drehen.

Es wurde bereits darauf hingewiesen: Das Feuer auf der Sonne wird in den nächsten Jahrmillionen nicht ausgehen. Noch ausgeschlossener scheint es, daß alle Sonnen des Universums gleichzeitig »abgeschaltet« werden. Die große Finsternis ist auch nicht das Ende, denn hinterher, wenn sie vorbei sein wird, gehen die Wirren auf der Erde weiter. Naturkatastrophen finden sich ebenso wieder wie politische Auseinandersetzungen. Diese schreckliche Finsternis muß also ein begrenztes Ereignis sein. Wie es aussehen könnte, das verrät Vers I/84 von Michel Nostradamus:

»Der Mond verdunkelt sich in tiefste Finsternis.
Sein Bruder zieht vorbei in der Farbe von Eisen.
Der Große bleibt für lange in der Finsternis versteckt.
Er wird das Schwert in seiner blutigen Wunde tragen.«

Wenn alle Lichter am Himmel gleichzeitig ausgehen, kann es nur einen einzigen denkbaren Grund dafür geben: Zwischen den Lichtern und der Erde wird ein Vorhang zugezogen. Dieser Vorhang, so können wir den Weissagungen des Nostradamus entnehmen, ist eine dicke Wolke.

Dasselbe Ereignis schildert der Prophet Joel, einer der sogenannten »kleinen Propheten« des Alten Testamentes, vor nicht ganz 2500 Jahren mit folgenden Sätzen:

»Dann sende ich am Himmel und auf Erden Zeichen:
Blut, Feuer, Rauch in hohen Säulen. Die Sonne
wandelt sich in Finsternis, der Mond in Blut, bevor
der Tag des Herrn erscheint, der große,
fürchterliche...«

(JOEL, 3/3–5)

Das also sind die Zeichen: Blut, Feuer, Rauch in hohen Säulen. Für Blut setzt der Prophet die Erklärung hinzu: Es handele sich nicht um Krieg und vergossenes Blut, sondern um eine Verfärbung des Mondes: Er wird nur noch dunkelrot glühen, nicht mehr leuchten.

Die Muttergottes von La Salette sprach wiederum vom selben Ereignis und formulierte es so:

>*Der Mond wird nur noch ein schwaches, fahles Licht wie das einer Grableuchte geben...*«

Das könnte man leicht verstehen: Wenn die Sonne von einer Wolke verdeckt, ihr Licht also deutlich abgeschwächt wird, dann kann auch der Mond nicht mehr leuchten, denn er wirft ja nur das Licht zurück, das er von der Sonne bekommt.

Vom Feuer war schon die Rede. Es dürfte vielfältiger Natur sein: mächtige Nordlichter, schreckliche Gewitter, Vulkanausbrüche.

Beim »Rauch in hohen Säulen« schließlich wird man an die Rauchfahnen von Vulkanen denken – allerdings auch an die Pilze von Atomexplosionen und an die geschilderten Rauchvorhänge nach Kometen-Einschlägen.

Der erste Vorhang, der sich zwischen den Lichtern des Himmels und der Erde senken wird, geht von der Erde aus: Qualm, Dreck, der sich als Wolke um die Weltkugel legt.

Denn bei Johannes heißt es in der Apokalypse bei der Schilderung der nächsten Drangsale im 9. Kapitel:

>*Der fünfte Engel stieß in die Posaune. Da sah ich einen Stern. Der war vom Himmel auf die Erde gefallen. Ihm wurde der Schlüssel zum Brunnen des Abgrundes gegeben. Da stieg Rauch aus dem Brunnen wie der Rauch aus einem großen Ofen, so daß die Sonne und die Luft verfinstert wurden durch den Rauch, der aus dem Brunnen kam.*«

Mit anderen Worten: ein riesiger Meteorit – oder eine Wasserstoffbombe? – durchschlägt die Erdhülle, so daß ein überdimensionaler Vulkan entsteht. Er wirft so viel Asche und Staub in die

Luft, daß sich diese wie eine Decke rund um die Erde legt – so dicht, daß für lange Zeit kein Lichtstrahl mehr hindurchkommt.

Wer im vergangenen Krieg einen schweren Bombenangriff miterlebt hat, der weiß, wie schnell der Tag durch Rauch und Qualm zur finsteren Nacht werden kann.

Doch dieser erste »Vorhang« kann nicht alles sein. Irgend etwas sieht man ja zunächst noch am Himmel. Die einen Propheten sagen, es wäre der fahle, halberloschene Mond; Nostradamus spricht von seinem »rostigen«, eisenfarbenen Bruder, so als hätte sich der Mond einen Satelliten eingefangen.

Wie sollte es aber möglich sein, daß die Menschen auf der Erde den Mond sehen können – freilich auch nur ganz dunkel –, wenn die Sonne nicht einmal die Staubwolke durchdringen kann?

Rauch und Qualm, von der Erde ausgehend, können diese merkwürdige Finsternis allein nicht bewirken. Außerdem werden wir gleich erfahren, daß die Atemluft tödlich sein wird, solange die Finsternis auf der Erde lastet.

Es muß einen zweiten »Vorhang« geben, der sich zwischen der Sonne und den Sternen auf der einen Seite und Mond und Erde auf der anderen herabsenkt.

Blenden wir noch einmal zurück: Am Anfang, als erstes Zeichen der Beunruhigung sahen die Menschen »einen Adler« um die Sonne herumtollen. Dann war das Gesicht der Sonne mit Honig und Milch verschmiert.

Im Vers 112 der Présages unter dem Monat Juli schreibt Nostradamus:

> *»Hagel, Rostigkeit, Regen und große Landplagen.*
> *Die Frauen werden in Sicherheit gebracht. Sie sind die Ursache des großen Geschreis.*
> *Viele sterben an der Pest, durch Eisen, Hunger und Haß.*
> *Am Himmel sieht man etwas, von dem man sagt, es leuchte.«*

Wir erfahren, daß das, was ursprünglich wie ein Adler aussah, offensichtlich größer wird und daß es leuchtet.

Verbunden mit diesem Schauspiel am Himmel sind schwere Wetterkatastrophen auf der Erde, die es nötig machen, die

Frauen wegzuschaffen, vielleicht in Gebiete, die sicherer sind, oder in Unterstände und Bunker. Trotzdem geht das große Sterben durch Krankheiten, kriegerische Auseinandersetzungen, Hunger und Streitereien um etwas Eßbares weiter.

Im Oktober wird es dann soweit sein:

> »An jenem Tag wird es geschehen, so sagt der Herr,
> da lasse ich die Sonne untergehen am Mittag. Ich
> verwandle für die Erde schon am Tag das Licht in
> Dunkel. In Trauer ändere ich euere Feste, in
> Totenklagen all euere Lieder...«

Der Prophet Amos aus dem Alten Testament gibt diesen dritten Hinweis in seinem 8. Kapitel: Mittags wird es plötzlich stockfinster. Man sieht die Sonne und die Sterne nicht mehr – sondern nur noch das leuchtende Ding und schließlich auch noch den Mond »in Blut«.

Das bringt uns der Lösung des Rätsels näher. Die »Farbe von Eisen« ist der rote Rost. Der »Bruder« des Mondes, der derartig rostig vorbeizieht – oder auch blutig, wie es an anderer Stelle heißt, ist die leuchtende Wolke.

»Das Schwert«, das in der Sonne steckt – ist es nicht eine der mächtigen Feuerfackeln an ihrem Rande, die tatsächlich so aussehen kann, als wäre sie ein Säbel oder ein Dolch, von außen in die Sonne hineingestoßen und sie verwundend? Die »Wunde« wäre dann eine Gruppe besonders großer Sonnenflecken, die ihrerseits das Zeichen erhöhter Aktivitäten, gewaltiger Gas- und Strahlenausbrüche auf der Sonne sind.

Nun reimt sich das alles zusammen:

Gehen wir davon aus, daß eine Eruption auf der Sonne so gewaltig war, daß sich ein Teil der glühenden, feurigen Masse losriß, später als »Wolke« so vor der Sonne lag, daß die Menschen auf der Erde glauben mußten, es stünden plötzlich zwei Sonnen am Himmel, dann können wir weiter folgern, daß diese erst glühende, dann immer dunklere Wolke sich in hoher Geschwindigkeit von der Sonne wegbewegt, sie schließlich wie ein Schleier »verhüllt« – und nun so nahe an das Gespann Erde/Mond herangekommen ist, daß sie wie ein dichter Vorhang alles Licht von der Sonne abhält. Erde und Mond müssen schließlich diese Wolke passieren, ein Gasgemisch, das »die Luft verpestet« und alles, was mit Strom zu tun hat, in einem weltweiten »Kurz-schluß« ausfallen läßt.

Dieselbe Wolke würde wohl auch den Mond heimsuchen, ihn zumindest teilweise rotfärben, so daß in stockdunkler Nacht am pechschwarzen Himmel tatsächlich der »rostige Bruder« zu sehen wäre.

EIN BRUNNENMACHER WARNT: GEHT NICHT VOR DAS HAUS!

Diese Vorstellung stimmt überein mit den Prophezeiungen eines einfachen Brunnenmachers aus Freilassing, der am 26. Juli 1959 im Alter von 65 Jahren arm und verbittert beim Bau einer kleinen Kapelle starb.

Alois Irlmaier war ein landauf, landab bekannter und ge-suchter Wünschelrutengänger. Er konnte, wie es heißt, auch Diagnosen stellen, indem er mit seinen Händen den Körper des Patienten abtastete und dabei gewisse »Strahlungen« des Krankheitsherdes feststellte.

Irlmaier half der Polizei, Verbrecher zu entlarven, sagte den Bauern während des zweiten Weltkriegs, ob ihre Söhne noch le-ben und zurückkehren oder schon gefallen sind – und erzählte den Menschen von einem schrecklichen dritten Weltkrieg, der unmittelbar nach dem Mord an einem »Großen« – »irgendwo bei den Arabern« ausbrechen würde.

Im ersten Weltkrieg ist Alois Irlmaier als Soldat verschüttet worden, wobei er einen schweren Nervenschock erlitt. Seine be-sondere »Begabung« entdeckte er im Jahre 1928.

Die große Finsternis soll Irlmaier folgendermaßen beschrie-ben haben:

>*Finster wird es werden an einem Tag unterm Krieg.*
>*Dann bricht ein Hagelschlag aus mit Blitz und*
>*Donner und ein Erdbeben schüttelt die Erde. Dann*
>*geh nicht hinaus aus dem Haus! Die Lichter brennen*
>*nicht, außer Kerzenlicht, der Strom hört auf. Wer den*
>*Staub einschnauft, kriegt einen Krampf und stirbt.*
>*Mach die Fenster nicht auf, häng sie mit schwarzem*
>*Papier zu. Alle offenen Wasser werden giftig und alle*
>*offenen Speisen, die nicht in verschlossenen Dosen*

*sind. Auch keine Speisen in Gläsern, die halten es
nicht ab. Draußen geht der Staubtod um, es sterben
sehr viel Menschen. Nach 72 Stunden ist alles wieder
vorbei. Aber noch einmal sage ich es: Geh nicht
hinaus, schau nicht beim Fenster hinaus, laß die
geweihte Kerze oder den Wachsstock brennen. Und
bete. Über Nacht sterben mehr Menschen als in den
zwei Weltkriegen.«*

Auf die Frage: Was sollen die Leute tun, um die große Finsternis
und den kosmischen Staub zu überstehen, gab Irlmaier folgende
Antwort:

*»Kauft ein paar verlötete Blechdosen mit Reis und
Hülsenfrüchten. Brot und Mehl hält sich, Feuchtes
verdirbt, wie Fleisch, außer in blechernen
Konservendosen. Wasser aus der Leitung ist
genießbar, nicht aber Milch. Recht viel Hunger
werden die Leute so nicht haben, während der
Katastrophe und Finsternis.
Macht während der 72 Stunden kein Fenster auf. Die
Flüsse werden so wenig Wasser haben, daß man leicht
durchgehen kann. Das Vieh fällt um, das Gras wird
gelb und dürr, die toten Menschen werden ganz gelb
und schwarz. Der Wind treibt die Todeswolken nach
Osten ab.«*

(Aus: Wolfgang Johannes Bekh: Bayerische Hellseher)

Alois Irlmaier, so sagen jene, die ihn kannten, war nicht gerade
so phantasiebegabt, daß er sich solche Dinge selbst ausgedacht
hätte, vielleicht um sich wichtig zu machen. Mit Sicherheit hat
er sich niemals mit Propheten und Sehern befaßt. Sein Wissen
beschränkte sich auf das, was man ihm in der Dorfschule beigebracht hatte. Und das war nicht gerade viel.

Er hielt sich auch nicht für besonders begnadet oder gar aus-
erwählt. Seine »Begabung«, unterirdische Wasserläufe aufzu-
spüren, Krankheiten zu erkennen und gelegentlich schemen-
hafte Bilder und Szenen aus der Zukunft zu sehen, hat ihn mehr
erschreckt als stolz gemacht und ihm mehr Ärger als Achtung
eingebracht.

In den letzten Monaten seines Lebens hat sich der Brunnenmacher von Freilassing von allen Menschen zurückgezogen. Er wollte mit keinem mehr reden. Briefe, die man ihm schrieb, blieben ungelesen. An seine Hütte nagelte er ein Schild mit dem Hinweis: »Bin nur noch in Angelegenheit des Brunnensuchens zu sprechen.«

Für die Verbitterung des beinahe einfältigen Mannes, der mit seiner Begabung steinreich hätte werden können, gab es, wie er selbst einmal andeutete, zwei Gründe: Die Enttäuschung durch die Menschen, die von ihm nur Sensationen hören wollten und ihn wie ein »Wundertier« begafften – und die Angst, er könnte selbst noch die geschauten Schrecken erleben.

Auf seinem Totenbett soll Irlmaier noch gesagt haben: »Ich bin froh, daß mich der Herrgott sterben läßt. Jetzt brauche ich das, was ich voraussehe, nicht mehr erleben.«

Ursprünglich hatte Alois Irlmaier den Beginn des dritten Weltkrieges mit der Katastrophe der Finsternis für das Jahr 1950 angegeben. Als dieses Datum verstrichen war – ohne Krieg und Naturkatastrophe –, mußte er viel Spott hinnehmen, so daß er fortan überhaupt nichts mehr sagen wollte, vor allem aber mit Jahreszahlen sehr vorsichtig umging. Zuletzt sprach er nur noch von »drei Neunern«: »Ich sehe drei Neuner, weiß aber nicht, was sie zu bedeuten haben.« Vielleicht das Jahr 1999?

DREI TAGE FINSTERNIS – 72 STUNDEN OHNE LICHT

Eine Zahl nannte er aber ohne jedes Zögern: »Die große Finsternis wird 72 Stunden dauern.«

Und auch hier wieder eine Übereinstimmung mit Nostradamus: Sie fällt in eine kalte Jahreszeit:

»Auf den Bergen liegt Schnee. Es ist trüb und regnet und schneit durcheinander. Herunten ist es aper (schneefrei).«

Mit anderen Worten: typisches Allerseelenwetter – es schneit, aber im Tal bleibt der Schnee noch nicht liegen.

Die »72 Stunden Finsternis« oder auch, wie andere sagen, »die große Dunkelheit, die drei Tage andauert«, ziehen sich wie ein roter Faden durch nahezu alle bedeutenden Prophezeiungen seit der Apokalypse.

Schon die heilige Birgitta von Schweden, 1303 in Uppsala geboren und 1373 in Rom gestorben, erlebte in ihren Visionen nicht nur blutige Revolutionen und verheerende Kriege, sondern als Höhepunkt der Drangsale die »schreckliche Finsternis«, mit der die verkommene Menschheit bestraft wird. Drei Tage, so mahnt sie, haben die Kinder Gottes Zeit, sich zu bekehren. Nur wenige werden es tun, und deshalb könne auch nur ein kleiner Teil der Menschheit diese Prüfung überleben.

In Rom lebte 1769 bis 1837 eine einfache Frau. Sie verbrachte ihren Alltag zu Hause, wo sie Mann und Kinder versorgte. Im Jahre 1920 wurde diese Frau von der katholischen Kirche selig gesprochen – gewiß ihres vorbildlichen, tugendhaften Lebens willen und wegen ihrer großen Frömmigkeit. Wohl spielte dabei aber auch ihre ungewöhnliche Begabung eine Rolle: Anna Maria Taigi hatte ebenfalls gelegentlich Visionen, die ihr die Zukunft enthüllten. Wie die heilige Birgitta sah sie die Finsternis: »Über die ganze Welt wird sich eine dichte Finsternis breiten. Sie ist verbunden mit einer Verpestung der Luft. Drei Tage und drei Nächte wird sie dauern.«

Genau wie Alois Irlmaier warnt Anna Maria Taigi davor, das schützende Haus zu verlassen oder die Fenster zu öffnen. Die Atmosphäre draußen sei »giftig«.

Wie Irlmaier erwähnt sie die Kerzen als einzige Lichtquellen.

Ein Bauer aus dem österreichischen Lochau bei Bregenz entdeckte im Jahre 1922 unvermittelt prophetische Begabungen. Franz Kugelbeer erschreckte seine Landsleute mit der Voraussage:

> *Mit einem betäubenden Donnerschlag und einem verheerenden Erdbeben wird es beginnen. Drei Tage und drei Nächte wird eine absolute Finsternis die Erde einhüllen. Die mit elektrischem Strom betriebenen Einrichtungen werden total versagen. Allein geweihte Kerzen werden die Wohnräume spärlich erhellen. In den Häusern werden Blitze hin und her fahren...«*

Man könnte die Beispiele beliebig fortsetzen. Durch alle Jahrhunderte bis in unsere Tage hinein sahen Menschen die große Finsternis kommen. Dieselbe Finsternis, die auch schon der Prophet Joel vor zweieinhalb Jahrtausenden angekündigt hatte.

Im Kapitel 2 sagt er:

>*Die Erde bebt vor ihm. Die Himmel zittern. Die Sonne und der Mond verfinstern sich, und die Sterne ziehen ihren Glanz zurück. Die Stimme läßt der Herr vor seinem Heer erschallen. Gar groß ist seine Schar. Gewaltig tut sie seinen Willen kund. Ist doch der Tag des Herrn so groß und fürchterlich. Wer kann ihn aushalten?*<*

Auch der Prophet Jeremias hat diese Finsternis vorausgesehen. Er klagt im 4. Kapitel:

>*Ich schaue auf die Erde hin: nur Irrsal und Wirrsal. Ich blicke zum Himmel: weg ist sein Licht. Ich blicke zu den Bergen: sie zittern, und alle Hügel beben. Ich schaue hin: da gibt es keine Menschen mehr. Und alle Himmelsvögel sind davon. Ich schaue hin: Die Felder sind eine Wüste. Verheert sind alle Städte, zerbrochen vom grimmigen Zorn des Herrn...*<*

Also: die gesamte Natur wird von der Katastrophe betroffen sein. Mensch, Tierwelt und Pflanzen. Erdbeben lassen aber auch Gebäude einstürzen und ganze Städte in Schutt sinken.

PASSIERT DIE ERDE EINEN KOSMISCHEN NEBEL?

Astrophysiker bieten neuerdings für eine totale Himmelsfinsternis noch eine andere Erklärung an.

Im Weltall, so sagen sie, befinden sich nicht nur viele Milliarden Sonnensysteme, gebündelt in unvorstellbar großen Spiralen, den Galaxien. Unsere Milchstraße ist eine solche Sterneninsel in der endlosen Weite, eine verhältnismäßig kleine Galaxie. Zwischen den festen Körpern, bestehend aus Sonnen und Planeten ist das Weltall aber nicht leer, sondern es gibt auch sogenannte Nebel. Es handelt sich dabei um dunkle Wolken aus kosmischem Staub und Gasen. Eben weil sie dunkel sind, kann man sie in der Regel nur dann wahrnehmen, wenn sie Sterne verdecken, so daß es aussieht, als hätte der Sternenteppich ein riesiges Loch bekommen. An einigen seltenen Stellen des Himmels leuchten diese Wolken auch in wunderschönen roten und grünen Farben auf. Das tun sie nach bisheriger Einsicht aber nur dann, wenn sehr hohe Temperaturen auf sie einwirken – nämlich Temperaturen, die wesentlich höher sind als die 6000 Grad, die von unserer Sonne abstrahlen.

Würde sich unser Sonnensystem einem solchen Nebel nähern und wäre es kein besonders großer Nebel, dann könnten ihn die Astronomen und Astrophysiker aller Voraussicht nach erst orten, sobald der Rand unseres Sonnensystems in ihn hineingetaucht ist.

Die dunkle Wolke würde unaufhaltsam erst die äußersten Planeten, schließlich die Erde einhüllen – und sich genau so auswirken wie eine Wolke, die sich von der Sonne losgelöst hat. Es käme zu einer vollständigen Finsternis, die so lange anhalten würde, bis die Erde die Wolke passiert hat.

Da solche Nebel neben Wasserstoff, Stickstoff, Helium und Sauerstoff auch giftige Gase enthalten, vermutlich Ammoniak, Methan, Zyan und ähnliche Stoffe, wäre die Luft wiederum giftig. Und weil sich im Zentrum des Nebels aller Wahrscheinlichkeit nach auch feste Stoffe, nämlich Felsbrocken, vielleicht sogar glühende Kerne befinden, käme es zum angekündigten Steinregen, zum Feuerregen und zu fürchterlichen Gewittern.

Die Wahrscheinlichkeit, einem solchen Nebel zu begegnen, ist nach Meinung der Experten praktisch gleich Null. Das heißt aber doch nur, daß sie nicht völlig ausgeschlossen werden kann. Im übrigen hat es der Seher des Mittelalters ja angekündigt: Die Zeichen am Himmel werden die Wissenschaften blamieren – und diese Zeichen werden auch dann noch, wenn sie nicht mehr geleugnet werden können, falsch gedeutet werden.

SCHON IM MAI FÄNGT ALLES AN

Nostradamus gibt für das Ereignis auch wieder eine Zeitangabe – und zwar in zwei verschiedenen Versen.

Im Vers IX/83 heißt es:

> *Wenn die Sonne am 20. im Stier steht, wird die Erde mächtig zittern.*
> *Das große gefüllte Theater wird zerstört.*

Die Luft, Himmel und Erde verdunkeln sich und
geraten in Aufregung.
Und dann wird sogar der Ungläubige nach Gott und
den Heiligen rufen.«

An einem 20. Mai nach dem alten Kalender des Nostradamus
soll das also alles beginnen. Der Anfang ist ein gewaltiges Erdbeben, das ein vollbesetztes Theater zum Einsturz bringt. Bei
»Theater« darf man wohl an eine große Sportarena, ein Stadion
denken. Nach dem Beben zieht der Rauch auf und verdunkelt
die Erde. Im Oktober wird dann die große Finsternis eintreten.
Der Schock, der die Leute trifft, wird so groß sein, daß selbst
hartgesottene Burschen Gott anrufen werden. Die Zeitangabe
20. Mai wird im Vers X/67 präzisiert. Dort schreibt der Seher:

»Das mächtige Zittern im Monat Mai ereignet sich,
wenn Saturn im Steinbock, Jupiter und Merkur im
Stier sind.
Ebenso Venus. Krebs steht zu Mars im 90-Grad-
Winkel.
Es fällt Hagel, größer als Hühnereier.«

Die astrologische Berechnung dieser Daten ist nicht schwierig:
Der Planet Saturn, ein sehr langsamer Stern, der sich monate-
lang im selben Sternzeichen aufhält, befindet sich zu Beginn
1981 im Zeichen Waage. In den folgenden Jahren pendelt er zwischen Waage und Skorpion, um danach ins Zeichen Schütze
hinüberzuwandern. In das Sternkreiszeichen Steinbock tritt er
am 14. Februar 1988, um bis zum 10. Juni 1988 dort zu verhar-
ren.

Nur in dieser Zeit sind gleichzeitig Jupiter und Merkur im
Zeichen Stier. Und zwar:

Jupiter vom 9. März bis zum 21. Juli,
Merkur vom 21. April bis zum 4. Mai.
Und der Mars bildet einen 90-Grad-Winkel zu Krebs
vom 7. April bis zum 22. Mai.

Venus aber – Nostradamus hängt sie in neuer Verszeile an das
Zuvorgesagte, zweifellos um anzudeuten, daß sie zwar dazuge-
hört, aber doch nicht so ganz hundertprozentig – war bis zum

3. April ebenfalls im Zeichen Stier und befindet sich nun noch ganz in der Nähe, nämlich im Sternzeichen Zwillinge.

Diese Zeitangabe durch Nostradamus ist eine Meisterleistung. Das Datum der großen Sonnenfinsternis, von ihm vorausberechnet, heißt aber: 1988. Das große Beben ist im Mai, die Sonnenfinsternis, die drei Tage andauert, im Oktober/November.

DIE ERDE WIRD SICH WEITERDREHEN, ABER...

> *»Wenn dem Mond das Licht zurückgegeben wird, wo werden dann Geben und Nehmen auf der fremdartigen Erde geblieben sein?*
> *Um die unverdienten Früchte wird es einen großen Eklat geben.*
> *Große Empörung – und für einen großes Lob.«*

Nostradamus schildert im Vers IX/65 die Situation nach der Katastrophe: Am Himmel wird der alte Zustand wiederhergestellt. Sonne und Mond strahlen und leuchten wieder in alter Weise. Auf der Erde aber dürfte es ziemlich trostlos aussehen. Was sollte man einander noch schenken, was sich gegenseitig wegnehmen können? Es ist ja kaum mehr etwas da. Nichts mehr zu holen. Die Menschheit wurde um Jahrhunderte zurückgeworfen und muß wieder ziemlich von vorne anfangen.

Die »unverdienten Früchte« sind vermutlich die bereits wieder wachsende Einbildung und der Stolz: »Ich muß etwas Besonderes sein, weil ich überlebt habe.«

Und der eine, der ein großes Lob einstecken darf, ist sicherlich Nostradamus selbst, der endlich Anerkennung findet, weil man einsehen muß, daß er, der durch Jahrhunderte verkannt war, recht behalten hat.

8

Die Revolution in Italien –
und die Zerstörung Roms

»Es wird kein Stein auf dem anderen bleiben...«

>*Wenn Ihr dann den Greuel der Verwüstung am
heiligen Ort seht – Daniel hat davon gesprochen –,
dann flieht ins Gebirge, wer in Judäa ist. Wer auf dem
Dache ist, der steige nicht herab, sein Eigentum aus
seinem Haus zu holen. Wer auf dem Felde ist, der
wende sich nicht um, sein Oberkleid zu nehmen.
Doch wehe den Frauen, die in jenen Tagen ein Kind
unter ihrem Herzen oder an der Brust tragen! Betet,
daß Euere Flucht nicht in den Winter oder auf den
Sabbat falle. Es wird dann eine solche Trübsal sein,
wie sie seit Anbeginn der Welt bis jetzt noch nie
gewesen ist, noch jemals wieder sein wird. Wenn jene
Tage nicht abgekürzt würden, kein Sterblicher könnte
gerettet werden. Doch um der Auserwählten willen
werden jene Tage abgekürzt.
Wenn Euch dann jemand sagt: ›Siehe, da ist Christus‹
oder ›dort ist er‹ – glaubt es nicht. Denn falsche
Christusse und falsche Propheten werden auftauchen.
Sie werden große Wunder und Zeichen tun, so daß
sogar die Auserwählten irregeführt würden, wäre das
überhaupt möglich. Seht, ich prophezeie es Euch.
Wenn man zu Euch also sagt: ›Seht, er ist in der
Wüste‹ – geht nicht hinaus. ›Er ist in dem Haus‹ –
glaubt es nicht. Denn wie der Blitz im Osten
aufflammt und bis zum Westen leuchtet, so wird es
auch mit der Ankunft des Menschensohns sein. Da,
wo ein Aas ist, sammeln sich die Geier...«*

Der Evangelist Matthäus hat diese Prophezeiung in seinem Kapitel 24 festgehalten. Fast wörtlich genau dieselben Texte finden sich auch bei Lukas (Kapitel 21) und bei Markus (Kapitel 13). Man nennt diese Partien des Neuen Testamentes die »kleine Apokalypse«, weil hier ähnlich wie bei Johannes in der »Großen Apokalypse« das letzte Gericht geschildert wird.

Nicht von irgendeinem – sondern von Jesus Christus selbst. Er hat sich nicht gescheut, sich als Prophet zu betätigen. Seine Prophezeiung hat in 2000 Jahren schon viel Verwirrung angestellt.

TEMPELZERSTÖRUNG – UND WELTUNTERGANG

Zuerst ging es überhaupt nicht um den Weltuntergang – sondern um den Tempel von Jerusalem.

Mit seinen Anhängern hatte Jesus den Tempel besucht und dort mit den Pharisäern unmißverständlich abgerechnet: »Ihr Heuchler. Schlangenbrut. Natterngezücht!«

Als er nun den Tempel verließ, die Treppen hinunterschritt, da drehten sich die Jünger noch einmal um, überwältigt vom Eindruck dieses mächtigen Bauwerks. »Ist der Tempel nicht wunderbar?« Jesus konnte ihre Begeisterung nicht so recht teilen. »Schaut euch nur alles gut an«, sagt er. »Wahrlich, ich sage euch, hier wird kein Stein auf dem anderen bleiben. Alles wird eingerissen.«

Es fällt nicht schwer, sich vorzustellen, wie entsetzt die Männer und Frauen gewesen sein müssen, so etwas Furchtbares hören zu müssen. Heim und Familie hatten sie verlassen, um mit diesem Mann durchs Land zu ziehen, weil sie ihn für den Messias hielten. Den Retter Israels. Statt von einer »goldenen Zukunft« zu sprechen, die er doch bringen sollte, kündigte er die radikale Zerstörung an. Nicht einmal vor dem Tempel, dem Höchsten und Heiligsten im Land, machte er mit seinen Prophezeiungen halt.

Die Gruppe ging hinüber zum Ölberg. Von dort hat man den herrlichen Panoramablick hinüber auf Jerusalem. Als die Jünger die Stadt so stolz und so friedlich daliegen sahen, konnten sie sich nicht mehr zurückhalten. Sie erinnerten sich, daß Jesus vor wenigen Tagen beim Anblick Jerusalems sogar geweint hatte:

>*Wenn doch auch du erkennen würdest, und zwar an diesem deinem Tag, was dir zum Frieden dient! So aber bleibt es vor deinen Augen verborgen. Es werden Tage über dich kommen, da deine Feinde rings um dich her einen Wall aufwerfen, dich ringsum einschließen und dich von allen Seiten bedrängen werden. Sie werden dich und deine Kinder in deinen Mauern zu Boden schmettern und keinen Stein auf dem anderen lassen...*<*

(LUKAS 19)

Nun drängten sie: »Sag uns doch, wann soll das denn passieren?« Und gleich setzten die Jünger die nächste Frage hinzu: »Gibt es ein Zeichen, an dem man erkennen kann, daß du bald zurückkehren wirst? Ein Zeichen, das die Weltvollendung ankündigt?«

Schon hier in der Frage ist die Zerstörung des Tempels mit der Wiederkunft des Herrn und dem Ende der Welt gleichgesetzt. In der nachfolgenden Prophezeiung geht dann beides nahtlos ineinander über.

DER ANFANG DER PROPHETIE HAT SICH ERFÜLLT

Der erste Teil der Voraussagen hat sich im Jahre 70 n. Chr. auf grausame Weise erfüllt. Der römische Feldherr und spätere Kaiser Titus zog nach Jerusalem, um die Unruhen dort ein für alle Mal aus der Welt zu schaffen. Fünf Monate lang belagerte er die Stadt.

Als die Mauern endlich brachen, übten die Sieger barbarische Rache. Um die Stadt herum, so berichteten römische Geschichtsschreiber, standen viele tausend Kreuze. Jeder Jude, der nicht bereits erschlagen, an seinen Verletzungen oder an Hunger gestorben war, wurde gekreuzigt, mißhandelt, zu Tode gequält. Den Tempel zerstörten die Römer so gründlich, daß es heute kaum mehr möglich ist, Spuren davon zu finden. Es blieb wirklich kein Stein auf dem anderen. Israel war von diesem Tag an ausgelöscht – für nahezu 2000 Jahre, die wenigen überlebenden Juden in alle Welt zerstreut.

Das war das vorläufige Ende des Judenvolkes – aber nicht das Ende der Welt und nicht der Augenblick, in dem Christus zurückkehrte.

Die junge christliche Kirche in Jerusalem hat die »Zeichen« seinerzeit völlig richtig verstanden.

> »Wenn Ihr den Greuel der Verwüstung am heiligen Ort seht – der Prophet Daniel hat davon gesprochen –, dann flieht... wer in Judäa ist...«

Für die Juden gab und gibt es nur einen einzigen heiligen Ort: den Tempel in Jerusalem.

Daniel aber hatte prophezeit:

> »Von der Zeit an, da man das tägliche Opfer aufhebt und einen Greuel der Verwüstung anrichtet, sind es noch 1290 Tage. Wohl dem, der dann 1335 Tage durchhält...«

(DANIEL, 12. KAPITEL)

Diesen Augenblick der »Greuel« hielten die ersten Christen in Jerusalem für gekommen, als sich die gemäßigten Juden mit den Zeloten unter Führung des Johannes Gischala eine blutige Schlacht lieferten – im Tempel! Dorthin hatten sich jene Bürger Jerusalems geflüchtet, die es mit den römischen Besatzungstruppen nicht ganz verderben wollten. Vergeblich hatten sie versucht, die Zeloten zur Vernunft zu bringen. Jetzt stürmten diese Hitzköpfe den Tempel, einen riesigen, festungsähnlichen Gebäudekomplex, und erschlugen alle, die nicht bereit waren, mit ihnen gegen die Römer zu kämpfen. Das war eine ganz ähnliche Situation, wie wir sie Ende 1979 in Mekka erlebten, als religiöse Fanatiker die Kaaba, das Heiligtum der Mohammedaner stürmten.

Blut und Mord im Tempel! Seit dem Tod Christi waren 36 Jahre vergangen – Jahre voller Unruhe und Widerstand gegen die Römer, die nach diesem Aufstand vorübergehend sogar Jerusalem räumen mußten. Die Auseinandersetzungen spitzten sich zu. Die Christen wußten: Die Entweihung des Tempels ist das angekündigte Signal. Fluchtartig verließen sie die Stadt und versteckten sich in den Bergen. Sie waren die einzigen, die dem Massaker entkamen.

Doch nach der Zerstörung Jerusalems wurde die Prophezeiung Jesu mehr als problematisch. Mußte nicht jetzt, nachdem der erste Teil sich erfüllt hatte, auch der zweite wahr werden? Und zwar unmittelbar im Anschluß an das soeben Geschehene?

>*Sogleich nach dem Drangsal jener Tage wird sich die Sonne verfinstern...*«

Wo blieb nur das angekündigte Ende der Welt? Jesus hatte seinen Aussagen doch ausdrücklich angefügt:

>*Wahrlich, ich sage Euch: dieses Geschlecht wird nicht vergehen, bis dies alles geschehen wird. Himmel und Erde werden vergehen – aber meine Worte werden nicht vergehen.*«

Eine überaus massive Versicherung der Prophezeiung, die auch durch folgenden Satz nicht abgeschwächt werden kann:

>*Von jenem Tag und der Stunde aber weiß niemand etwas, nicht einmal die Engel des Himmels, außer der Vater allein.*«

(MATTHÄUS 24. KAPITEL)

Das Eingeständnis des »Propheten« Jesus, selbst den Augenblick seiner Wiederkehr nicht zu kennen und den Beginn der Endzeit nicht auf Tag und Stunde festlegen zu können, und seine Aufforderung: Laßt die Finger von Spielereien mit Zahlen, die bei Daniel und anderen Propheten stehen – sie führen nur in die Irre – das alles ist nicht verstanden worden.

Der Hinweis: »Dieses Geschlecht wird nicht vergehen, bis all dies geschehen wird«, hat die ersten Christen in arge Verwirrung gestürzt. Sie erwarteten die Endzeit noch zu Lebzeiten der Augenzeugen Christi.

Einige Apostel und auch noch deren Nachfolger lebten geradezu in einer Art panischer Hektik. Sie hatten Angst, sie könnten ihrem Auftrag, das Evangelium bis an die Grenzen der Welt zu verbreiten, bis zum Eintreffen des Jüngsten Tages nicht gerecht werden. Paulus machte seine Gemeinden immer wieder darauf aufmerksam, daß es sich eigentlich nicht mehr lohnt, noch etwas grundlegend Neues anzufangen, etwa eine Familie zu gründen, weil ja doch alles sehr rasch zu Ende gehe. Ein Mißverständnis, das durch Jahrhunderte nicht erkannt wurde und deshalb zur Leibfeindlichkeit, zur Ablehnung der körperlichen Liebe führte. Paulus hat nicht die Liebe gering geschätzt oder gar verdammt. Ganz im Gegenteil. Er glaubte nur, es wäre keine Zeit mehr dazu, weil es in der Endzeit viel Wichtigeres zu tun gebe. Die Ungeduld muß damals mächtig gewesen sein, denn Petrus sah sich gezwungen, gegen die falsche Interpretation der Prophezeiung Christi energisch anzugehen. Er mahnte seine Kirche: »Vergeßt nicht, vor dem Herrn ist ein Tag wie tausend Jahre und tausend Jahre sind wie ein Tag.«

Das hört sich an wie eine billige Ausrede. Eine Prophezeiung, auf die man sich eben noch felsenfest verlassen konnte – so wie die ersten Christen in Jerusalem –, ist wertlos, sobald sie sich nur noch wie ein Rätsel mit tausend Tücken und Fallen darbietet. Was nützen die ganzen Schilderungen, wenn die Zeitangaben den, der sie ernst nimmt, derart an der Nase herumführen?

»VERSTOCKE DIESES VOLKES HERZ...«

Das ist in der Tat das große Ärgernis an allen Prophezeiungen: Sie verkünden Schrecken und Untergang, sie warnen und mahnen: »Wer Ohren hat zu hören, der höre!« Und sagen gleichzeitig: »Aber gib dir keine Mühe. Den genauen Zeitpunkt kriegst du doch nicht heraus. Der ist verschlüsselt, verborgen. Streng geheim.«

Im Alten Testament zeigt sich der prophezeiende Gott geradezu teuflisch, wenn er zu Isaias, seinem Künder, sagt:

> *»So gehe. Sprich zu diesem Volk: ›Zuhören sollt ihr stets – und doch nichts verstehen. Zusehen sollt ihr – und nichts erkennen.‹ Verstocke dieses Volkes Herz. Verhärte seine Ohren, verklebe seine Augen. Dann sieht es nichts mit seinen Augen und hört nichts mehr mit seinen Ohren und faßt nichts mehr mit seinem Sinn. Und so bekehrt es sich nicht und findet keine Heilung.«*
>
> (ISAIAS, 6. KAPITEL)

Isaias ist darüber wohl ebenso heftig erschrocken wie jeder, der solche Sätze liest. Denn er fragte sofort zurück:

> *»Herr! Bis wann denn?«* Und er erhielt die Antwort:
> *»Bis die Städte verheert sind und unbewohnt und menschenleer die Häuser. Bis das Ackerland in Wüste entartet ist...«*

Soll das etwa heißen, daß man Prophezeiungen immer erst dann als wahr und echt erkennen kann, wenn sie eingetroffen sind? Wenn der Prophet recht behalten hat?

Mit Sicherheit nicht. Denn dann wären alle Propheten tatsächlich besonders heimtückische Teufel, die es nur darauf anlegten, letztlich zu triumphieren. »Ätsch, ich habe doch recht gehabt!« Die bis dahin aber die Gutgläubigen, die sich mit ihrem Unsinn abgeben, grob täuschen.

»...BIS ZU DER ZEIT DES ENDES!«

Die verheerten Städte und das zur Wüste gewordene Ackerland – das wurde in den vorangegangenen Kapiteln angezeigt – sind nicht das Ende der Katastrophe, sondern erst »der Anfang der Wehen« – und so deutliche Zeichen, daß auch die hartnäckigsten Zweifler einsehen müssen: Die Propheten haben recht behalten. Spät, aber hoffentlich eben noch rechtzeitig werden sie rehabilitiert werden. Und dann ist die Zeit angebrochen, für die alle Propheten gesprochen haben. Dann wird, wie Nostradamus wiederholt versichert, die Zeit des Rätselns und Herumsuchens zu Ende sein und Klarheit herrschen. Dann wird der Sinn in alle Voraussagen kommen, wie schon der Prophet Daniel am Schluß seiner Endzeit-Prophezeiungen angekündigt hat:

> *»Es muß der Worte Sinn verschlossen bleiben und gehen bis zu der Zeit des Endes.«*
>
> (DANIEL, 12. KAPITEL)

Diese Zeit ist angebrochen. Die ersten Christen in Jerusalem haben die Prophezeiungen verstanden, weil sie unmittelbar betroffen waren. Wir werden sie verstehen, weil wir diejenigen sind, an die sich alle Prophezeiungen letztlich richten. Auch jene von der Zerstörung Jerusalems. Denn mit der »kleinen Apokalypse« im Neuen Testament waren nicht nur das Jahr 70 gemeint und nicht nur die Truppen des Titus Flavius Vespasian, sondern zugleich auch die Zerstörung der »heiligen Stadt« in unseren Tagen. Jerusalem war ein Bild für etwas, das jetzt geschehen wird. So wie der Tempel damals niedergerissen wurde – wird die Kirche in Kürze zerstört werden. Das »neue Jerusalem« aber ist Rom. Ein Zeichen dafür, daß die angekündigte Stunde für die Stadt gekommen ist, werden die geschilderten Naturkatastrophen sein.

SO WIRD ROM ZERSTÖRT WERDEN

In der großen Apokalypse des Johannes findet sich im Kapitel 11 folgende Schilderung:

> *»Auf 42 Monate zertreten sie die heilige Stadt. Ich aber werde meinen beiden Zeugen es verleihen, daß sie 1260 Tage lang in Bußgewändern prophezeien. Es sind dies die zwei Ölbäume und die zwei Leuchter, die vor dem Herrn der Erde stehen. Wenn irgend jemand ihnen Leid antun wollte, so ginge Feuer aus von ihrem Munde und verzehrte die Feinde. Wer ihnen also Leid antun wollte, der müßte auf solche Weise sterben. Sie haben Macht, den Himmel zu verschließen, so daß kein Regen fällt in den Tagen ihrer Predigt. Auch haben sie Macht über die Gewässer, sie in Blut zu verwandeln und Macht über die Erde, sie mit jeder Plage hart zu treffen, so oft sie es nur wollen. Wenn sie ihr Zeugnis vollendet haben, dann wird das Tier, das aus dem Abgrund steigt, mit ihnen Krieg beginnen, sie besiegen und sie töten. Ihre Leichen werden in der großen Stadt auf den Straßen liegen bleiben, die bildlich Sodoma und Ägypten heißt, wo auch ihr Herr gekreuzigt wurde. Menschen aus allen Völkern, Sprachen, Stämmen und Geschlechtern werden ihre Leichen dreieinhalb Tage lang sehen. Man wird ja ihre Leichen nicht in einem Grab bergen lassen. Die Erdbewohner werden sich freuen und*

frohlocken und sich Geschenke schicken, denn diese
zwei Propheten machten einst den Erdbewohnern
Qualen. Doch nach dreieinhalb Tagen fährt der Geist
des Lebens von Gott in sie. Sie stehen wiederum auf
ihren Füßen und große Furcht befällt jene, die sie
sehen. Sie hören eine mächtige Stimme aus dem
Himmel, die ihnen zuruft: ›Kommt hier herauf.‹ Auf
einer Wolke steigen sie zum Himmel empor und ihre
Feinde schauen ihnen nach. Zur selben Stunde
entsteht ein großes Erdbeben. Der zehnte Teil der
Stadt fällt ein und 7000 Menschen finden bei dem
Beben den Tod...«

Nach der Schilderung der großen Sonnenfinsternis, der »Öffnung des Brunnens des Abgrundes«, berichtet Johannes im 9. Kapitel der Geheimen Offenbarung von Heuschrecken, die aus dem Rauch aufsteigen. Dann sagt er einen schrecklichen Krieg voraus. Von ihm wird später die Rede sein, weil er aller Voraussicht nach erst im 21. Jahrhundert stattfinden dürfte.

Danach sind die Prophezeiungen der Apokalypse erstmal beendet. Denn das, was Johannes noch zu sehen bekommt, das darf er nicht einmal andeutungsweise verraten. Er muß, so wird ihm vom Engel des Himmels aufgetragen, das Büchlein verschlingen. Im Magen liegt es schwer, doch im Mund ist es süß wie Honig. Mit anderen Worten: das, was nach den kosmischen Katastrophen und nach einem Krieg auf der Erde in kommenden Jahrhunderten und Jahrtausenden geboten sein wird, das wird zunächst recht angenehm sein, letztlich aber der Menschheit doch sehr bitter werden.

Die Prophezeiungen sind zu Ende – und gehen gleich wieder von vorne los. Denn nun bekommt Johannes den Auftrag: »Du mußt noch einmal prophezeien. Über Völker, Geschlechter, Sprachen und viele Könige.«

Man könnte sagen: Für Johannes wird das Rad der Geschichte noch einmal zurückgedreht und noch einmal der Blick auf den Ablauf zukünftiger Ereignisse freigeben. Doch diesmal ist der Inhalt der geschauten Bilder nicht mehr das umfassende kosmische Geschehen. Diesmal wird das Schicksal einzelner Regionen und Völker dargestellt. Die »Optik« des Sehers, bisher auf Totale eingestellt, wird gegen ein Teleobjektiv ausgetauscht. Jetzt kommt die Großaufnahme.

Diese nunmehr detaillierten Prophezeiungen beginnen – wie könnte es anders sein – mit Rom und dem Untergang der »ewigen Stadt«.

Daß mit der »heiligen Stadt« tatsächlich Rom und nicht etwa Jerusalem gemeint ist, das geht aus der Bezeichnung »Sodoma und Ägypten« und der Bemerkung »wo auch ihr Herr gekreuzigt wurde« hervor. Johannes sagt nicht: *der* Herr und nicht *unser* Herr. Gemeint ist mit Herr also nicht Jesus, sondern Petrus, der, alten Überlieferungen zufolge, in Rom gekreuzigt wurde. Seine Nachfolger, die Päpste, wurden zum Oberhaupt der katholischen Kirche. Diese Auslegung wird auch von anderen Propheten bestätigt.

Auffallend sind zunächst an diesem ersten Bild von der Bedrängnis der katholischen Kirche die Zahlen 42 Monate und 1260 Tage. Daniel sprach im Zusammenhang mit den »Greuel am heiligen Ort« von 1290 Tagen und 1335 Tagen. Das sind dieselben Zahlen. Die 1290 Tage des Daniel ergeben nämlich auf einige Tage genau die 42 Monate des Johannes. Die beiden Propheten meinen also dasselbe Ereignis und dieselbe Zeit.

WENN ELIAS UND HENOCH AUFTRETEN

In Rom werden zwei Propheten auftauchen, die auf die nahende Katastrophe hinweisen und zur Buße aufrufen.

Seitdem das jüdische Volk auf den Messias wartet, glaubt es fest an eine alte Prophezeiung: Bevor er selbst kommt, werden jene beiden Männer zurückkehren und ihm den Weg bereiten, die am Ende ihres Lebens nicht starben, sondern von Gott »weggeholt« wurden.

Denn Malachias, der letzte alttestamentarische Prophet, der etwa 400 Jahre vor Christus vom kommenden Messias sprach und ebenfalls vom Endgericht, hatte versprochen:

> »So spricht der Heerscharen Herr: ...Ich sende euch
> Elias, den Propheten, zu. Bevor der Tag des Herrn
> erscheint, der große, schreckliche, bemüht er sich, das
> Herz der Väter für die Kinder und das Herz der

*Kinder für die Väter wiederzugewinnen. Sonst müßte
ich, wenn ich komme, das Land zum Untergang
verdammen.«*

(MALACHIAS, 3. KAPITEL)

Das sind die letzten Zeilen der prophetischen Bücher und des
Alten Testamentes überhaupt. Vorher aber hatte Malachias,
genau wie Johannes, von der Zeit gesprochen, in der der Tempel
vermessen wird.:

> *Ich sende schon meinen Boten, meinen Weg vor mir
> zu ebnen. Unvermutet kommt der Herr in seinen
> Tempel. Ihr seid eben dabei, ihn zu vermessen...«*

Ein Gebäude muß man dann neu vermessen, wenn man es um-
bauen will – oder auch wenn es neu eingerichtet, geschmückt,
für einen besonderen Anlaß hergerichtet werden soll. Genau das
ist mit dem Vermessen gemeint. Johannes verwendet ausdrücklich dieselbe Formulierung, wie sie schon Malachias gebraucht
hat – um damit klarzumachen, daß diese Prophezeiungen mit
dem Auftreten von Johannes dem Täufer und mit dem Erscheinen von Jesus Christus nicht überholt sind. Der »Tag des
Herrn« liegt noch immer in der Zukunft.

Der eine Prophet, der in Kürze auftreten wird, ist also Elias,
der zur Zeit des »gottlosen« jüdischen Königs Achab (873–853)
lebte und von ihm als »Unglücksbringer« gehaßt und verfolgt
wurde.

Elias war offenbar eine Art Mensch wie Johannes der Täufer:
ein rauher, unbequemer Bursche, der sich in Felle kleidete, normalerweise in der Wüste lebte – und nur von Zeit zu Zeit am Königshof in Jerusalem auftauchte, um dort dem Herrscherpaar ins
Gewissen zu reden. Genau wie später Johannes der Täufer es tat.
Als dieser kurz vor dem ersten öffentlichen Auftreten Jesu in der
Wüste zu predigen begann, schickten Priesterschaft und
Schriftgelehrte von Jerusalem auch prompt eine Abordnung zu
ihm, um ihn fragen zu lassen. »Bist du etwa Elias?« (Johannes,
1 Kapitel). Die Ähnlichkeit war unübersehbar.

Wenn König Achab nicht auf Elias hören wollte, dann griff
der Prophet zu recht drastischen Mitteln. Trotzig verkündete er:
»So wahr der Herr, Israels Gott lebt, vor dem ich stehe: In die-

sem und im nächsten Jahr fällt weder Tau noch Regen – außer es geschähe auf mein Wort hin« (Könige 17).

In der Folgezeit soll es tatsächlich drei Jahre und sechs Monate lang nicht geregnet haben.

Genau solche »Wundertaten«, sagt Johannes in der Apokalypse, werden die beiden Propheten vor dem Ende Roms verrichten: Sie können regnen lassen, wenn sie das wollen – und sie können die Wolken vertreiben, falls ihnen der Sinn danach stehen sollte.

Nostradamus schildert die »Wundertaten« der beiden Propheten im Vers II/84:

> *»Zwischen der Champagne, Siena, Flora und der*
> *Toskana wird es sechs Monate und neun Tage lang*
> *überhaupt nicht regnen...«*

Mit der Champagne und der Toskana nennt der Seher zwei der bekanntesten Weinanbaugebiete Europas, das eine im Norden Frankreichs, das andere in Italien. Es ist anzunehmen, daß die beiden Propheten, wie seinerzeit Moses vor Pharao, die Dürre und die Mißernte voraussagen und als Strafe ankündigen werden. Die Übereinstimmungen sind unübersehbar.

Elias ist, den Berichten der Bibel nach, nicht gestorben. Er wurde von einem »feurigen Wagen« abgeholt und fuhr in Sturm und Wind in den Himmel davon, so heißt es.

Der zweite ist Henoch, einer der sieben Urväter der Menschheit. Von ihm heißt es im Buch Genesis, 5. Kapitel: »Henoch war 65 Jahre alt, da zeugte er Methusalem. Nach Methusalems Zeugung wandelte Henoch mit Gott 300 Jahre lang und zeugte Söhne und Töchter. Und aller Tage Henochs waren 365. Und Henoch wandelte mit Gott – und plötzlich war er nicht mehr da, weil Gott ihn weggeholt hatte.« Auch er ist also nicht gestorben.

Sind die beiden Propheten, die demnächst in Rom auftreten werden, Henoch und Elias? Oder gleichen sie zumindest jenen Männern in Aussehen, Macht und Auftreten, so daß man sehr lebhaft an die Gestalten des Alten Testamentes erinnert wird – und damit Bescheid wissen muß?

Von den beiden Propheten Henoch und Elias sprach übrigens auch die Muttergottes von La Salette. In der »Großen Botschaft von La Salette« stehen die Sätze:

> »Rom wird den Glauben verlieren und der Sitz des
> Antichristen werden… Die Kirche wird verfinstert,
> die Welt in Bestürzung sein. Aber da sind noch
> Henoch und Elias, erfüllt vom Geiste Gottes. Sie
> werden mit der Kraft Gottes predigen, und die
> Menschen guten Willens werden an Gott glauben…«

Für solche Übereinstimmung gibt es keine plausible Erklärung
– es sei denn die Prophetie, die Offenbarung.

DIE KIRCHE AB 1987 IN BEDRÄNGNIS

Nach der Darstellung des Sehers Michel Nostradamus müßten
sich die Ereignisse in und um Rom folgendermaßen entwickeln:

Im Zusammenhang mit dem Auftreten eines Kometen, möglicherweise ist es der Halleysche Komet, treten Po und Tiber
über die Ufer. Diese Überschwemmung könnte also 1986 oder
1987 stattfinden.

Die Überschwemmung hätte zur Folge, daß Italien von einer
schlimmen Mißernte und einer großen Hungersnot heimgesucht
wird.

Diese Not löst eine Revolution aus, die auch vor dem Vatikan
nicht haltmacht. Die Kirchenleitung müßte also 1987 oder 1989
in arge Bedrängnis geraten.

Eine Erklärung dazu finden wir in der Vorrede des Sehers zu
seinen Weissagungen, gewidmet König Heinrich II. Dort heißt
es, nachdem Nostradamus eben betont hat, das alles werde geschehen, wenn sich die Welt dem Jahr 2000 nähert:

> »Aufgrund meiner astrologischen Berechnungen,
> verglichen mit der Heiligen Schrift, wird die
> Verfolgung des Klerus ihren Anfang nehmen durch die
> Macht der Herrscher in den Adlerländern, die sich
> mit den Orientalen verbündet haben. Diese
> Verfolgung wird elf Jahre dauern, vielleicht auch
> etwas weniger, weil dann der führende Machthaber
> der Adlerländer gestürzt wird. Wenn seine Jahre
> vorbei sind, wird sein südlicher Verbündeter groß
> werden. Und er wird die Leute der Kirche drei Jahre

lang noch schlimmer verfolgen durch eine
»apostolische« Verfolgung eines Mannes, der
diktatorisch eine militante Kirche leitet. Das heilige
Volk Gottes, die Gesetzestreuen, alle religiösen Orden
werden schwer verfolgt und heimgesucht werden, so
daß schließlich alles im Blut der wahren Christen
schwimmt. Einem der schrecklichen Machthaber
werden seine Anhänger Loblieder singen: Er habe
mehr menschliches Blut der »unschuldigen Christen«
vergossen, als er Wein hätte saufen können. Dieser
Herrscher wird unglaubliche Schandtaten gegen die
Kirche ausüben. Das Blut der Menschen wird von den
Kirchen über die Straßen fließen wie Wasser nach
einem Wolkenbruch. Vom Blut werden sogar die
nahegelegenen Flüsse rot. Gleichzeitig wird ein
Seekrieg das Meer rot färben.
Dann werden, noch im selben Jahr und in den
nachfolgenden Jahren, eine schreckliche Seuche folgen
– noch verwunderlicher nach der vorangegangenen
Hungersnot – und so große Trübsale, wie sie seit der
Gründung der christlichen Kirche nicht dagewesen
sind. In allen lateinischen Ländern. Spuren davon
bleiben auch noch in Spanien zurück.«

Das ist wieder eine typische Nostradamus-Prophezeiung: Zwei zeitlich voneinander getrennte Ereignisse, die aber innerlich zusammenhängen, weil sie aus derselben Wurzel hervorgehen, werden in einem Atemzug genannt: die Verfolgung der christlichen Kirche im Ostblock nach dem zweiten Weltkrieg – und die künftigen Kirchenverfolgungen durch die »Roten« in Verbindung mit dem Islam.

Die Erklärung dazu: Die »Adlerländer« sind für Nostradamus jene Staaten und Völker, die in ihrem Wappen einen Adler tragen, also Deutschland, Österreich, Polen und Rußland.

Elf Jahre lang, von 1945 bis 1956 machten die Christen in allen Ostblockländern schwere Zeiten durch. Ihre Kirchen und Klöster wurden geschlossen, die Geistlichen mußten weltliche Berufe ausüben. Sie kamen ins Gefängnis oder wurden nach Sibirien verschleppt.

Für jene schwere Bedrängnis steht der Name des ungarischen Kardinals Mindszenty. 1949 brach er unter dem Druck des psychischen Terrors und der Gehirnwäsche der kommunistischen Henker zusammen und legte in einem großen Schauprozeß das Geständnis ab, Landesverrat und Devisenverbrechen begangen zu haben. Sechs Jahre verbrachte er im Gefängnis. Nach seiner Befreiung während des ungarischen Aufstandes lebte er 15 Jahre lang als »Gefangener« in der amerikanischen Botschaft von Budapest, ehe er n6ch Wien ausreisen durfte.

Entgegen sonstiger Gewohtheit zeigt Nostradamus an dreser Stelle seiner Propiezeiungen eine gewisse Unsiceerheit: »elf Jahre... vielleicht auch etwas weniger...« sagt er, um dann als eigentlichen Wendepunkt in der Geschichte der Verfolgung den Sturz des »führenden Machthabers« der Adlerländer zu nennen.

Das ist ein Hinweis auf Stalin. Von ihm sind die Verfolgungen ausgegangen. Mit seinem Tod im März 1953 war das Schlimmste überstanden, doch der »Stalinismus« und damit die blutige Unterdrückung aller Menschen, die nicht kommunistisch dachten, lebte noch bis 1956 weiter, bis Chruschtschow ihn verurteilte und die »friedliche Koexistenz« propagierte.

Der Seher hat also auch diese Situation treffend beschrieben. Wenn er vom »Sturz« des Diktators spricht und nicht von seinem Tod, dann müssen wir uns in seine Denkweise versetzen: Das Böse wird als »Zuchtrute« vom Schöpfer für eine gewisse Zeit auf die Menschen losgelassen – sobald diese Zeit der Strafe abgelaufen ist und das Böse seine Aufgabe erfüllt hat, wird es in den Abgrund gestürzt und dort festgebunden.

Natürlich erinnert die Formulierung vom »führenden Machthaber, der gestürzt wird«, auch an Gerüchte, die nach dem Tod Stalins nicht verstummen wollten: Der russische Diktator wäre keines natürlichen Todes gestorben, sondern von seiner Umgebung vergiftet worden.

Die ganze Angelegenheit erwähnt Nostradamus nur, um die Art und Weise der künftigen Verfolgungen zu erklären.

Nach seiner Epoche, so sagt er, wird sein »südlicher Verbündeter« groß. Das ist die Überleitung zu der nächsten, noch schlimmeren Verfolgung der Kirche. Sie folgt der ersten nicht etwa unmittelbar – sondern erst dann, wenn dieser »südliche Verbündete« herangewachsen ist.

Um wen handelt es sich? Zuerst spricht Nostradamus von den Orientalen, kurz später von den »südlichen Verbündeten«. Damit könnte jeweils der Islam gemeint sein.

Gerade die Verbindung der beiden Kirchenverfolgungen macht aber deutlich, daß er auf etwas anderes hinweisen will – auf die bereits erwähnte gemeinsame Wurzel: Jene Kräfte im Süden Europas, die Hand in Hand mit dem Kommunismus arbeiten, seinen Geist und seine Ideologie verbreiten, sind kommunistische Staaten, kommunistische Kräfte, aber auch Gruppen, die sich »rote Brigaden«, »Rote Armee Fraktion« und ähnlich nennen.

Die Verfolgung der Kirche soll drei Jahre lang dauern und überaus heftig und grausam sein. Der italienische Diktator, der sie leiten wird – von ihm wird gleich zu reden sein – verfolgt nicht nur politische Ziele, sondern hat als Gründer einer neuen Kirche, einer neuen Religion, Glaubensmotive. Deshalb spricht Nostradamus von der »apostolischen Verfolgung«.

Von den politischen und religiösen Umwälzungen wird schließlich ganz Europa, vielleicht sogar die ganze Welt geschüttelt. Die Not wächst ins Unermeßliche. Zum Hunger kommt eine schwere Seuche, die vor allem die »lateinischen Länder« heimsuchen wird.

VOM TERROR ZUR REVOLUTION

Doch betrachten wir uns diese Entwicklungen näher. Wie soll es dazu kommen, daß so viele Schandtaten verübt und soviel »unschuldiges Blut« vergossen wird?

Das Bild wird deutlicher durch die Prophezeiungen des Nostradamus in Vers VIII/19:

> »*Um die große, verstörte Mütze abzufangen, um sie beiseite zu schaffen, machen sich die Roten auf.*
> *Vom Tod in seiner Familie wird er fast überwältigt.*
> *Die Roten schlachten rot die Roten.*«

Vierhundert Jahre, nachdem diese Verse geschrieben wurden, ist die ganze Erschütterung und Empörung noch spürbar, die den Seher befallen haben muß, als er die grauenhafte Szene sah:

Die »Roten« marschieren. Nostradamus verwendet das Wort »marcher«: laufen, aufbrechen, marschieren. Sie sind auf dem Weg, die »große Mütze« zu beseitigen: Sie wollen den Papst als Geisel nehmen oder gar umbringen.

In Versen, die die früheren Jahrhunderte betrafen, waren die »Roten« für Nostradamus die ganz in rot gekleideten Kardinäle, jene Bischöfe, die das Recht innehaben, den neuen Papst zu wählen.

Hier tauchen diese Roten auch auf – aber als Opfer. Sie werden ermordet von den anderen Roten. Den Terroristen. Den »marschierenden Roten«.

Aus dem Vers läßt sich herauslesen, daß die Revolutionäre im Vatikan ein schreckliches Blutbad anrichten, denn der Papst, so schreibt der Seher, wird von Schmerz fast überwältigt, als er das ganze Ausmaß des Mordens erfährt. »Seine ganze Familie«, das sind in diesem Fall wohl die engsten Mitarbeiter und Vertrauten, die im vatikanischen Sprachgebrauch als »päpstliche Familie« bezeichnet werden.

Der Terror dürfte also die eigentliche, auslösende Kraft darstellen – neben jenen Kräften, die ihn tüchtig schüren.

Dieser Terror wird Mitte der 80er Jahre unter dem Druck wachsender Not durch Überschwemmungen und Erdbeben eskalieren:

> *Durch fremde Leute und durch die Römer selbst*
> *wird ihre große Stadt nach dem Wasser stark*
> *durcheinandergebracht...«*
>
> (NOSTRADAMUS II/54)

Die »fremden Leute«, daran läßt Nostradamus keinen Zweifel, sind Araber. Agenten, Spezialkräfte, von denen die Terroristen unterstützt, ausgebildet und aufgewiegelt werden. Es dürfte zu einer Revolution mit völliger Enteignung, Plünderung und Schändung der Kirchen kommen.

Nostradamus schildert das so:

> *Durch die Überschwemmung und die schwere*
> *Seuche ist die große Stadt für lange unbewohnbar.*
> *Wache und Garde überfallen den Prinzen mit*
> *Mordabsicht, ohne ihn wirklich zu verletzen.«*
>
> (CENTURIE IX/82)

Das ist die Ausgangssituation: Hunger, Obdachlosigkeit, keine Arbeit. Und dann Revolution. Nun spricht Nostradamus beinahe wieder wie Johannes:

> *»In den heiligen Tempeln werden Greueltaten verübt.*
> *Und Lob und Ehre werden dem gezollt, dem man*
> *Medaillen in Silber und Gold schmiedet.*
> *Das alles endet in einem Sturm von außen.«*
>
> (CENTURIE VI/9)

Und noch einmal:

> *»Das Blut der Gläubigen wird vergossen werden wie*
> *Wasser in riesiger Menge.*
> *Und für lange Zeit wird das nicht aufhören.*
> *Wehe, wehe dem Klerus! Ruin und Leiden.«*
>
> (CENTURIE VIII/98)

In der Geschichte ist es immer wieder so gewesen: Am Ende der Revolution steht der Tyrann, genau das Gegenteil von dem, was man ursprünglich beabsichtigte. So wird auch Italien nach seiner großen Revolution einen neuen »Duce« bekommen, einen, »der unglaubliche Schandtaten gegen die Kirche ausüben« wird.

Johannes spricht von 42 Monaten, Nostradamus von drei Jahren, wieder etwa dieselbe Zeit.

Der Tyrann, dem man bei Nostradamus »Medaillen in Silber und Gold« weiht und widmet, ist bei Johannes das »Tier, das aus dem Abgrund steigt« und die beiden Propheten umbringt.

WIE SEINERZEIT ELIAS UND SEIN KÖNIG

Der Zusammenhang aber legt nahe: Es wird wiederum dieselbe Situation wie seinerzeit zu Lebzeiten des Propheten Elias und zu Lebzeiten des Johannes des Täufers gegeben sein: Der Tyrann versucht mit allen Mitteln, die unbequemen Mahner zum Schweigen zu bringen – wobei er von einer Frau letztlich dazu gezwungen wird.

Vor 3000 Jahren kämpfte Elias gegen Izebel, die heidnische Frau des Königs Achab. Mit ihren Baalsgöttern hatte sie versucht, eine neue Religion in Israel einzuführen.

Johannes der Täufer, von Jesus einmal als der wiedergeborene Elias bezeichnet, beschimpfte vor 2000 Jahren den König Herodes und seine Lebensgefährtin Herodias als Ehebrecher – und wurde deshalb enthauptet.

So ungefähr, dürfen wir annehmen, wird es im Rom des zukünftigen Tyrannen zugehen, denn die Propheten verweisen ausdrücklich auf den Zusammenhang.

Über das »Tier«, den italienischen Tyrann, und die sich überstürzenden Veränderungen in Rom erfahren wir bei den Propheten ein fast lückenloses Bild: Der Tyrann kommt aus Siena. Es muß ein sehr eitler, selbstgefälliger Mann sein, denn er läßt sich seinen schwarzen Bart mit Dauerwellen lockig machen. Zuerst schafft er Ordnung in seinem Land, indem er den Einfluß der Araber bricht und die Terroristen ausschaltet. Dann gründet er eine neue Religion. Seine Gewalttaten und Übergriffe werden schließlich so schlimm, daß sich die europäischen Staaten, offensichtlich handelt es sich um Deutschland, Frankreich und England, endlich dazu entschließen, ihm das Handwerk zu legen. Einer von den Heerführern wird Bronzebart oder auch Erzbart genannt – offenbar eine Anspielung auf Kaiser Rotbart. Es wäre also ein Deutscher.

Der »Schwarze Krausbart« wird schließlich, so scheint es zumindest, von seinen eigenen Leuten ermordet, die seiner Gewaltherrschaft überdrüssig sind und den Glauben an ihn verloren haben.

Bei Nostradamus lesen sich die entsprechenden Verse etwa folgendermaßen:

> *Der schwarze Dauerwellen-Krausbart wird das*
> *grausame und stolze Volk unterwerfen.*
> *Ein großer Hund wird die Gefangenen unter dem*
> *Banner der Muselmänner in weiter Ferne wegführen.«*
>
> (CENTURIE II/79)

Dauerwellen-Krausbart – wörtlich schreibt Nostradamus: der mit einer Maschine schwarz und lockig gemachte Bart! Das grausame Volk sind wohl die Moslems, denn sie werden von dem »großen Hund« als Gefangene weggeführt. Hund = chien, das ist wohl wieder ein verschlüsseltes Wort für Heinrich, den französischen Herrscher, der, wie dargelegt, 1999 an die Macht gelangen soll, der möglicherweise zuerst mit dem italienischen Diktator verbündet ist, um ihn später zu bekämpfen.

> »Von Monaco bis nach Sizilien liegt der ganze Strand
> verwüstet. Es gibt keine Siedlungen, keine alten und
> keine neuen Städte mehr, wenn das Land von den
> Barbaren geplündert und bestohlen wird.«
>
> (CENTURIE II/4)

Barbaren waren in den Augen der Römer alle Völker, die kein Latein verstanden, vor allem die »Bärtigen« aus dem Norden, die Unzivilisierten. Die Truppen der Barbaren hätten demnach zuerst Erfolge und würden Italien verwüsten. Doch das wird sich bald ändern.

Der »schwarze Krausbart«, so sagt der Seher voraus, wird in einer Kirche ermordet werden. Ein Attentäter, der seinen Dolch im Ärmel verborgen mitbringt, schneidet ihm die Kehle durch. Die Leute des Diktators werden nach dem Tyrannenmord ebenfalls umgebracht.

DIE ENDKATASTROPHE IN ROM

Rom dürfte damit allerdings nicht gerettet sein. Es wird, so sagen die Propheten, völlig zerstört werden – so wie seinerzeit Jerusalem zerstört wurde: »Es wird kein Stein auf dem anderen bleiben.«

Nostradamus schildert das so:

> »Die große Stadt wird völlig verödet sein. Von den
> Einwohnern wird keiner überleben. Die Mauer,
> Geschlechter, Tempel und Madonna vernichtet, durch
> Schwert, Feuer, Pest, Kanonen stirbt das Volk.«
>
> (CENTURIE III/84)

Das deutet nicht auf eine Naturkatastrophe – sondern auf Krieg, denn es ist die Rede von Schwert und Kanonen – wir würden heute wohl sagen: Raketen –, von Feuer und einer fürchterlichen Krankheit, die in der Stadt ausbrechen wird.

In der Apokalypse hat Johannes diesem Augenblick zwei Kapitel gewidmet. Und es besteht kein Zweifel: Auch bei ihm ist Rom und dessen Untergang gemeint:

>*Darauf kam einer jener sieben Engel mit den sieben Schalen und sprach zu mir:* ›*Komm her, ich will dir das Gericht über die große Hure zeigen, die an den großen Wassern sitzt*...‹
Ich sah ein Weib auf einem scharlachroten Teppich sitzen, voll von gotteslästerlichen Namen, mit sieben Köpfen und mit zehn Hörnern. Gekleidet war das Weib in Purpur und in Scharlachrot, mit Gold und Edelsteinen und mit Perlen reich geschmückt. In seiner Hand hielt es einen goldenen Becher, strotzend von Greuel und vom Schmutze seiner Unzucht. Auf seiner Stirne war ein geheimnisvoller Name eingeschrieben: ›*Das große Babylon, die Mutter der Unzüchtigen und der Greueltaten auf der Erde.*‹ *Ich sah das Weib, trunken vom Blute der Heiligen und von dem Blute der Zeugen Jesu. Ich wunderte mich sehr, als ich sie sah. Da sprach der Engel zu mir:*
›...*Die sieben Köpfe sind sieben Berge, worauf das Weib sich niederließ; auch sind es sieben Könige. Fünf von ihnen sind gefallen; der eine ist noch da; noch nicht gekommen ist der andere, und wenn er kommt, darf er nur eine kurze Spanne bleiben. Das Tier, das war und nicht mehr ist, das ist der achte. Er gehört zu den sieben, geht aber ins Verderben*...‹
Er sprach weiter zu mir:
›*Die Wasser, die du sahest, wo die Hure wohnt, bedeuten Völker, Stämme, Nationen, Sprachen*... *Und das Weib, das du gesehen hast, ist die große Stadt, die die Herrschaft hat über die Könige der Erde.*‹«

(APOKALYPSE, 17. KAPITEL)

Im 18. und selbst noch im 19. Kapitel jubelt der Prophet geradezu überschwenglich über das Strafgericht, das »in einer einzigen Stunde über die Stadt gekommen ist«, und über den »Rauch, der für ewig aufsteigen wird«.

Ausgerechnet »Babylon« nennt Johannes die Stadt des Papstes. Babylon war die verhaßte Feindin von Jerusalem, die Stadt, in der das jüdische Volk 60 Jahre lang gefangengehalten wurde. Daß tatsächlich Rom gemeint ist und nicht etwa London oder New York, das geht aus der Erklärung hervor: »Die sieben Köpfe sind die sieben Berge, worauf sich das Weib niederließ.« Es gibt nur einen Ort, der seit jeher den Titel trägt: Stadt der sieben Hügel, nämlich Rom.

Außerdem heißt es im letzten Satz ganz deutlich: »Das Weib, das du gesehen hast, ist die große Stadt, die die Herrschaft hat über die Könige der Erde.«

Über den Königen und Präsidenten steht nur einer noch ranghöher: der »Stellvertreter Christi«, der Papst in Rom. Seine moralische und religiöse Autorität erstreckt sich in alle Länder der Erde hinein.

Interessanterweise ist bei Johannes, wie zuvor bei Nostradamus, die Rede von Gold und Silber und Edelsteinen, ein Anklang an den Propheten Jeremias, der vom großen Strafgericht über »Jerusalem« ebenfalls ankündigte:

> *»An jenem Tag nimmt der Herr hinweg die*
> *wunderbaren Fußspangen, Stirnbänder, Halbmonde,*
> *Ohrgehänge, Armketten, Schleier, Kettchen,*
> *Schleifchen und Amulette ...«*
>
> (ISAIAS, 3. KAPITEL)

Durch solche Ähnlichkeiten sind die Prophezeiungen gewissermaßen markiert: Paßt auf, hier ist von derselben Sache die Rede.

Das Ende kommt rasch und fürchterlich:

> *»Auf jedem Gesicht Verzweiflung, auf allen Köpfen*
> *Glatzen ...«*
>
> (JEREMIAS, 7. KAPITEL)

Erinnern wir uns an die Warnung des Knechtes Sepp Wudy vom Böhmerwald: »Wenn dir die Haare ausgehen, hat es dich erwischt«, sagte er.

Bei Jeremias tragen jene, die den ersten Schlag bekommen, Glatzen.

Beim Abwurf der Atombombe auf Hiroshima am 6. August 1945 kamen 130 000 Menschen in Sekundenschnelle ums Leben. Sie verglühten. Von den meisten von ihnen blieb überhaupt keine Spur zurück, von anderen nur ein Schatten, eingebrannt in die Trümmer der japanischen Stadt.

Das war die schlimmste Katastrophe des zweiten Weltkrieges – aber es war erst der Anfang des dreifachen Todes von Hiroshima.

Der grelle Blitz mit seiner zerstörerischen Kraft war noch nicht ganz erloschen, da schlug der Strahlentod zu. Die armen Leute, die in den Trümmern nach ihren Lieben suchten und nicht recht wußten, ob sie dafür danken sollten, der Hölle einigermaßen heil entronnen zu sein, verspürten plötzlich große Übelkeit. Die Haut löste sich von ihren Körpern, die Glieder schwollen dick an und verfärbten sich blaurot. Büschelweise fielen ihnen die Haare aus, als wären diese schon immer nur lose am Kopf befestigt gewesen. Ihr Blut zersetzte sich, das Nervensystem wurde zerstört. Irrsinnig geworden, starben die Opfer innerhalb weniger Stunden. Und wiederum zählte man weit über 100 000 Tote.

Vielleicht waren jene aber noch schlimmer dran, die vom Tod noch nicht erlöst wurden, sondern jahrelang, jahrzehntelang mit Blutkrankheiten, mit gräßlichen Krebsgeschwüren, mit schlimmsten Nervenleiden weiterleben mußten. 30 Jahre nach dem Bombenabwurf waren die Folgen noch immer nicht aus der Welt geschafft. Die Ankündigung der Propheten über den Untergang Roms lesen sich, als hätten sie den Abwurf der Bombe über Hiroshima miterlebt. Und gleichzeitig geht aus den Texten hervor, daß in Rom alles noch weit schlimmer werden wird als am 6. August 1945: so gut wie keine Überlebenden, keinerlei Chancen, der »Sekunde« der Zerstörung zu entgehen. Die Stadt kann nach ihrer Zerstörung jahrelang nicht wieder aufgebaut werden.

»Little Boy«, die Bombe von Hiroshima, war ein Spielzeug im Vergleich mit den Nuklearwaffen, die inzwischen tausendfach auf ihren Einsatz warten. Zu Beginn der 80er Jahre verfügten wenigstens acht Nationen über Atomsprengköpfe, mindestens vier von ihnen über Wasserstoffbomben. Praktisch gibt es kein Land mehr, das nicht in der Lage wäre, sich eine solche Bombe zu bauen oder bauen zu lassen.

Schon 1978 hat der 22jährige Harvard-Student Dimitri Rotow nachgewiesen, daß die Baupläne für eine Atombombe in jeder besseren Bibliothek zu finden sind und daß jeder versierte Physiker sich seine eigene Bombe »basteln« kann. Seither kursiert die Angst vor dem Augenblick, in dem Terroristen oder Verbrecherbanden wie die Mafia beginnen, die Mächtigen der Welt mit Nuklearwaffen zu erpressen.

Wird Rom durch eine Atombombe arabischer Feinde zerstört – oder sind es gar Landsleute, die ihre Stadt für immer auslöschen?

Um eine Bombe oder eine Rakete scheint es sich jedenfalls zu handeln, darauf weist Johannes ausdrücklich noch einmal in seinem 18. Kapitel der Apokalypse hin:

> »Da hob ein starker Engel einen Stein empor, groß
> wie ein Mühlstein und warf ihn ins Meer. Er sprach:
> ›Mit gleicher Wucht wird Babylon, die große Stadt
> gestürzt und dann nicht mehr zu sehen sein. Von
> Harfenspielern, Musikern, Flöten- und
> Posaunenbläsern soll nimmermehr ein Ton in dir
> vernommen werden, kein Handwerker irgendeines
> Handwerks soll jemals wiederum in dir zu finden
> sein, und kein Geräusch der Mühle wird man jemals
> wieder in dir hören. Kein Lampenlicht soll jemals
> wieder in dir scheinen, und keine Stimme von
> Bräutigam und Braut jemals in dir vernommen
> werden...‹«

Ein Mühlstein ist nicht gerade groß. Die nachfolgenden Schrecken sind auch nur aus der »Wucht« zu verstehen, mit der der Stein geschleudert wird – mit seiner Sprengkraft.

Geradezu erschreckend ist in diesen Sätzen die Schilderung des absoluten Endes: Totenstille lastet über den Trümmern. Kein Beilhieb eines Zimmermanns mehr, kein Hämmern. Niemand wird die Steine wegräumen, keiner sie erneut zu Mauern aufschichten. Kein Licht, nicht einmal eine Kerze wird jemals wieder in Rom flackern.

Unbarmherzig, gnadenlos wird das Strafgericht sein, so läßt Ezechiel seinen Gott verkünden:

> *Das Ende kommt. Schon ist es auf dem Weg zu dir.*
> *Fürwahr, es kommt. Verstrickung über dich,*
> *Einwohnerschaft des Landes. Die Zeit ist reif. Der*
> *Tag ist nahe. Verwirrung nur, kein Jubelruf mehr.*
> *Nun gieße ich in Kürze meinen Grimm aus über dich.*
> *Erschöpfe meinen Zorn an dir. Und richte dich nach*
> *deinem Wandel und bringe über dich all deine Greuel.*
> *Mein Auge blickt nicht mitleidsvoll. Ich übe keine*
> *Schonung mehr. Ich lohne deinen Wandel dir, solange*
> *deine Greuel noch in dir geschehen, damit ihr erkennt:*
> *Ich selbst bin es, der Herr, der Schläge austeilt.«*
>
> (EZECHIEL 7)

Wir erfahren nicht, wann Rom so endgültig zerstört wird. Nur eines können wir den Propheten entnehmen: Es wird dann geschehen, wenn im Vatikan der letzte Papst auf dem Stuhl Petri sitzt.

9

Der Untergang der Kirche

»Die Pforten der Hölle werden sie nicht überwältigen…«
   »Während der letzten Verfolgung der heiligen
   römischen Kirche regiert Petrus der Römer. Er wird
   seine Herde in Zeiten großer Verwirrung führen.
   Danach wird die Stadt der sieben Hügel zerstört und
   das schreckliche Gericht über das Volk herabkommen.
   Ende.«

Das ist der Schluß einer Weissagung, die 1595, vor fast vierhundert Jahren, auftauchte und schon damals ein Alter von nahezu 450 Jahren haben sollte. Sie stamme, so wurde behauptet, direkt vom heiligen Bischof Malachias von Armagh. Dieser Heilige, im November 1148 im französischen Kloster Clairvaux gestorben, wurde im Mittelalter hoch verehrt. Nicht zuletzt der großen Wundertaten wegen, die ihm zugeschrieben wurden. Sein Name erinnerte an den Prophet Malachias im Alten Testament. Er selbst galt ebenfalls als gottbegnadeter Seher.

Jahrhunderte nach seinem Tod tauchten also plötzlich bisher unbekannte Prophezeiungen des Heiligen auf. Sie wurden in der Schrift *Lebensbaum* eines belgischen Mönchs namens Arnold Wion abgedruckt.

Zuvor allerdings sind sie niemals erwähnt worden. Kein Mensch scheint sie gekannt zu haben.

Zweifellos handelt es sich um die eigenartigsten und umstrittensten Prophezeiungen aller Zeiten.

Sie bestehen aus nicht mehr als einer knappen, dürren Liste. 111 Päpste, angefangen von Cölestin II. (1143–1144) bis hin zum angeblich letzten Papst, Petrus dem Römer, werden aufgezählt. Der »Prophet« nennt sie nicht mit Namen, sondern er charakterisiert jeden Papst mit zwei, drei lateinischen Begriffen, die sich wie ein Wappenspruch lesen. Pastor angelicus – englischer Hirte, so hieß etwa Pius XII., der Papst des zweiten Weltkriegs. Solche Bezeichnungen sind alles. Bis auf die oben zitierten Sätze am Ende der Liste.

Diese Liste ist zudem – aller Wahrscheinlichkeit nach – nicht nur eine grobe Fälschung, sie stammt mit Sicherheit nicht aus dem 12. Jahrhundert, sondern ist erst im 16. Jahrhundert entstanden. Sie wurde, so muß angenommen werden, sogar als billiges Gaunerstück erfunden.

So stellte es jedenfalls ein Jesuitenpater vor 200 Jahren bereits glaubhaft dar: In Rom wollten ein paar Leute ihrem römischen Kardinal wirksame Schützenhilfe leisten. Ihr Mann sollte bei der bevorstehenden Wahl zum Papst erkoren werden. Also erfanden sie »Prophezeiungen« und legten sie, um glaubwürdiger zu wirken, keinem Geringeren als dem heiligen Malachias in den Mund. Die Betrüger erstellten eine Liste der Päpste der letzten vierhundert Jahre – und erfanden noch ein paar Dutzend Päpste hinzu bis »zum Ende der Welt«. Das Ganze sollte ja möglichst echt aussehen. Ihren Favoriten aus Rom nannten sie »den aus der uralten Stadt«.

Vieles spricht dafür, das sich alles tatsächlich so abgespielt hat – trotzdem war die »Fälschung« bis zum heutigen Tag einfach nicht totzukriegen. Vor allem deshalb nicht, weil die Charakterisierung der »erfundenen Päpste« mitunter geradezu verblüffend stimmig waren.

Wie ernst die Weissagungen trotz aller offiziellen Ablehnungen immer wieder genommen wurden, zeigt eine Episode, die sich nach dem Tod des Papstes Pius XII. im Jahr 1958 ereignet haben soll.

DIE BOOTSFAHRT DES AMERIKANISCHEN KARDINALS

»Es war gespenstisch«, schildert ein Augenzeuge die Begebenheit. »Gegen Abend, es war schon fast dunkel, glitt auf dem Tiber in Rom ein Boot stromabwärts. Vorbei an der Engelsburg. Es war gefüllt mit einem Dutzend blökender Schafe. Hinten am

Steuer stand ein kleiner dicker Mann in Priesterkleidung: Francis Kardinal Spellman, der Erzbischof von New York. Angeblich hatte er sich, kurzentschlossen, von dem Schäfer mitnehmen lassen, um die Abendstimmung zu genießen.«

Die Römer sahen das ganz anders. »Spellman«, so spotteten sie, »will Papst werden. Er kennt die Weissagungen des Malachias – und hilft ein bißchen nach, damit sie auf seine Person passen.«

Der Nachfolger Pius XII. trug bei Malachias nämlich den Titel: »Pastor et nauta« (Hirte und Seemann). Mit den Schafen im Schiff wäre beides gegeben gewesen.

Kardinal Spellman konnte das Schicksal nicht zwingen. Am 28. Oktober 1958 wurde nicht er, der Amerikaner, zum Papst gewählt, sondern Angelo Roncalli, der sich Johannes XXIII. nannte.

Und jetzt stimmte die Weissagung doch wieder: Roncalli, Kind kleiner Bauern, der als Junge noch Schafe hüten mußte, kam aus Venedig, der einstigen Metropole der »christlichen Seefahrt«. Schon einmal hieß bei Malachias ein Papst, der aus Venedig kam, »Seemann«.

Manchmal sind die Papstbezeichnungen in den Weissagungen kurz – und gewiß auch mehrdeutig – wie bei Johannes XXIII. Manchmal charakterisieren sie auch eine ganze Zeitepoche oder ein besonderes Ereignis, das während der Regierungszeit des betreffenden Kirchenoberhauptes stattfand.

So trug Papst Clemens X. (1670–1676) in den Prophezeiungen den Namen: »Von der großen Flut«. Zu Lebzeiten des Papstes ist Oberitalien von einer verheerenden Flutkatastrophe heimgesucht worden. Clemens hat durch mächtige Dammbauten damals die Stadt Ravenna gerettet.

Pius VI. (1775–1799) hieß »Apostolischer Pilger«. Er war tatsächlich der erste Papst der neueren Zeit, der größere Reisen unternahm. Unter anderem fuhr er nach Wien zu Kaiser Josef II. Er starb »als Pilger« in der Fremde.

Benedikt XV. (1914–1922) hatte den Titel: »Entvölkerte Religion«. Seine Zeit hätte man kaum treffender bezeichnen können: Er war der Papst, der die Kirche während des ersten Weltkriegs führte und kurz nach dem großen Sterben die massenhaften Kirchenaustritte erleben mußte.

Wenn aber die »Weissagungen des Malachias« stimmen, dann wäre der jetzige Papst Johannes Paul II. der drittletzte vor dem Ende der Kirche. Nach ihm gäbe es dann nur noch zwei Päpste: »Ruhm der Olive« – und »Petrus der Römer«. Finis, deutsch: Ende, steht hinter diesem Namen. Und gleichzeitig ist die Rede von der Zerstörung der »Stadt der sieben Hügel«.

Vor wenigen Jahren noch sah es so aus, als stecke in den »Weissagungen des Malachias« ein Rechenfehler. Denn: nach dem Tod von Paul VI. im Jahre 1978 standen noch vier Päpste aus. Nach der Statistik zuviel für die restlichen 22 Jahre unseres Jahrhunderts. Doch dann kam Johannes Paul I. – und wenige Wochen später bereits Johannes Paul II. Und nun sind es nur noch zwei, die übrigbleiben.

Gegen das Jahr 2000 wird es keinen Papst in Rom mehr geben. Das ist die Zeit, in der die »Stadt der sieben Hügel« – auch hier dieselbe Bezeichnung wie bei Johannes in der Apokalypse – zerstört wird.

Johannes Paul I., der Mann mit dem fast verlegenen, sympathischen Lächeln, der in einer der kürzesten Regierungszeiten aller Päpste, in knapp vier Wochen, Millionen von Menschen in seinen Bann zog, erhielt vom Malachias-Propheten einen recht merkwürdigen Namen: »de medietate lunae« – von der Mitte des Mondes, vom halben Mond, von der Halbierung des Mondes, ein Begriff, der nicht ganz leicht zu übersetzen ist.

Vor der Regierungszeit dieses Papstes ist viel darüber gerätselt worden, was der Prophet damit gemeint haben könnte. »Möglicherweise wird der Mond mit einer Atomrakete in zwei Hälften gespalten«, mutmaßten die einen.

Andere bezogen den halben oder halbierten Mond bereits vor Jahrzehnten auf den Islam. Sein Symbol ist der Halbmond.

Die Regierungszeit von Johannes Paul I. war zu kurz. Er konnte nichts Weltveränderndes veranlassen – und zu seiner Zeit, im Monat August 1978, geschah auf der Erde auch nichts, was der Geschichte eine Wende gegeben hätte.

Der Papst aus Polen, Karol Wojtyla, Johannes Paul II., bekam vor 400 Jahren einen Namen, der mit dem seines Vorgängers in unmittelbarer Beziehung steht. Auch hier geht es um ein

Himmelsgestirn: »de labore solis« – von der Mühsal der Sonne, von der Bedrängnis der Sonne. Erst der Mond, jetzt die Sonne. Labor solis – das war im Mittelalter die Bezeichnung für eine Sonnenfinsternis. Als der Papst am 18. Mai 1920 in Wadovice geboren wurde, gab es dort, in Polen, tatsächlich eine Sonnenfinsternis. Die Bezeichnung stimmt also.

Doch es bieten sich noch mehr Deutungsmöglichkeiten an: Die Sonne soll, so sagten die Propheten voraus, in den nächsten Jahren in schlimme Bedrängnis geraten. Erst kommt die »Zerreißprobe« im Jahre 1982, dann wird man an der Sonne »Zeichen« und »Fehler« entdecken.

Die Sonne ist aber gleichzeitig das Symbol für die Christenheit, so wie der Halbmond für den Islam steht. Will der Prophet andeuten, daß mit der Sonne oben auch die Christenheit, das Abendland, unten auf der Erde in Bedrängnis geraten wird?

Sonne und Mond – immer wenn Propheten vom Beginn der Endzeit sprechen, nennen sie diese Gestirne. Kein Wunder also, daß auch zwei der letzten Päpste vor der Wende mit diesen Namen in Zusammenhang gebracht werden.

Der Name des Nachfolgers von Johannes Paul II., »Ruhm der Olive«, erinnert an die Johannes-Prophezeiung vom Auftreten der beiden Propheten. Er nennt sie »zwei Ölbäume« und »zwei Leuchter«.

Der Olivenbaum ist der Ölbaum. Die beiden Propheten Elias und Henoch würden also schon zur Zeit des nächsten Nachfolgers Petri auftreten – noch in unserem Jahrhundert. 1260 Tage lang sollen die Propheten mahnen und warnen, ehe sie vom Tyrannen umgebracht werden.

Die Bedrängnis der Kirche könnte den Auftakt mit einem ersten schweren Überfall auf Papst und Vatikan noch vor der großen Flut Ende der 80er Jahre nehmen. Nostradamus weist in Vers II/93 darauf hin:

> »Am Tiber wütet der Tod. Kurz vor der großen Flut:
> der Chef des Schiffes wird gefaßt und in die
> Lasterhöhle gebracht. Schloß und Palast brennen.«

Schon zu Beginn der 80er Jahre nahm in Rom der Terror immer schlimmere Formen an, so daß man ohne Übertreibung davon sprechen kann, daß »der Tod wütet«.

Nostradamus verwendet für Tod an dieser Stelle den Begriff Lybitine – Libitina ist lateinisch und bezeichnet die Göttin des Todes. Wollte er damit ausdrücken, daß die Ursache der Unruhen in Libyen zu suchen ist?

Das »Schiff« ist nur ein anderer Ausdruck für die Kirche, das »Schifflein Petri«. Der Chef des Schiffes ist der Papst. Er soll also entführt und in das Hauptquartier der Terroristen gebracht werden. Der Vatikan und die päpstliche Zufluchtsstätte, die Engelsburg, gehen in Flammen auf.

Die nächsten Ereignisse stehen dann unmittelbar mit der Flut selbst in Zusammenhang. Sie wird durch die Schneeschmelze und endlose Regenfälle entstehen. Die Katastrophe wird schließlich so groß sein, daß die Lebensmittelversorgung zusammenbricht. Und dann heißt es bei Nostradamus:

> *Das Getreide wird nicht im geringsten mehr*
> *ausreichen. Der Tod kommt aus einem Schneefall,*
> *weißer als weiß. Unfruchtbarkeit, verfaultes Korn,*
> *Wasserschwall. Der Große ist verwundet. Mehrere*
> *Tote liegen zu seinen Füßen.«*

(PRÉSAGE 113)

Diese Vorhersage trägt das Datum September: Die Hoffnungen auf eine neue Ernte werden unter Schnee begraben. Ein tödlicher Schneefall im August/September 1987?

Das, was da vom Himmel fällt, ist weder normaler Schnee noch sind es Hagelkörner. Es blendet die Leute, so weiß leuchtet es. Es macht den Boden unfruchtbar. Offensichtlich handelt es sich nicht um Asche oder Staub, denn der merkwürdige Schnee läßt das Korn verfaulen und führt zu einem neuen Hochwasser. Er ist also naß. Die Schilderung des Propheten läßt an einen radioaktiven Schneefall denken, verursacht von Atomexplosionen.

DIE 12 »ROTEN« UND DIE »MÜTZE«

Dieses Ereignis aber löst die große Revolution in Italien aus. Die »Roten« stürmen den Vatikan, bringen die Schweizer Garde und die Bischöfe und Kardinäle um, die sich schützend vor den Papst stellen. Der Papst wird verwundet und wohl mitgenommen.

Erinnern wir uns noch einmal an den Vers VIII/19, in dem die Rede ist von den »Roten«, die die Roten umbringen.

Im Vers IV/11 ergänzt Nostradamus das Bild:

> »Jener, der die ›magna cappa‹ trägt, soll zur
> Hinrichtung geführt werden.
> Die 12 Roten werden kommen, seinen Mantel zu
> beschmutzen.
> Ein Mord löst dann den anderen aus.«

Die »Magna Cappa« ist ein dem Papst vorbehaltenes Kleidungsstück. Der Papst selbst soll also verurteilt, hingerichtet, ermordet werden.

In diesem Vers erfahren wir, daß es sich bei den »Roten« um zwölf Leute handelt, die mit ihrem blutigen Angriff auf den Papst das allgemeine Morden auslösen.

Die wohl bedeutendste Seherin des 19. Jahrhunderts, die stigmatisierte Ordensfrau Anna Katharina Emmerich (1774–1824) – ihre Visionen sind von dem Dichter Clemens von Brentano literarisch verarbeitet worden –, sah im Zusammenhang mit dem Untergang der Kirche merkwürdigerweise ebenfalls zwölf Männer, die maßgeblich an der Zerstörung der Kirche wirken.

Sie schrieb:

> »Unter den Volksmassen sah ich 12 neue apostolisch
> tätige Männer, die ohne gegenseitige Verbindung
> durch Schriften wirken und von anderen bekämpft
> werden. Dann vergrößerte sich die Partei der 12
> immer mehr. Nun sah ich aus der Stadt Gottes einen
> Blitzstrahl über den finsteren Abgrund fahren...«

Anna Katharina Emmerich hat Michel Nostradamus mit Sicherheit nicht gekannt. Seine Schriften standen seit 1781 auf dem Index der verbotenen Bücher. Jeder Katholik, der sie gelesen hätte, wäre automatisch aus der Kirche ausgeschlossen gewesen. Trotzdem spricht sie, beinahe wörtlich wie Nostradamus, von »apostolisch tätigen« Revolutionären. Die Begriffe »Partei« und »Sekte« gehen bei ihr ebenso ineinander über wie bei Nostradamus.

Erinnern wir uns an die Prophezeiung des Nostradamus: Der »südliche Verbündete« wird groß werden. Und er wird die Leute der Kirche drei Jahre lang noch schlimmer verfolgen durch die »apostolische« Verfolgung eines Mannes, der diktatorisch eine militante Kirche leitet...

Das alles zusammengenommen ergibt doch folgendes Bild: Das Parteiprogramm der »Roten« wird zu einer neuen Religion. Die »Roten«, die immer stärker werden, besitzen zunächst eine geistige Führung bestehend aus zwölf »Ideologen«, die zunächst unabhängig voneinander, dann gemeinsam miteinander die neue Heilslehre verkünden und dabei vermutlich recht überzeugend wirken. Der Diktator mit dem schwarzen Krausbart setzt schließlich die Theorie in die Praxis um. Er beendet die blutige Revolution und macht daraus eine noch blutigere Kirchenverfolgung. Er erklärt das Christentum für überholt und setzt sich an die Spitze der neuen, aggressiven, kämpferischen Kirche.

»YOGA« AN DER STELLE DES GEBETES

Wie die »neue Religion« aussehen könnte, deutet Michel Nostradamus im Vers IV/25 an:

> *»Ohne Ende sind emporgehobene Körper mit dem*
> *Auge wahrnehmbar. Entrücktheit durch*
> *Gedankenkräfte wird es geben. Der Körper, nach*
> *vorne gebeugt. Sinne, Chef und Unsichtbare*
> *vermindern die heilige Andacht.«*

Das könnte doch so verstanden werden: Asiatische Meditation, fernöstliche Weisheit, Yoga, okkultistische und spiritistische Übungen werden die Religion mehr und mehr verdrängen. Die Menschen wenden sich verstärkt den geistig-seelischen Kräften zu. Sie lernen, wie man sich selbst hypnotisiert, wie man in einer sogenannten Levitation scheinbar die Schwerkraft des Körpers aufhebt, und der Körper ohne jede Hilfe von außen wie eine Feder in die Höhe schwebt.

Über solches Können sollen viele Yogi in Indien verfügen. Auch großen Heiligen und Mystikern des Mittelalters werden ähnliche Fähigkeiten nachgesagt. Der italienische Kapuzinerpater Pio, seit 1918 mit den Wundmalen Christi gezeichnet, 1968 im Kloster San Giovanni Rotondo verstorben, soll mehrmals während der Messe vor einigen hundert Zeugen am Altar deutlich sichtbar meterhoch über dem Boden geschwebt haben. Solche »Begabungen«, prophezeit Nostradamus, bisher nur vereinzelt beobachtet, werden bald Allgemeingut sein. Irgendeiner wird wohl dahinterkommen, welche Gedankenkonzentration, oder was auch immer, nötig ist, damit das »Kunststück« funktioniert. Und dann wird es jeder selbst ausprobieren wollen. Man wird systematischen Unterricht zum Erlernen von »Wundertaten« geben und erhalten. Und wieder einmal wird sich die Menschheit einbilden, Glaube und Religion wären nun doch endgültig überflüssig geworden.

Jeder ist plötzlich sein eigener »Heiliger«. Man kann Wünsche mit Gedankenkraft erzwingen und noch wundervollere Dinge tun. Alle Welträtsel scheinen gelöst zu sein.

»FALSCHE PROPHETEN« REISSEN DIE KIRCHEN EIN

Noch einmal sei die »Große Botschaft von La Salette« zitiert, in der ebenfalls von »Wundertaten« der neuen Leute in Rom die Rede ist:

> »Die Dämonen der Luft werden mit dem Antichrist
> große Wunderdinge auf der Erde und in den Lüften
> wirken, und die Menschen werden immer schlechter
> werden...«

Erinnern wir uns daran, daß sowohl im Alten Testament, in den Evangelien und auch bei Johannes in der Apokalypse immer wieder vor falschen Propheten gewarnt wird, die »Wundertaten« verrichten und damit viel Verwirrung stiften. Zu diesen »Wundertaten« gehört offensichtlich die Entdeckung neuer Sinne, etwa das Hellsehen, Wahrsagen, Prophezeien. Nostradamus spricht sogar von »Unsichtbaren« – damit könnte eine besonders perfekte Massensuggestion gemeint sein: Das staunende Publikum ist felsenfest davon überzeugt, der »Magier« hätte sich in Luft aufgelöst. Sie können ihn nicht mehr sehen.

Dieses Eröffnen neuer, faszinierender Welten, das läßt sich leicht vorstellen, müßte in aller Welt wahre Begeisterungsstürme auslösen.

Wir erfahren bei den Propheten, daß die Kirchen eingerissen oder zu Vergnügungsstätten umgerüstet werden. Auch die ältesten und schönsten sakralen Bauwerke sollen nicht verschont bleiben. Der Petersdom, so schildert es Anna Katharina Emmerich, wird zum »Steinbruch«. Er wird eingerissen, wie vor 2000 Jahren die heidnischen Tempel der Römer als Zeugen einer überholten Zeit der Zerstörungswut anheimfielen.

Der letzte Papst, so scheint es, ist eines Tages plötzlich verschwunden. Niemand weiß, ob er entführt, ermordet wurde oder ob er fliehen konnte. Die christliche Kirche scheint endgültig am Ende zu sein.

Doch: ebensowenig wie die Erde in den Zeiten der Wirren und Katastrophen untergeht, ebensowenig ist die christliche Religion ausgelöscht.

Im Vorwort an König Heinrich II. spricht Nostradamus davon, daß in jener »dunkelsten und finstersten Zeit« einer aus Frankreich kommen wird, »ein königlicher, der zugleich Stellvertreter Christi ist«.

Während der Tumulte in Rom und in der Folgezeit, in der niemand weiß, ob der Papst noch lebt, übernimmt, so muß man wohl folgern, ein Gegenspieler des italienischen Tyrannen die Verteidigung des Christentums. Vermutlich handelt es sich um den schon mehrfach erwähnten »großen Chiren«.

Nostradamus prophezeit:

> *Dann entsprießt dem Stamm jener, die so lange*
> *unfruchtbar geblieben war, hervorgehend vom 50.*
> *Breitengrad, jener, der die ganze christliche Kirche*
> *erneuern wird. Es wird ein dauerhafter Friede*
> *geschaffen, eine Union und Eintracht unter den*
> *Kindern, die bisher durch Grenzen in die Irre geführt*
> *und voneinander getrennt waren. Durch verschiedene*
> *Regierungen wird ein so fester Friede begründet, daß*
> *der Unruhestifter und Kriegstreiber, der die*
> *Verschiedenheit der Religion als Vorwand nahm, im*
> *tiefsten Abgrund gefesselt bleiben wird... Die Kirchen*
> *werden wieder aufgebaut – so wie sie in frühesten*
> *Zeiten waren. Die Priester werden wieder in ihr*
> *früheres Amt eingesetzt.«*

(VORWORT AN KÖNIG HEINRICH)

Auf dem 50. Breitengrad liegen Städte wie Amiens, Mainz, Prag, Krakau, Charkow, Winnipeg. Für Nostradamus bildet der Breitengrad die Grenze zwischen Süden und Norden, zwischen katholischem und protestantischem Glauben. Wenn er diesen Breitengrad wählt, will er darauf hinweisen, daß der Erneuerer der christlichen Kirche nicht aus Rom selbst, nicht aus Italien oder Spanien, den »Heimatländern« des katholischen Glaubens, kommen wird – sondern aus dem Norden, möglicherweise sogar aus der protestantischen Kirche.

Wahrscheinlicher ist allerdings, daß der Franzose Nostradamus die französische Königsstadt Amiens meint.

»Der Stamm jener, die so lange unfruchtbar geblieben war«, das wäre dann Frankreich. Nostradamus nennt seine Nation wiederholt »die unfruchtbare Dame«.

EIN KIND WIRD GEBOREN...

Und wieder einmal stoßen wir auf eine deutliche Parallele: Es wird ein Kind geboren. Ein Kind armer Eltern, die aber königlichen Geblüts sind. Und dieses Kind wird die Kirche erneuern – und endgültig das neue Zeitalter einleiten:

> *Im äußersten Westen von Europa wird ein Kind armer Leute geboren.*
> *Mit seiner Wortgewalt wird es große Massen für sich gewinnen.*
> *Sein Donnern gegen den König des Orients wird immer lauter.«*
>
> (NOSTRADAMUS, VERS III/35)

Wer ist dieses Kind, das im Westen von Europa, in der Nähe des 50. Breitengrades aus dem Stamme der lange Zeit Unfruchtbaren geboren wird?

Wenn Elias und Henoch auftreten, ist eines ganz sicher: Dann kann auch der erwartete Messias nicht mehr weit sein. Denn die beiden, so versprechen die Propheten Isaias und Malachias, sind ja Boten, Wegbereiter, genauso wie Johannes es für Christus gewesen ist.

Zu Beginn des Jahres 1979 ließen drei führende Rabbiner, die unter den orthodoxen Juden hohes Ansehen genießen, verlauten, sie hätten alle drei in derselben Nacht geträumt, der April des Jahres 1979 sei der Ausgangspunkt für die letzte große Auseinandersetzung vor dem Kommen des Messias. Die drei Glaubenslehrer Israel Abu Hatseira, »das Tor von Sali« wie man ihn nennt, Mordechai Scharabi und der sogenannte »Herr und Lehrer von Klausenburg«, so konnte man hören, sind davon überzeugt, daß der Messias zu diesem Zeitpunkt geboren wurde.

So völlig still und unbemerkt? Ohne Hosiannarufe der Engel? Ohne »Sterne von Bethlehem«, ohne »Magier aus dem Morgenland« und dergleichen Zeichen mehr?

Der »Stern von Bethlehem« war, wie zur Zeit der Geburt Christi, im Jahre 1981 dreimal am Himmel zu sehen.

Jesus hat vor den falschen »Christussen« gewarnt:

> *»Wenn euch dann jemand sagt: ›Siehe, hier ist*
> *Christus‹ oder: ›dort ist er‹: glaubt es nicht... Denn*
> *wie der Blitz im Osten aufflammt und bis zum*
> *Westen leuchtet, so wird es auch mit der Ankunft des*
> *Menschensohnes sein...«*
>
> (MATTHÄUS, 24. KAPITEL)

Das ist deutlich: Wenn Christus, der Messias, kommt, wird es keinem entgehen. Außerdem: Christus wird nach traditioneller Vorstellung nicht noch einmal geboren. Er kehrt nicht wieder als hilfloses Kind in die Welt zurück, sondern »auf den Wolken thronend« als schrecklicher Richter. Und das erst am Jüngsten Tag.

Aber: wenn die Juden nach dem Messias rufen, der ihnen seit 6000 Jahren versprochen ist, und wenn die Christen beten, wie ihnen Christus selbst zu beten lehrte: »dein Reich komme« – dann erwarten beide eben nicht den »Jüngsten Tag«, das Endgericht, sondern ein Reich des Friedens, das sich auf der Erde ausbreitet. Das »Goldene Zeitalter«, das »1000jährige Reich«. Kommt der Messias vielleicht zweimal? Einmal wiederum als Kind, und das letztemal dann als Richter?

Die Ankündigung des Messias durch den Propheten Isaias sind stets auf Jesus gedeutet worden – und das kann man gewiß auch so lesen. Doch blieben gleichzeitig eine Reihe von Fragen offen:

>*Die Jungfrau wird empfangen und einen Sohn gebären und ihn Emanuel nennen – Gott mit uns. Er wird genießen Milch und Honig, wenn er das Böse zu verschmähen und das Gute zu erwählen lernt... An jenem Tag pfeift der Herr den Bremsen, die an dem Ende der ägyptischen Ströme sitzen, sowie den Wespen im Assyrerland. Sie kommen alle und lagern sich in den Tälerschluchten, in Felsenspalten, in allen Dorngestrüppen, an allen Wasserplätzen. An jenem Tag läßt der Herr mit einem Messer, das von jenseits des Stromes gedungen wurde, vom König der Assyrer, euch Haupt und Beine scheren. Selbst den Bart nimmt das Messer weg. Wer dann an jenem Tag sich noch eine Kuh halten kann und ein paar Schafe, der kann allein von der Sahne leben. Der Milchgewinn ist dann Überfluß. Von Sahne und von Honig lebt dann ein jeder, der im Lande ist. Geschehen wird es an jenem Tag, daß jeder Platz, wo tausend Reben stehen im Wert von tausend Silberlingen, zu Dornen und Disteln wird. Mit Bogen und Pfeil muß man diesen Ort betreten. Denn alles Land wird zu Dorn und Disteln. Und all die Berge, ehedem kultiviert, die suchst du nicht mehr auf, aus Furcht vor Dornen und Disteln. Die Rinder treibt man hin. Von Schafen läßt man sie zertreten.*<*

(ISAIAS, 7. KAPITEL)

Da ist zunächst die unleugbare Tatsache: Maria und Joseph haben ihren Sohn Jesus und nicht Emanuel genannt. Sodann: Jesus ist wohl kaum mit »Milch und Honig« aufgezogen worden. Als Sohn Gottes mußte er auch nicht erst mühsam zwischen gut und böse zu unterscheiden lernen.

Sodann: »Milch und Honig«, das ist ja überhaupt nicht die Bezeichnung für besonderes Wohlergehen – sondern ganz im

Gegenteil ein Hinweis auf eine Zeit äußerster Not. Es gibt nichts anderes mehr zu essen und zu trinken – als Milch von Kühen und Ziegen, die sich von Disteln und Dornen ernähren, und Honig.

Isaias beschreibt eine totale Verödung des Landes wie sie nach einer radioaktiven Verseuchung eintreffen müßte: Die Pflanzungen sind zugrunde gegangen. Statt dessen wuchert nur Unkraut. Diese Schilderung trifft auf die Zeit Jesu ebensowenig zu wie die Bedrohung der friedlichen Welt durch Kräfte aus Ägypten und vom Persischen Golf. Der »Strom« ist in diesem Fall der Euphrat. Von dem Herrscher, der dahinter wohnt, kommt das Unglück – so wie es zur Zeit des Propheten war und wie es morgen wieder sein wird.

Interessanterweise spricht auch Nostradamus im Zusammenhang mit der Hungersnot, die der schweren Verwüstung der Erde folgen wird, mehrfach vom Honig, der irrsinnig teuer wird, und schließlich nirgendwo mehr aufzutreiben sein wird.

Schließlich: Ist die »Jungfrau« bei Isaias nicht die »Unfruchtbare« des Nostradamus?

DAS HEIL KOMMT AUS FRANKREICH

Ein Sinn der Prophezeiungen des Nostradamus, vielleicht sogar der wichtigste, war, seinen Landsleuten die Hoffnung zu geben – und das zieht sich wie ein roter Faden durch das Vorwort an König Heinrich II. und durch alle Prophezeiungen: Mag es auch noch so schrecklich zugehen auf der Welt, mögen Krieg und Naturkatastrophen den Eindruck erwecken, alles wäre verloren und sinnlos – am Ende steht doch die Rettung. Der Sieg des Guten. Und er wird von Frankreich ausgehen.

Und zwar in doppelter Weise. Erst kommt aus Frankreich der große politische Mann. »Chyren« wird 1999 das Ruder in die Hand nehmen und in Europa Ordnung schaffen. Dann endlich kommt auch das Vereinte Europa zustande. Und zwar, so lassen die Angaben des Sehers hoffen, unter Einschluß der Ostblockstaaten. Denn jene Grenzen, die »in die Irre führten«, die dafür sorgten, daß sich die Menschen hüben und drüben in ideologischen Vorstellungen abkapselten und befeindeten, werden fallen, das verspricht Nostradamus.

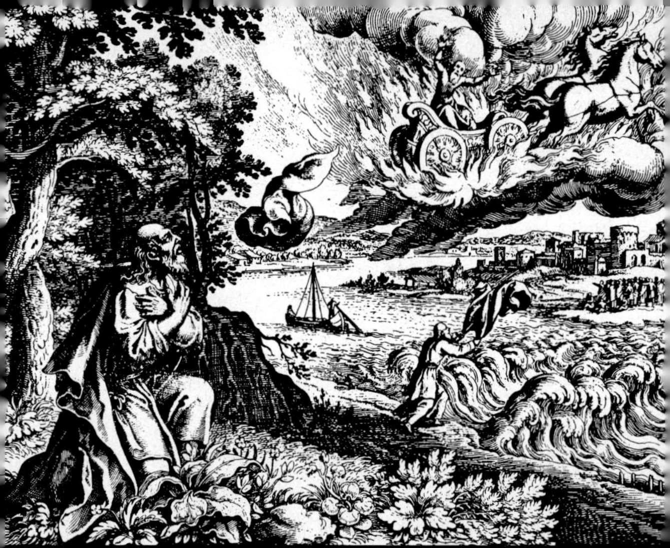

Oben:
Altes Testament:
Elias Himmelfahrt
(2. Kön. 2,1–18),
Kupferstich,
17. Jahrhundert.

Links:
Michelangelo
Buonarotti
1475–1564.
Der Prophet Jeremias. Teilstück aus den Deckenfresken der Sixtinischen Kapelle. Nach 1508.

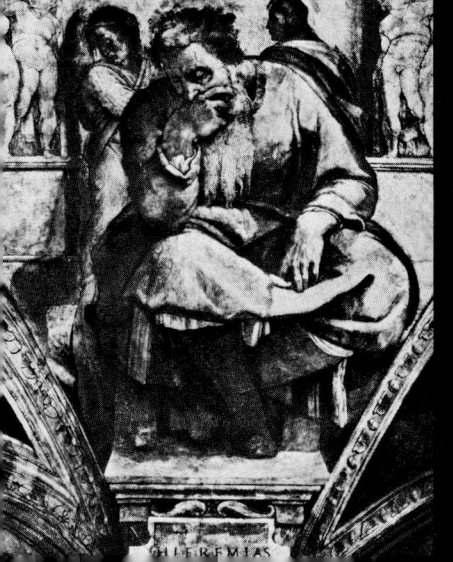

Oben:
Der Evangelist Johannes. Kupferstich 17. Jahrhundert.

Rechts:
Dore, Gustave. 1832–1883.
Baruch schreibt die Weissagungen des Jeremias. Holzstich nach Dore.
19. Jahrhundert.

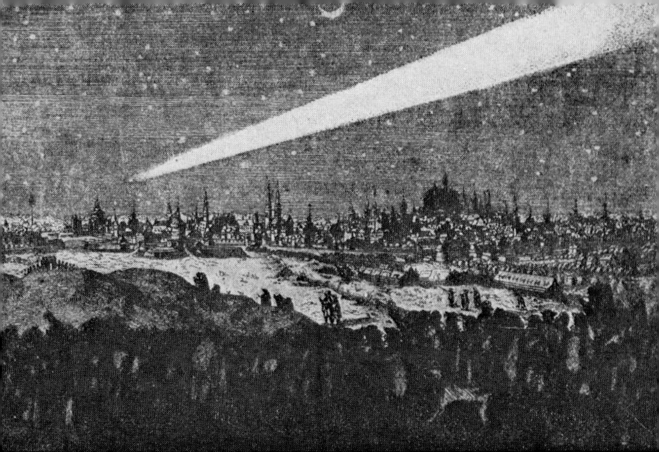

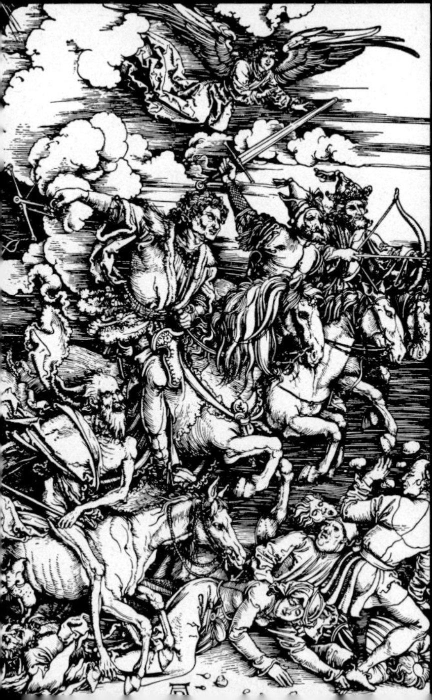

Oben:
Mack, Hans. Darstellung eines Kometen. Flugblatt. 17. Jahrhundert.

Links:
Dürer, Albrecht. 1471–1528. Die Offenbarung Johannis (Apokalypse). Die apokalyptischen Reiter. Holzschnitt. 1498.

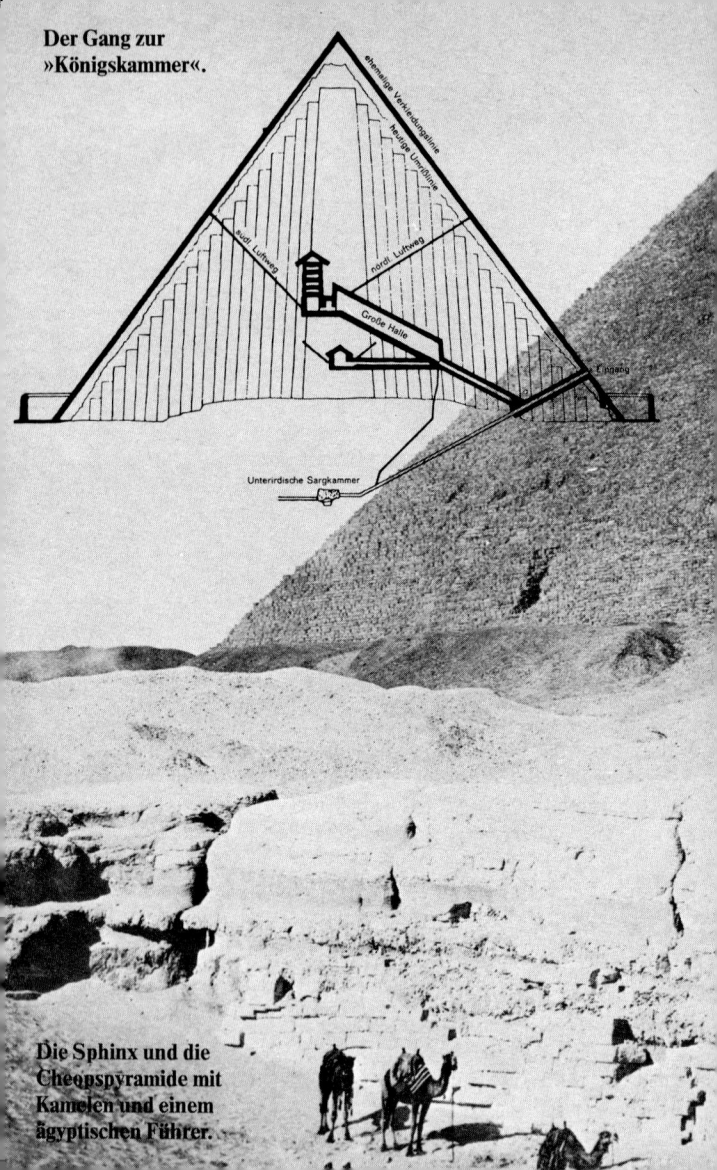

Der Gang zur »Königskammer«.

ehemalige Verkleidungslinie

heutige Umrißlinie

südl. Luftweg

nördl. Luftweg

Große Halle

Eingang

Unterirdische Sargkammer

Die Sphinx und die Cheopspyramide mit Kamelen und einem ägyptischen Führer.

Oben:
Nostradamus.
1503–1566.
Arzt und Astrologe.
Bildnis im Alter
von 59 Jahren.

Rechts:
Nostradamus.
1503–1566.
Arzt und Astrologe.
Titelblatt der ersten
Ausgabe der
Prophezeiungen.

Folgende Seite:
Jeane Dixon, Hell-
seherin, USA, sagte
1956 die Ermordung
Kennedys voraus.

LES
PROPHETIES
DE M. MICHEL
NOSTRADAMVS.

❧

Dont il y en a trois cens qui
n'ont encores iamais esté
imprimées.

Adioustées de nouueau par
ledict Autheur.

A LYON,
PAR BENOIST RIGAVD.
1 5 68.
Auec permission.

Der »große Chyren« wird noch mehr erreichen. Man nennt ihn kurzerhand: Chef der Welt.

> *»Ein Chef der Welt wird der große Chyren sein. Lange*
> *über seine Zeit hinaus geliebt, gefürchtet, geehrt.*
> *Sein Ruf und sein Ruhm werden die Himmel*
> *überdauern. Mit dem einzigen Titel ›Sieger‹ wird er*
> *sehr zufrieden sein.«*
>
> (NOSTRADAMUS, VERS VI/70)

Eine Zeit des Friedens bricht an. Damit ist allerdings das »Goldene Zeitalter« noch lange nicht gewonnen:

> *»Sie werden anfangen zu buhlen und sich dem Luxus*
> *hinzugeben. Sie begehen tausend Verletzungen und*
> *lassen ebenso viele zu. Und damit sind sie nahe an*
> *einer neuen Trostlosigkeit. Denn dann, wenn sie ihre*
> *höchste und erhabenste Würde wiedererlangt hat,*
> *werden sich Machthaber und auch militärische Kräfte*
> *gegen sie erheben. Ihr werden die beiden Schwerter*
> *weggenommen, so daß ihr nur die Zeichen bleiben...«*
>
> (VORWORT AN KÖNIG HEINRICH)

Nach der Besinnung und Neuformierung – folgt beinahe automatisch die Aufweichung, der Rückfall. »Sie«, das Wort steht bei Nostradamus unmittelbar im Anschluß an den Satz von den Priestern, die wieder in ihr Amt eingeführt werden. Die Geistlichkeit also paßt sich Zeitströmungen an, sie buhlt mit dem Modischen. Und sie lebt im Überfluß. Der Kirche werden »die beiden Schwerter« weggenommen, den Bischöfen und Priestern bleiben nur Titel, hinter denen keinerlei Machtbefugnis mehr steht.

Alles fängt wieder von vorne an.

Das Kapitel 16 der Apokalypse stellt gleichsam eine Zusammenfassung der Katastrophe um die Jahrtausendwende dar. Johannes spricht von den »sieben Zornesschalen«, die über die Menschheit ausgegossen werden, oder auch von den »sieben Plagen«. Im Text heißt es:

> *»Der erste Engel goß seine Schale auf das Land. Da*
> *kam ein schlimmes und bösartiges Geschwür an die*
> *Menschen...*

*Der zweite goß seine Schale auf das Meer, und dieses
ward zu Blut wie von einem Toten. Und jedes
Lebewesen im Meer starb. Der dritte goß seine Schale
auf die Flüsse und in die Wasserquellen. Da wurden
sie zu Blut...
Der vierte goß seine Schale auf die Sonne aus. Da
wurde ihr die Kraft verliehen, die Menschen mit Feuer
zu versengen. Und es wurden die Menschen von
großer Glut versengt...
Der fünfte goß seine Schale auf den Thron des
›Tieres‹. Und verfinstert wurde sein Reich. Sie
zerbissen sich ihre Zungen vor Schmerzen. Jedoch sie
lästerten den Gott des Himmels ob ihrer Schmerzen
und Geschwüre...
Der sechste goß seine Schale auf den großen
Euphratstrom. Da vertrocknete sein Wasser, damit
der Weg frei würde für die Könige des Ostens...
Der siebte Engel goß seine Schale in die Luft. Und aus
dem Tempel, vom Throne her kam eine laute Stimme,
die rief: ›Es ist geschehen.‹ Nun folgten Blitze, Tosen,
Donnerschläge, ein Beben, wie noch keins war,
seitdem auf der Erde Menschen leben. So furchtbar
war das große Beben. Die große Stadt fiel in drei Teile
auseinander. Die Städte der Heiden stürzten ein...
Dann sah ich einen anderen Engel aus dem Himmel
niedersteigen. Er hatte große Macht... Er rief mit
lauter Stimme: ›Gefallen, gefallen ist das große
Babylon...‹«*

(GEHEIME OFFENBARUNG, KAPITEL 17 UND 18)

10
Ausblick
in das 21. Jahrhundert

»Der Körper ohne Seele wird nicht mehr geopfert.
Der Tag des Todes gestaltet sich zur neuen Geburt.
Göttlicher Geist macht die Seele glücklich, wenn man
das Wort in seiner Ewigkeit sieht.«

(NOSTRADAMUS II/13)

Das ist eine Tatsache, die sofort und sehr deutlich ins Auge springt: Sucht man in den Prophezeiungen nach Voraussagen für die Jahrhunderte nach der Jahrtausendwende, dann findet man nur noch sehr vage, kurzgefaßte Angaben. Nicht zuletzt dieses Verstummen der Propheten hat durch 2000 Jahre zu der irrigen Meinung geführt, der »Jüngste Tag«, von dem bisher so ausführlich und detailliert gesprochen wurde, wäre ein sehr plötzlicher, völlig unerwartet hereinbrechender Augenblick, der schlagartig alles beendet. Der Tag, an dem Christus als Richter erscheint, um die Gerechten in »sein Reich«, also in den Himmel, heimzuholen, und die Bösen in die ewige Verdammnis zu stürzen.

Wenn sich die Gläubigen mancher Sekten, wie schon mehrfach vorgekommen, an einem bestimmten Datum – errechnet auf Grund von Zahlen aus der Bibel – versammeln, um die Ankunft des Herrn zu erwarten – gewissermaßen mit der Stoppuhr in der Hand, dann ist das – zumindest von den großen Prophezeiungen her gesehen – unsinnig.

Wohl ist in der Bibel wiederholt die Rede davon, daß die Menschen von den Ereignissen überrollt werden – wie seinerzeit die Zeitgenossen Noahs, der die Arche baute und deshalb verspottet wurde:

»Wie zur Zeit des Noah, so wird es mit der Ankunft
des Menschensohnes sein. Gleichwie man in den
Tagen vor der Sintflut aß und trank, zur Ehe gab und
zur Ehe nahm bis zu dem Tag, da Noah in die Arche
ging – und so wie man auch nicht zur Besinnung kam,
bis die Flut hereinbrach und sie alle mit sich fortriß,
so wird es auch mit der Ankunft des Menschensohnes
sein. Da werden sich zwei auf dem Feld befinden. Der
eine wird mitgenommen, der andere bleibt zurück. Es
werden zwei an der Mühle mahlen. Der eine wird
mitgenommen, der andere bleibt zurück.
So seid denn wachsam. Denn ihr wißt nicht, an
welchem Tag der Herr erscheint... Seid bereit. Denn
der Menschensohn kommt in einer Stunde, da ihr es
nicht vermutet.«

(MATTHÄUS 24)

Gewiß, in dieser sehr ernsten Mahnung Jesu ist von seinem überraschenden, unvermuteten Eintreffen die Rede. Aber die Sätze stehen im unmittelbaren Zusammenhang mit der Sintflut. Noah hat gewußt, daß die Flut kommen wird. Er hat sich entsprechend vorbereitet. Wenn die übrigen Menschen seinerzeit überrascht wurden, dann doch nur deshalb, weil sie die Zeichen nicht beachtet hatten: »Vom Feigenbaum lernt das Gleichnis: Wenn seine Zweige saftig sind, dann wißt ihr, der Sommer ist nahe. So sollt auch ihr, wenn ihr das alles seht (nämlich die Naturkatastrophen, die Zeichen am Himmel) erkennen, daß es (das letzte Gericht) dicht vor der Tür steht.«

Außerdem geht es wohl, wiederum wie damals bei Noah, nicht um die endgültige, plötzliche Zerstörung der Welt, sondern um das Überleben in einer weltweiten Katastrophe: »Der eine wird geholt, der andere bleibt.« Offensichtlich gibt es eine Überlebenschance – so wie Noah sie hatte.

Lukas, der Arzt unter den Evangelisten, hat die Warnungen an die Menschen der Katastrophenzeit anders formuliert:

»So hütet euch, mit Schwelgen, mit Trunkenheit und
mit irdischen Sorgen euere Herzen zu belasten, damit
jener Tag euch nicht wie eine Schlinge plötzlich über-
fällt. Er wird über alle kommen, die irgendwo auf der

*Erde wohnen. So seid denn allezeit wachsam und
betet, damit ihr imstande seid, all dem, was kommen
wird, zu entgehen und vor dem Menschensohn zu
bestehen.«*

(LUKAS 21)

Modern ausgedrückt könnte man die Sätze auch so lesen:
*Verpraßt die Schätze der Erde nicht sinnlos. Laßt
weder eueren Kopf noch die Umwelt mit Gift
vollstopfen, sondern paßt auf, was um euch herum
vorgeht. Macht euch nicht krank mit zermürbendem
Streß. Sonst löst ihr selbst die Katastrophe aus und
macht alles noch viel schlimmer. Und wenn sie dann
da ist, seid ihr hoffnungslos verloren, vom eigenen
Strick erdrosselt. Verschont bleibt keiner. Aber wer
den Kopf nicht verliert und sein Herz fest in die Hand
nimmt, der hat ein Chance.*

Das ist alles andere als die Warnung vor einem unerwarteten
Blitz aus heiterem Himmel, der allem Leben ein Ende setzt.

PETRUS PROPHEZEIT DIE ENDKATASTROPHE

Die Vorstellung vom jähen Weltuntergang ist trotzdem nicht
nur in jüngeren Sekten verbreitet, sondern Allgemeingut aller
christlichen Kirchen. Schließlich lehrte der erste Papst der Kirche, der Apostel Petrus, selbst:
*»Es kommt der Tag des Herrn wie ein Dieb. Die
Himmel werden in gewaltigem Sausen vergehen, die
Elemente werden sich in Gluthitze auflösen, die Erde
aber und was sich darauf befindet, wird verbrennen.
Da sich nun alles so auflöst, wie sehr müßt dann ihr
einen heiligen und frommen Wandel führen, damit so
der Tag der Ankunft unseres Gottes vorbereitet und
beschleunigt wird! Der Himmel löst sich dann in
Feuer auf. Die Elemente schmelzen in der Gluthitze
dahin. Wir aber erwarten, wie er es verheißen hat,
einen neuen Himmel und eine neue Erde, wo die
Gerechtigkeit wohnt...«*

(2 PETRUS 10)

Diese Briefstelle wurde vermutlich im Jahre 66/67 in Rom geschrieben und ist gewissermaßen die Antwort des Apostels auf die drängende Frage der jungen Kirche: »Wann kommt der Herr nun endlich?«

Ohne Zweifel handelt es sich auch hier um eine Prophezeiung. Petrus wiederholt nicht einfach das Herren-Wort von der Zerstörung des Tempels, von der Verfinsterung der Gestirne, von den Sternen, die vom Himmel fallen. Er gibt mit seinen Sätzen auch keine Interpretation jener Bibelstelle.

Petrus sieht visionär eine völlig andere Katastrophe. Nämlich die letzte und schlimmste Katastrophe der Erde, ihr Untergang im Augenblick, in dem aus unserer Sonne eine »Super-Nova« wird und alles mit ihrer Gluthitze zum Schmelzen, zum Verdampfen, zum Verglühen bringt. Kein Lebewesen, auch keine Pflanze dürfte diese Endkatastrophe überleben – nur ein paar Auserwählte, die einen neuen Himmel und eine neue Erde bekommen.

Dieses Ende wird, nach allem, was wir heute wissen und begreifen, noch nicht in den nächsten Jahrtausenden, sondern erst in Jahrmillionen oder gar Jahrmilliarden eintreffen. Jene Naturkatastrophen aber, jene Plagen und Prüfungen, von denen Christus und die anderen Propheten immer wieder sprechen, und deren Anfang wir schon in den 80er Jahren erleben werden, sind etwas ganz anderes.

Auch der Prophet Johannes macht zwischen den bevorstehenden Katastrophen und dem Ende einen ganz deutlichen Unterschied. Er spricht (im 20. Kapitel der Apokalypse) sogar von einer »ersten Auferstehung« und von einem »zweiten Tod«. Dazwischen liegt das »Tausendjährige Reich«, in dem Friede und Gerechtigkeit herrschen, während Satan im Abgrund gefesselt bleibt. Das ist nicht ein Reich irgendwo im Himmel – sondern auf der guten alten Erde:

> *»Dann sah ich auch die Seelen derer, die hingerichtet*
> *worden waren, weil sie für Jesus Zeugnis abgelegt*
> *hatten und um des Wortes Gottes willen. Sie, die das*
> *Tier und dessen Bild nicht angebetet hatten, und sein*
> *Siegel weder auf der Stirn noch an der Hand getragen*
> *hatten.*
> *Sie wurden lebendig und herrschten nun mit Jesus*

tausend Jahre. Die anderen Toten aber wurden nicht
lebendig, bevor die tausend Jahre nicht vorüber waren.
Das ist die erste Auferstehung. Selig und heilig, wer
an der ersten Auferstehung teilhat. Der zweite Tod
kann über sie keine Gewalt mehr haben.
Wenn aber die tausend Jahre vorüber sind, wird Satan
aus seinem Kerker freigelassen werden. Er wird dann
ausziehen, die Völker an den vier Enden der Erde,
Gog und Magog, zu verführen, und sie zum Kampf zu
sammeln. Ihre Zahl ist wie der Sand am Meere. Sie
stiegen zu der Oberfläche der Erde, umzingelten das
Lager der Heiligen und die vielgeliebte Stadt.«

<small>(GEHEIME OFFENBARUNG, 20. KAPITEL)</small>

Nach tausend Jahren des Glücks und Friedens wird also Satan
»erneut losgelassen«. Gog und Magog werden die Menschheit
trotz gefestigter Ordnung wiederum verführen. Und dann, in
diesem Augenblick erst, kommt das, wovon Petrus gesprochen
hat. Johannes sagt:

»Feuer fiel vom Himmel nieder und verbrannte sie.
Der Teufel, der sie verführt hatte, wurde in einen
Pfuhl von Feuer und Schwefel geworfen, wo auch das
Tier und der Prophet der Lüge sind ... Die Toten
wurden gerichtet, wie es in den Büchern
aufgeschrieben steht, entsprechend ihren Werken. Das
Meer gab die Toten wieder, die darin waren, und auch
der Tod sowie die Unterwelt gaben ihre Toten wieder
her, die darin waren. Ein jeder wurde nach seinen
Werken abgeurteilt. Tod und Unterwelt wurden in den
Feuerpfuhl geworfen. Das ist der zweite Tod: der
Feuerpfuhl.«

<small>(GEHEIME OFFENBARUNG 20)</small>

Das letzte Gericht und die Auferstehung der Toten kommt also
erst nach dem tausendjährigen Reich. Dann erst wird das Böse
endgültig und für immer besiegt. Dann existieren ein neuer
Himmel und eine neue Erde:

»Der erste Himmel und die erste Erde waren
vergangen. Auch das Meer ist nicht mehr ... Die Stadt

braucht auch nicht die Sonne noch den Mond, damit
sie in ihr scheinen, denn die Herrlichkeit Gottes
erhellt sie...«

(GEHEIME OFFENBARUNG, 21. KAPITEL)

»Nacht gibt es keine mehr. Sie brauchen weder Fackel-
licht noch Sonnenschein. Denn Gott der Herr ist selbst
ihr Licht...«

(GEHEIME OFFENBARUNG, 22. KAPITEL)

Auch diese Passagen muß man wohl ganz wörtlich verstehen.
Wenn wir Menschen davon sprechen: »Er kommt sicher in den
Himmel«, oder »er ist wohl in der Hölle«, dann stellen wir uns
gewöhnlich vor, daß unsere Seelen von der Erde irgendwo weggenommen und an einen anderen, besseren oder auch schlimmeren Ort gebracht werden.

NEUSCHÖPFUNG – ODER FLUCHT AUF EINEN ANDEREN PLANETEN?

Der Prophet sagt etwas ganz anderes. Er spricht vom »ersten
Himmel« und von der »ersten Erde« – womit unser Kosmos, un-
sere Sonne, der gewohnte Sternenhimmel und mitten drin unser
Planet Erde gemeint sind.

Dies alles, so prophezeit Johannes, wird vergehen. Aber dann
gibt es »einen neuen Himmel und eine neue Erde«.

Handelt es sich um eine Neuschöpfung des Kosmos? Um die
Flucht der Menschheit auf einen anderen Planeten, der ähnliche
Lebensgewohnheiten wie die Erde bietet?

Das Bemerkenswerte an der »neuen Erde« ist der Hinweis,
daß es den Tag-Nacht-Rhythmus nicht mehr geben wird. Sie
kreist nicht mehr um die Sonne (die ja erloschen ist). Sie braucht
diese Sonne auch gar nicht mehr, weil, so versichert der Prophet,
sie ihr Licht von Gott selbst bekommt. Die Straßen der neuen
Stadt Jerusalem sind aus purem Gold, die Mauern der Häuser
aus Edelsteinen und Perlen. »Und die Könige der Erde werden
ihre Herrlichkeit in ihr entfalten.« Alles Böse aber, auch Tod und
Unterwelt, gehen im Feuer, dem zweiten Tod, für immer zugrunde. So steht es in der Apokalypse.

Das hört sich völlig anders an als die geläufige Vorstellung vom Untergang der Welt, die so viel Angst und Schrecken verbreitet: Ein Ende gibt es überhaupt nicht – zumindest nicht für das Rechtschaffene, Ehrliche, Anständige.

Untergehen wird nur all das, was Unheil bringt, was schlecht macht und Verderbnis auslöst: Bosheit, Tod, Krankheit, Leid.

WACHSEN – IN DIE UNSTERBLICHKEIT

Aber auch das passiert nicht von einer Sekunde auf die andere – sondern in einem sehr schmerzhaften, langwierigen Prozeß.

Das Warten auf den »Weltuntergang« ist demnach ein dummes Mißverständnis. Gefordert wird vielmehr das Hinwachsen und Reifen auf den Augenblick hin, da es Tod und Schlechtigkeit nicht mehr geben wird. Die Propheten wollen uns nicht panische Angst einjagen – sondern Hilfe bieten.

Vielleicht ihre wichtigste Aussage aber ist der Hinweis: Das, was um die Jahrtausendwende passieren wird, ist nicht das Ende der Welt – sondern ein neuer Anfang. Deshalb wohl haben sie sich derart ausführlich mit unserer Zeit befaßt und die bevorstehenden Katastrophen geschildert. Spätere Jahrhunderte und Jahrtausende werden keine Propheten mehr brauchen – weil die Fähigkeit, in die Zukunft zu blicken und zu prophezeien, beherrschbar, erlernbar wird, so daß jeder sein eigener Prophet sein kann.

So darf es nicht verwundern, daß die Propheten sehr einsilbig, ja geradezu schweigsam werden, wenn es um die Zukunft nach der Jahrtausendwende geht. Johannes entschuldigt sich damit: Er hat den Auftrag bekommen, das »offene Büchlein«, in dem das alles verzeichnet steht, zu verspeisen. Die Propheten des Alten Testamentes verweisen darauf, daß man zu gegebener Zeit sowieso Bescheid wüßte.

Auch Michel Nostradamus faßt die Entwicklungen nach 2000 im Vorwort an König Heinrich II. recht summarisch zusammen, wobei er ziemlich willkürlich durch die Jahrhunderte hin und her springt, um sogleich einzugestehen, daß das alles ganz bewußt verworren dargeboten würde. Um das Jahr 2050 würde sowieso alles klar und durchschaubar.

Der mittelalterliche Seher spricht von neuen Kriegen und neuen
Kirchenverfolgungen, von schrecklichen Seuchen und Hungersnot. Mehr als zwei Drittel der Menschen sollen dabei hin-
weggerafft werden:

>*Es wird so schlimm sein, daß man nicht mehr
erkennen kann, wo Häuser stehen und wo sich Felder
erstrecken. Denn in den Straßen wächst das Gras bis
über die Knie, so hoch...*<

Wieder Krieg zwischen dem Norden und dem Süden, erneut
Wiederaufbau des Christentums – und Verfolgung der Kirche.

>*Danach wird der Höllenfürst selbs als Antichrist
auftreten. Noch einmal – jetzt zum letztenmal –
werden alle christlichen Staaten zittern – ebenso wie
die Ungläubigen. 25 Jahre lang! Noch brutalere Kriege
und Schlachten werden geführt. Städte, Dörfer,
Schlösser und alle anderen Gebäude werden
verbrannt, verlassen, zerstört. Dabei wird sehr viel
Blut von Jungfrauen, Ehefrauen und Witwen
vergossen, die geschändet wurden. Die Säuglinge
schleudert man gegen die Mauern der zerstörten Orte.
Soviel Unheil wird im Auftrag Satans, des
Höllenfürsten, begangen, daß beinahe die ganze Welt
zerstört und verödet sein wird. Vor diesen Ereignissen
werden ungewöhnliche Vögel durch die Luft schreien.
Hui, hui! Nach einiger Zeit werden sie verschwunden
sein. Nachdem diese Schläge lange genug gedauert
haben, wird eine andere Regentschaft Saturns fast
erneuert sein.
Dann beginnt das Goldene Zeitalter. Gott der
Schöpfer wird die Trübsal seines Volkes hören und
anordnen, Satan soll gepackt und in den tiefsten
Abgrund gestürzt werden. Und dann beginnt zwischen
Gott und den Menschen ein universeller Friede. Er
wird rund 1000 Jahre dauern. Und der Kirche wird er
zur höchsten Machtentfaltung verhelfen.
Dann aber wird alles wieder losgebunden...*<

(VORWORT AN KÖNIG HEINRICH)

Kein Zweifel, das hört sich an, als wäre es, zumindest in den Schlußpartien, von der Apokalypse des Johannes abgeschrieben, ein bißchen ausgeschmückt und kommentiert. Nostradamus versichert auch sofort nach diesen Sätzen, daß alles genau mit der Heiligen Schrift übereinstimme.

Trotzdem liefert Nostradamus Einzelheiten, die in der Apokalypse nicht zu finden sind.

Im Mittelpunkt steht der 25jährige Krieg, der die Erde nahezu verwüsten, unbewohnbar machen wird. In diesem Krieg spielen »ungewöhnliche Vögel« eine gewisse Rolle, deren Heulen die Leute verschreckt. Sie bringen den Tod, die Zerstörung der Siedlungen und die große Seuche für die wenigen Überlebenden. In den Straßen wuchert das Unkraut meterhoch. Ein Zeichen dafür, daß hier niemand mehr wohnt und kein Auto mehr fährt.

DER ATOMKRIEG IM 22. JAHRHUNDERT

Es fällt nicht schwer, diese Schilderung als Atomkrieg zu erkennen. Die Erde wird dieser Gefahr also nicht entgehen. Ausbrechen wird dieser Krieg, wenn wiederum Saturn seine Herrschaft antritt.

Alle sieben Jahre regiert Saturn. Nach 1986 also wieder in den Jahren 1993, 2000, 2007 . . .

Dieser kleine Rhythmus kann vom Seher nicht gemeint sein.

Der größere: rund 30 Jahre benötigt Saturn, um einmal durch alle Sternzeichen zu wandern und zum Ausgangspunkt zurückzukehren. Die kritischen Momente wären demnach die Jahre 2016, 2076, 2106. Ein Datum vor 2076 kommt für den Atomkrieg kaum in Frage, denn Nostradamus verspricht im Vers X/89:

> *»Aus Marmorziegeln werden die Mauern*
> *wiederaufgebaut in 57 friedlichen Jahren.*
> *Freude für die Menschen, der Aquädukt wird*
> *erneuert, Gesundheit, große Früchte, Freude und*
> *honigsüße Zeiten.«*

Dieser optimistische Ausblick kann sich nur auf die Zeit nach der Zerstörung Roms beziehen. Obwohl Rom den prophetischen Angaben zufolge wohl auch durch einen nuklearen Angriff –

möglicherweise auch durch eine Atomkatastrophe – zerstört wird, bleibt die radioaktive Verseuchung in Grenzen. Nostradamus spricht von einer verheerenden Seuche, die aber wohl nur in der Gegend um Rom auftreten wird – so wie die Katastrophe von Hiroshima nach dem Abwurf der ersten Atombombe auf einen Teil Japans beschränkt blieb.

Die Unruhen, die in Italien um die Jahre 1986/87 beginnen, sich in der nachfolgenden Zeit zu kriegerischen Auseinandersetzungen zwischen den europäischen Staaten und dem Diktator Krausbart steigern, dürften sich in die ersten Jahrzehnte des 21. Jahrhunderts hineinziehen.

Erst dann wird es dem großen »Chyren« gelungen sein, Friede und Ordnung zu schaffen, so daß der Wiederaufbau in Angriff genommen werden kann.

Die Zeit des Wohlstandes ist kurz. Der Aquädukt, der erneuert wird, die Wasserleitung, könnte ein Hinweis dafür sein, daß die Menschen sich in dieser glücklichen Zeit vor allem auch darum bemühen, alte Werte, Kulturdenkmäler zu retten und wiederherzustellen. Sie werden verstärkt auf eine gesundheitsbewußte Lebensweise achten. Die »großen Früchte« sind möglicherweise noch ein Fingerzeig auf die vorangegangene Atomkatastrophe: In ehemals verseuchten Gebieten, so wurde etwa auf dem Bikini-Atoll beobachtet, ist der Pflanzenwuchs besonders üppig.

Wenn die 57 Jahre abgelaufen sind, gegen Ende des 21. Jahrhunderts, beginnt dann der eigentliche Weltkrieg, der 25 Jahre lang dauern soll.

DAS ELEND NACH DEM KRIEG

Wie es nach dem 25jährigen Krieg auf der Erde aussieht, auch das blieb Nostradamus nicht verborgen. Er beschreibt die Situation in Vers II/95:

> »Die bevölkerten Orte werden unbewohnbar sein.
> Wegen der Felder kommt es zum großen Zerwürfnis.
> Die Regierungen werden unfähigen Wichtigtuern
> überlassen. Zwischen den Brüdern gibt es Mord und
> Streit.«

Also: Zunächst wird niemand mehr dort wohnen können, wo einst die großen Städte und Siedlungen gewesen sind. Die Überlebenden werden sich um die wenigen unverseuchten Gebiete der Erde raufen. Selbst Geschwister geraten miteinander wegen eines Stückchen Landes in die Haare und schlagen einander tot. Die Regierungsgewalt wird den »prudens incapables«, den unfähigen Klugen, überlassen. Vielleicht sind es gelehrte Männer, die von Politik und Organisation nichts verstehen – oder aber Nostradamus meint Wichtigtuer, die nur so tun, als wären sie klug.

Und die nächste Phase der Rückkehr zu einem normalen Leben:

> *»Sie sind wiedergekommen. Die befestigten Orte*
> *werden von niemandem verteidigt.*
> *Sie besitzen den Ort, der bis dahin unbewohnbar war.*
> *Wiesen, Häuser, Felder und die Stadt nehmen sie sich*
> *nach gutdünken.*
> *Hunger, Pest, Krieg, mühevolles, langes Darben.*
>
> (CENTURIE II/19)

Zu früh wohl kehren die Menschen, die sich in die Urwälder und Wüsten zurückgezogen hatten, in die verseuchten Gebiete zurück. Jeder sucht sich aus, was ihm gefällt. Doch sie werden von den Strahlen krank. Sie leiden unter Hunger und sie bekriegen sich in ihrem Kampf ums nackte Überleben.

Eigentlich ist es unverständlich, daß solche Verse bisher völlig unbeachtet blieben, lassen sie doch an Deutlichkeit nichts zu wünschen übrig.

EIN NEUER ANFANG – WIE NACH DER SINTFLUT?

An dieser Stelle sind alle Prophezeiungen zu Ende – abgesehen von den knappen Angaben, daß das »Tausendjährige Reich« des Friedens nachfolge, schließlich erneut ein Krieg – und dann die »neue Erde und der neue Himmel«.

Die Situation, in der wir uns heute befinden, ist tatsächlich ziemlich genauso, wie sie vor der großen Sintflut gewesen sein muß: Jeder weiß – oder ahnt zumindest, daß wir unmittelbar vor einem gewaltigen Ereignis stehen. Es wird die Erde und die Menschen völlig verändern. Die Propheten haben uns immer wieder sehr eindrucksvoll geschildert, wie es zu den großen Umwälzungen kommen kann – und wie es danach weitergehen sollte.

Vor der Sintflut, so erfahren wir in der Bibel, gab es nicht nur das Menschengeschlecht, das seither die Erde bevölkert, sondern daneben »Göttersöhne«, die sich die »schönen Menschentöchter zu Weibern nahmen, soviel sie wollten« (Genesis, 6. Kapitel), und von ihnen Kinder bekamen. Außerdem lebten noch »Riesen«, die »Recken der Urzeit«, wie die Bibel vermerkt. Vor der Flut konnten »Göttersöhne«, »Riesen« und »Recken« angeblich nahezu 100 Jahre alt werden. Aber das wurde dann schlagartig anders:

> »*Und der Herr sprach: ›Mein Geist verbleibe nicht*
> *länger bei den Menschen. Sie sind ja nur mehr*
> *Fleisch. Nur noch auf 120 Jahre sollen sich ihre Tage*
> *belaufen...‹«*
>
> (GENESIS, 6/1)

Das Unglück kam, weil »die Erde vor Gottes Angesicht verdorben und angefüllt mit Frevel war«.

Sobald man die Begriffe »verdorben« und »Frevel« nicht im landläufigen Sinne von sündhaft, unmoralisch, unsittlich versteht, sondern als vernünftiges Mißbrauchen und Ausbeuten der Umwelt begreift, als ein Kaputtmachen der Erde, dann klingt das durchaus modern.

Gewiß, die Schilderung der Sintflut ist kein exakter Bericht eines Historikers. Er gehört, in manchen Teilen zumindest, in das Reich der Sagen und Märchen. Die Rettung der Tierwelt beispielsweise mit einem »Hausboot«, rund 150 Meter lang, 25 Meter breit und 15 Meter hoch, wäre auch dann unmöglich gewesen, wenn es vor rund 6000 Jahren erst sehr wenige Tierarten gegeben hätte, was sicherlich nicht der Fall war.

Jene gewaltige Naturkatastrophe allerdings, daran kann es heute kaum noch einen Zweifel geben, hat es gegeben. Bei Ausgrabungen im Gebiet des Euphrat und Tigris, jener Region der Erde, die vor 6000 Jahren die Heimat blühender Kulturen gewesen war, fand der Archäologe Leonard Woolley Ende der 20er

Jahre die Überreste mächtiger Mauern. Unter diesen, als wäre die Erde ein Geschichtsbuch, das man nur aufzublättern braucht, stieß er auf Reste früherer Kulturen, nämlich auf Goldgefäße, reichgeschmückte Königsgräber, Kunstgegenstände. Woolley grub tiefer und tiefer und legte Schicht für Schicht frei. Unter jeder Epoche war eine neue, die noch vorher existiert hatte. Die Funde aber boten den Schlüssel, jede der ausgegrabenen Zeiten genau einzuordnen.

Schon war der Forscher durch Schutt und Scherben in die Zeit 3000 Jahre vor Christus vorgedrungen – da hörten die Spuren des Lebens schlagartig auf. Es gab nur noch Erde. Lehm und Sand, nahezu drei Meter tief. In dieser zimmerhohen Mauer ließen sich nicht die geringsten Verunreinigungen durch Menschen, Tiere oder Pflanzen finden. Geradeso, als hätte jahrtausendelang, zumindest im Gebiet am Persischen Golf, keinerlei Leben existiert.

Pflanzen, Tier und Mensch sind sehr viel älter als 5000 Jahre. Und unter der »sauberen« Lehmschicht stieß Woolley auch wieder auf die gewohnten Scherben, auf Asche und Abfall.

Die meterhohe Lehmschicht, so folgerte Wooley wohl logisch und richtig, konnte nur von einer unvorstellbar riesigen Überschwemmung stammen, von einer gewaltigen Naturkatastrophe. Von der Sintflut.

Nach ihr war alles anders. Es gab keine »Göttersöhne« mehr und keine »Riesen« – was immer diese vernunftbegabten Wesen, die keine Menschen im eigentlichen Sinn waren, gewesen sein mögen. Die Flut hat sie ausgelöscht.

Das Lebensalter der Menschen wurde gleichzeitig drastisch auf ein Achtel der bisherigen Dauer beschränkt – oder das Jahr auf der Erde ist entsprechend länger geworden. Möglicherweise geriet die Erde in eine neue, längere Umlaufbahn um die Sonne, so daß sich das Leben auf der Erde bei der Anpassung an die veränderten Umweltbedingungen selbst verändern mußte?

ANDERE ZEITEN, VERÄNDERTE LEBENSBEDINGUNGEN?

Werden die Menschen auch diesmal mutieren? Ist es möglich, daß sie nach den Katastrophen länger oder kürzer zu leben haben, daß es auf der Erde andere Tageszeiten, andere Jahreszeiten geben wird?

Es sieht ganz danach aus. Oder wie sonst sollte man es verstehen, wenn Nostradamus prophezeit:

> *Das göttliche Wort wird dem Stofflichen gegeben.*
> *Dann werden Himmel und Erde, auch okkultes und*
> *mystisches Geschehen verstanden.*
> *Leib, Seele und Geist verfügen über alle Fähigkeiten.*
> *Der Mensch hat so viel unter seinen Füßen, als wäre*
> *er im Himmel.«*
>
> (CENTURIE III/2)

Diese Entwicklung ist bei dem Versuch, die »neuen Sekten« zu erklären, schon angedeutet worden: Nach der rasanten Entwicklung der Technik werden sich die Menschen verstärkt ihren »seelischen Kräften« zuwenden. Dem »Stofflichen«, das heißt dem, was mit Fleisch und Blut lebt, aber den Funken der göttlichen Vernunft besitzt, dem Menschen also.

Nur beim Menschen ist nach Auffassung des Propheten der Geist an Materie, an einen Körper gebunden – im Gegensatz zum göttlichen Geist und zum Geist der Engel und Teufel. Diese Bindung, so wußte schon der griechische Philosoph Platon, beengt den Geist. Er fühlt sich eingesperrt wie in einen Kerker. Nur ganz selten gelingt es einem besonders begnadeten Menschen, diesen Kerkermauern gelegentlich zu entfliehen.

Das soll nach der Wende anders werden. Das »göttliche Wort« wird den Menschen gegeben, dann begreifen sie nicht nur die ganze Schöpfung und deren Sinn, sondern sie bekommen auch Einblick in jene Welten und Vorgänge, die bislang noch als okkult und als mystisch gelten.

DER NEUE, GEISTIGE MENSCH

Die Menschen werden also in die Zukunft blicken können, über die Gedankenkräfte miteinander rund um den Erdball korrespondieren können, ohne daß dazu ein Telefon oder sonst eine technische Einrichtung vonnöten wäre. Mit denselben Kräften werden sie sich heilen und einander besser begreifen.

Gleichzeitig wird die Seele sich, wie das bei Mystikern der Fall war, vom Körper lösen können, um sich Gott zu nähern und ihn zu erfahren.

»So viel wird unter seinen Füßen sein«, daß er sich vorkommt, als befände er sich im Himmel. Die Schwerfälligkeit und Gebundenheit an den Boden und die irdischen Bedürfnisse sind aufgehoben.

Wenn man das weiß – der Vers von Michel Nostradamus läßt sich kaum anders deuten –, dann werden plötzlich die alten Prophetenbilder von den »vier Tieren«, wie Daniel sie nennt, oder den »vier lebendigen Wesen«, wie Johannes sie bezeichnet, verständlich.

Löwe, Stier, Mensch und Adler – sie wurden von den früheren Christen als Symbole den vier Evangelisten Matthäus, Markus, Lukas und Johannes zugeordnet – stehen für die vier großen Weltmonate. 2152 Jahre dauert ein solcher Monat. Um das Jahr 2100 ist der dritte von ihnen vergangen.

Der Angelpunkt dieser Rechnung ist die Zeit zwischen der Geburt Christi und der Zerstörung Jerusalems. Damit begann das Zeitalter der »Fische«, das sich schon seit Jahrhunderten angekündigt hatte, die Regentschaft des Wesens, das aussieht wie ein Mensch. Der »Menschensohn« und seine Lehre von der Nächstenliebe wurden bestimmend. Gott wurde als Dreifaltigkeit erkannt. Das alte Gesetz der Rache und der Vergeltung war überholt.

Rund 2000 Jahre vor Christus hatte jenes Zeitalter des »Widders« begonnen – mit Abraham, der aus Ur weggezogen war und der Menschheit den Glauben an den einen Schöpfergott gebracht hatte. Der Widder und der Stier, die Opfertiere der damaligen Zeit, wurden Gott als Zeichen der Anerkennung und Hingabe dargebracht. Die Menschen erhielten Gesetze und versuchten, gegenseitige Rechte zu respektieren.

Die erste Epoche aber, das Zeitalter des »Löwen«, begann nicht, wie Nostradamus fälschlich angenommen hat, mit der Schöpfung – sondern mit der Sintflut, dem eigentlichen Geburtstag unseres Menschengeschlechts, etwas mehr als 4000 Jahre vor Christus. Damals hatte der Mensch nur eines im Sinn: Er mußte gegenüber der feindlichen Umwelt überleben und sich behaupten.

Das beginnende neue Zeitalter des »Wassermanns« hat von Johannes bezeichnender Weise das Zeichen des Adlers bekommen: Der Mensch wird eine neue Entwicklungsstufe erklettern. Er wird sich frei machen von der körperlichen Beengung – auch von der Beschränkung seiner geistigen und seelischen Kräfte auf das, was er mit dem Verstand erklären und mit seinen Sinnen erfassen kann. Die Welt wird für ihn neue Dimensionen bekommen.

Den Zugang zu dieser Welt eröffnen die bevorstehenden Naturkatastrophen um die Jahrtausendwende. Sie schaffen die nötigen Voraussetzungen dafür, daß der Mensch über sein bisheriges Vermögen hinauswachsen kann.

Nach dem Rückfall in den schlimmsten Krieg aller Zeiten zu Beginn des 22. Jahrhunderts erfolgt der entscheidende Schritt auf diesem Weg, wenn der Messias das »Goldene Zeitalter« begründet, jene vielen Jahrhunderte, vermutlich sind es weit mehr als 1000 Jahre, in denen der Mensch endlich ohne Krieg und Zwietracht auskommen kann.

Der Grazer »Prophet« Jakob Lorber läßt Jesus im »Großen Evangelium«, aufgezeichnet 1840, seine Wiederkehr so beschreiben:

> »Hier, wo ich von den Juden des Tempels wie ein
> Verbrecher verfolgt wurde, werde ich nicht wieder
> auftreten. Wohl aber in den Landen eines anderen
> Weltteils, der jetzt noch von Heiden bewohnt wird.
> Dort werde ich ein neues Reich gründen. Ein Reich
> des Friedens, der Eintracht, der Liebe und des
> lebendigen Glaubens. Die Furcht vor dem Leibestod
> wird nicht mehr unter den Menschen sein, die in
> meinem Lichte wandeln und in stetem Verkehr mit
> den Engeln des Himmels stehen werden...«

Unverkennbar: das ist nicht das »Letzte Gericht«, jener Tag, an dem man Christus vom Osten bis zum Westen auf den Wolken als furchteinflößender Richter daherkommen sieht. Lorber hat den Michel Nostradamus und seine Weissagungen nicht gekannt. Trotzdem stimmen seine Prophezeiungen mit denen des mittelalterlichen Sehers überein: Im »neuen Reich«, im Reich des Friedens ist bereits ein Stück der Seligkeit erlangt: die Menschen leben zwar noch nicht in Gemeinschaft mit ihrem Schöpfer – aber bereits im »Verkehr« mit den Geistern, mit vernunftbegabten Wesen, die keinen Körper besitzen. Der Mensch ist in der Lage, Raum und Zeit auszuschalten, seine Seele kann den Körper verlassen. Damit hätte er natürlich die Angst vor dem Sterben endgültig verloren.

DER JÜNGSTE TAG IM JAHRE 3797

Das alles klingt phantastisch, unvorstellbar, geht man von unserer heutigen Situation aus. Aber vielleicht wäre nur nötig, daß wir Menschen die ausgetretenen Denkpfade einmal verlassen, um ein neues »Modell« der Erlösung zu begreifen? Für Nostradamus ist der selbstverständliche Umgang mit Geistern noch nicht alles.

Den letzten Schritt dieser Entwicklung skizziert er in jenem Vers, der am Anfang dieses Kapitels steht. Und das ist dann wohl das, was wir gemeinhin als die ewige Seligkeit verstehen: Der Körper stirbt nicht mehr, man braucht ihn weder zu verbrennen noch zu begraben, denn »der Tag des Todes gestaltet sich zur neuen Geburt«. Der Mensch, der bis dahin wie das heranwachsende Kind im Mutterleib lebte, wird als unsterbliches Wesen geboren – ein Prozeß, der sich, wie könnte es anders sein, nicht ohne Schrecken und Schmerzen vollzieht. Erst dann ist das wahre Glück erreicht, wenn man das Wort, also Gott selbst, in seiner Ewigkeit sieht und begreift.

Dieser Augenblick soll nach den Berechnungen von Nostradamus im Jahr 3797 gekommen sein. Denn bis zu diesem Zeitpunkt, so versichert der Seher seinem Sohn Cäsar, erstrecken sich seine Prophezeiungen.

11
Was sonst noch auf uns zukommt

»Eine Krankheit bringt jungen Frauen den Tod, eine Art Erkältung des Kopfes, speziell der Augen zieht unheilvoll über Land und Meer – aussichtslos für Frauen. Schlechter Wein durch Nebel. Kein Öl. Zuviel Regen. Zu den faulen Früchten kommt der Krieg.«

(NOSTRADAMUS, PRÉSAGE 130)

Wenn Menschen unserer Tage von der Zukunft träumen, dann steht unbestritten ein Wunsch im Vordergrund: Gesund und fit bleiben über viele Jahrzehnte hinweg. Wenn das wenigstens gewährleistet wäre, so meinen wohl die meisten, dann ließe sich alles andere schon hinkriegen.

Das eigentliche Ärgernis jeder Prophetie ist die Tatsache, daß sie dem Bedürfnis nach Hoffnung praktisch überhaupt nicht Rechnung trägt. Propheten sind miserable Psychologen. Kein bißchen Beschönigung. Kein tröstlicher Hinweis: du wirst es schon schaffen. Kein Funken Aufmunterung.

Statt dessen die gnadenlose Härte: Ein Drittel wird zerstört... Ein Drittel muß sterben... Die Erde wird verwüstet... Keiner wird ungeschoren davonkommen...

Allenfalls gibt es da ein ganz vages Versprechen: Die Rechtschaffenen, die »Erwählten« werden gerettet. Aber: gibt es überhaupt eine Chance, dazugewählt zu werden? Was müßte man überhaupt tun? »Wer könnte da bestehen?« Also: mach dir keine allzu großen Hoffnungen. Bilde dir bloß nicht ein, ausgerechnet du könntest dabei sein!

Trotzdem: dieses Bild kann den Propheten letztlich nicht gerecht werden.

Natürlich treten sie vielfach auf wie humorlose, mißgünstige Leute, die den Teufel an die Wand malen – ihn möglicherweise mit ihrer Unkerei auch heraufbeschwören. Sie sind keine Hellseher – sondern Schwarzmaler, sagt man gerne. Nicht umsonst wurden Propheten scharenweise vertrieben und umgebracht, als könne man das drohende Unheil aus der Welt schaffen, indem man sie mundtot macht. Die Plagen, die sie verkündeten, wurden, wie die vorhergesagte Dürre des Elias, ihnen angelastet, als verfügten sie über Zauberkräfte.

»Ich will nicht wissen, welches Schicksal auf mich zukommt. Einmal gibt es doch keine Garantie der Zuverlässigkeit der Vorhersage. Zum anderen möchte ich unbelastet leben und die Dinge unbeeinflußt auf mich zukommenlassen. Falls mein Schicksal nicht gerade rosig sein sollte, erfahre ich das früh genug, wenn es soweit ist.«

So argumentieren viele. Für den einzelnen mag das auch richtig sein. Für die Menschheit an sich könnte diese Haltung sich verhängnisvoll auswirken. Sie kann und darf nicht gedankenlos in den Tag hinein leben, ohne sich darum zu kümmern, ob die Lebensverhältnisse auf der Erde zerstört werden, ob das »Erbe« von vielen hundert Generationen verspielt wird.

Vielleicht wäre das in früheren Jahrhunderten noch eher möglich gewesen. Heute steht die Menschheit mit dem Rücken zur Wand. Sie mußte einsehen, daß ein so verschwenderisches Leben wie bisher nicht mehr möglich sein wird. Sie hält gleichzeitig zu viele Möglichkeiten und zu große Macht in Händen. Und niemand kann mehr sagen, was die Anwendung dieser Kräfte und Techniken nach sich ziehen wird. Weder die Gegner noch die Befürworter der Atomkraft wissen Bescheid über das, wovon sie sprechen. Die Hersteller von Kunstdünger und Schädlingsbekämpfungsmitteln besitzen ebenso gute Argumente für ihre Chemikalien wie die Gegner dagegen.

PROGNOSTIKER – STATT PROPHETEN?

Nur ein vorweggenommener Blick in die Zukunft könnte letztlich eine exakte Antwort geben. Ohne Blick in die Zukunft kommen die Menschen nicht mehr aus.

Seit einigen Jahrzehnten versuchen die Prognostiker moderner Zukunftsforschung, die Rolle der alten Propheten zu übernehmen und die kommenden Ereignisse wissenschaftlich exakt zu berechnen. Mit Statistiken und Wahrscheinlichkeitsberechnungen, mit einer möglichst vollständigen Sammlung und Computerberechnung aller denkbaren Vorbedingungen wollen sie sich mehr und mehr den Gesetzmäßigkeiten nähern, die den Ablauf der Entwicklungen bestimmen.

So hat der Zukunftsforscher und Physiker Professor Wilhelm Fucks von der Technischen Hochschule Aachen zu Beginn der 50er Jahre eine »Formel der Macht« erarbeitet und damit ausgerechnet, wann der Konflikt zwischen den Blöcken USA, Rußland und China ausbrechen muß.

Nur: bisher erwiesen sich alle diese Berechnungen als völlig unbrauchbar. Eine winzige Veränderung in den Voraussetzungen kann über Nacht ganz andere Grundlagen schaffen, so daß genau das Gegenteil von dem herauskommt, was ursprünglich erwartet wurde. Wer konnte etwa im Jahre 1975 den Sturz des persischen Schahs vorausberechnen – oder auch nur ahnen, verfügte der Herrscher doch über eine der stärksten Armeen der Welt und über den skrupellosesten Geheimdienst überhaupt.

Sein Sturz aber hat nicht nur den Vorderen Orient, sondern die ganze Welt verändert.

»PROPHETEN« – DIE UNRECHT HABEN WOLLEN

Neben den Zukunftsforschern gibt es immer mehr Schriftsteller und Philosophen, die sehr eindringlich, meistens satirisch boshaft oder pessimistisch hoffnungslos die Zerstörung unseres blauen Planeten ankündigen.

Der Historiker Oswald Spengler sprach 1920 schon vom *Untergang des Abendlandes*. Seiner Meinung nach befand sich die Kultur Europas bereits damals in ihrem Spätstadium und war soweit zum Tode verurteilt.

Die Schriftstellerin Rachel Carsons schilderte in ihrem Buch *Der stumme Frühling* 1962 die Vernichtung des Lebens durch Müll und Gift: Der Pesthauch des Todes läßt die Natur verstummen.

Eric Blair veröffentlichte unter dem Schriftstellernamen John Orwell 1949 seinen Zukunftsroman *1984*, das Schreckensbild einer entmenschlichten Gesellschaft, in der jede private Regung überwacht und gesteuert und jeder eigenständige Gedanke brutal ausgelöscht wird.

Die größte Wirkung hatte aber wohl Aldous Huxley mit seinen Büchern über die von Luxus und Sucht pervertierte Menschheit – für die alles machbar, kontrollierbar, in Lust verwandelbar geworden ist, so in seinem 1932 erschienenen Roman *Schöne neue Welt.*

Alle diese Mahner, Unheilskünder, Spötter, Schwarzmaler sind jedoch keine Propheten und haben diesen Titel auch niemals für sich in Anspruch genommen – sondern eher so etwas wie das Gegenteil davon: Sie stellen die Zukunft so düster dar, wie es ihre Phantasiekräfte nur vermögen – damit die schockierten, aufgeweckten Menschen die Bremse ziehen und damit die Erfüllung der »Prophezeiungen« verhindern.

Bei den alten Propheten ist das anders. Sie lassen sich auf keinen Handel und auf keine Kompromisse ein, etwa in dem Sinn: Wenn ihr euch besinnt, dann kann sich alles ganz anders entwickeln.

Solch ein Zugeständnis wäre auch eine faustdicke Lüge. Propheten sehen ja über Raum und Zeit hinweg, was geschehen wird – und nicht etwa, was unter ganz bestimmten Voraussetzungen geschehen könnte.

WO SONST GÄBE ES HOFFNUNG?

Und gerade sind sie heute die eigentliche Hoffnung. Und das in mehrfacher Hinsicht:

Wer die Chancen der Menschheit ganz realistisch betrachtet, der kann gegen Ende des 20. Jahrhunderts aufgrund der Gegebenheiten eigentlich wenig optimistisch sein. Die Propheten versprechen aber: Das Ende ist noch nicht gekommen. Wahrscheinlich gibt es überhaupt kein Ende. Wir Menschen werden unseren Planet nicht in die Luft jagen oder in tausend Teile zersprengen. Wir werden uns nicht gegenseitig ausrotten. Wo anders sonst könnten wir solche Gewißheit finden?

Vor uns steht eine Zeitenwende, die wir noch nicht voll begreifen können. Wenn die Erde zu torkeln beginnt, die Sonne ihre Krise erlebt, der Himmel sich verfinstert, dann müßten wir uns ohne die Propheten in Angst verzehren. So aber wissen wir: Die Katastrophen sind vorübergehend. Die Sonne wird wieder scheinen. Vielleicht kann dieses Wissen eines Tages für uns lebensrettend sein. Und wenn wir zu Beginn der 80er Jahre schon ahnen, was auf uns zukommt, dann brauchen wir nicht in Trostlosigkeit und Verzweiflung zu versinken. Wir haben die Chance, uns vorzubereiten, auf die »Zeichen« zu achten und sie wahrzunehmen. Denn es gibt ja eine Aussicht auf Rettung. Die Menschheit geht schließlich nicht einer totalen Entmündigung, Entartung, Versklavung entgegen, sondern sie entwickelt sich ganz im Gegenteil sprunghaft weiter – auf die Unsterblichkeit hin. Von diesem Weg können uns weder Naturkatastrophen noch die eigene Torheit abbringen. Am Ende des gewiß beschwerlichen und leidvollen Weges steht der »zweite Tod« – der Untergang von Bosheit, Leid und Sterben. Mag das auch in weiter Ferne sein: Wir alle sollen es erleben. Wer könnte uns Besseres, Größeres, Beglückenderes versprechen?

Neben dieser großen und hoffnungsvollen »Generallinie« der Ankündigungen, neben vielen bedrückenden Einzelheiten finden sich bei den Propheten aber auch eine Fülle ernster Warnungen, interessante Hinweise und frohmachende Versicherungen, die wir sehr genau beachten und beherzigen sollten.

NEUE KRANKHEITEN – NEUE HEILMITTEL

Geben wir uns keinen Illusionen hin: Heute und morgen werden die Krankheiten nicht aus der Welt geschafft. Mögen die Fortschritte der Medizin noch so gewaltig sein, mag der Krebs schon bald besiegt werden: Es tauchen wieder neue Übel auf. Michel Nostradamus gibt uns in der Vorhersage 130 ein Beispiel einer sehr merkwürdigen Seuche: Da wütet ein Leiden, dem speziell Mädchen und junge Frauen nicht gewachsen sind. Der Seher benützt den ärztlichen Fachausdruck: infaust – aussichtslos.

Diese möglicherweise bösartige Krankheit, die im Zusammenhang mit regnerischem, nebligem Wetter auftritt und sich weltweit ausbreitet, äußert sich wie eine Kopfgrippe und befällt vornehmlich die Augen. Leider erfahren wir keine genaue Zeitbestimmung vom Auftreten dieser Epidemie, sondern nur den Hinweis, daß sie zum Jahresende, im Winter also, wüten wird.

Das eigentliche medizinische Problem der kommenden Jahrzehnte wird aber die Radioaktivität darstellen. Alle Propheten sprechen im Zusammenhang mit den kommenden Katastrophen von der auftretenden »Pest«. Von »Beulen«, von »Karfunkeln«, vom »Zerfressen der Haut« und dergleichen mehr.

Durch atomare Strahlung werden wohl noch sehr viele Menschen leiden und sterben müssen. Doch eines Tages wird es möglich sein, mit der Radioaktivität zu leben, ohne daß sie noch schadet. Nostradamus hat es vorausgesagt:

> *»Das, was leben wird und doch keinerlei Seele besitzt,*
> *wird den Tod bringen, bis man es im Griff hat...«*
>
> (CENTURIE I/22)

Nach des Sehers Vorstellung ist alles, was lebt, auch beseelt. Das gilt für Tiere ebenso wie für Pflanzen, die sich nach einem bestimmten »Bauplan« entfalten und auf ihre Umgebung, auf Licht, Wärme, Kälte, Feuchtigkeit reagieren.

Wenn sich etwas von sich aus bewegt, ohne angestoßen zu sein und ohne daß irgendeine Kraft von außen wirkt, dann dürfte damit das Leben in der Materie, die atomaren Vorgänge, gemeint sein. Verspricht der Seher hier nicht, daß es einmal ein Mittel geben wird, das vor atomaren Strahlen schützt?

AUCH DIE SONNENENERGIE IST NICHT HARMLOS

Eine andere Prophezeiung ist eine ernste Warnung an Wissenschaftler und Techniker: Seid vorsichtig mit der Ausbeutung der Sonnenenergie, sonst führt sie zur Klima-Katastrophe! Im Vers X/70 sieht Nostradamus die Entwicklung voraus:

> *»Das Auge wird durch ein Objekt dermaßen*
> *verstärkt, so mächtig und glühend, daß Schnee fallen*
> *wird. Die bewässerten Felder werden immer weniger,*
> *so daß die Bewirtschaftung der Regelung unterworfen*
> *werden muß.«*

Das klingt verworren – und ist doch vorstellbar:

Das glühende »Auge« des Himmels ist die Sonne: Am Tag ist es offen, in der Nacht geschlossen. Sobald der Himmel sein Auge zugemacht hat, ist es so finster, als hätte man die eigenen Augen verdeckt. »Auge des Himmels« als Bezeichnung für die Sonne steht bei Nostradamus in verschiedenen Versen. Es gibt keinen Zweifel, daß es auch an dieser Stelle so gemeint ist, zumal im Anschluß an diesen Begriff gleich von der Hitze die Rede ist.

Der Seher weiß, wie es kommen wird: Mit einem »Objekt«, vermutlich ist es eine riesige Anlage – oder gar eine ganze Reihe mächtiger Einrichtungen, wird in naher Zukunft das Sonnenlicht gesammelt, gebündelt und in Energie umgewandelt. An ähnlichen Experimenten arbeiten die Fachleute seit vielen Jahren, verstärkt seit der Ölkrise. Wie sollte nun aber aus der Verwertung der Sonnenenergie eine Bedrohung des Klimas und der Fruchtbarkeit der Erde erwachsen? Wie könnte es gar zu so starker Abkühlung kommen, daß Schnee fällt?

Durch die Sonnenkollektoren auf dem Hausdach und kleinere, ähnliche Einrichtungen zur Energiegewinnung wird das Wetter bestimmt nicht beeinträchtigt. Nostradamus weist aber darauf hin, daß das bei größeren Anlagen der Fall sein wird.

Dann könnte sich nämlich ein ähnlicher Prozeß abspielen, wie er in den großen Wüsten beobachtet wird: Der gewaltigen Hitze am Tag folgt die rasche Abkühlung bis zum Gefrierpunkt, sobald die Sonne untergegangen ist. Der Sand verschluckt die Energie und leitet sie sofort weiter. Er kann nur wenig davon speichern. Wolken aber gibt es auch keine, die die abgestrahlte Hitze zurückhalten könnten.

Wenn große Mengen der Sonnenwärme in Energie umgewandelt werden, dann kann es möglicherweise passieren, daß die Wärme auch in unseren Gegenden nachts fehlt. Es wird auch im Sommer so bitter kalt, daß es nicht mehr regnet, sondern schneit. Der Prozeß würde sich bei wachsender Trockenheit rasch beschleunigen. Weil die Vegetation unter diesen Voraussetzungen zugrunde gehen müßte, gäbe es bald kaum mehr fruchtbares Land, auf dem Getreide angebaut werden könnte. Die Regierungen müßten strenge Regelungen erlassen, um wenigstens knappe Ernten zu sichern und gerecht zu verteilen.

Angeblich soll es auch eine derartige Katastrophe schon einmal auf unserer Erde gegeben haben. Zumindest behauptete das der »Schlafende Prophet« Edgar Cayce in einer seiner Trance-Visionen. Er sah sich zurückversetzt in die Zeit vor der großen Sintflut und schilderte das Leben einer hochentwickelten Zivilisation in einem Land, das er Alta oder auch Poseida nannte. Die Leute dort – waren es vielleicht die »Göttersöhne« des Noah? – sollen bereits die Sonnenenergie mit Hilfe eines »Steins« genützt haben, der das Sonnenlicht in unsichtbare Energiestrahlen umwandelte. Überall im Land gab es, so Edgar Cayce, riesige Kuppelbauten mit dem Stein. Angeblich handelte es sich bei diesem Energie-Sammler um ein großes zylindrisches Glas mit Facetten, darüber einen Deckstein. Darin wurden die Sonnenstrahlen »zentralisiert« und »konzentriert«:

> *»Die Energiestrahlen wirkten auf Einrichtungen in Fahrzeugen und trieben sie an, Flugzeuge, die durch das Gas gehoben wurden, ebenso wie Privatfahrzeuge, die dicht über dem Boden dahinglitten, und Unterwasserboote.«*
>
> (JESS STEARN, THE SLEEPING PROPHET)

Die Katastrophe ereignete sich, als der Energiebedarf ins Unermeßliche anstieg:

> *»Die Stationen wurden versehentlich zu hoch eingestellt. Zerstörerische Kräfte spalteten das Land in Inseln...«*

Es folgte der rasche Verfall der Länder und auch der Menschen. Nur ein paar von ihnen sollen in »ferne Länder« zu noch primitiven, unentwickelten Kulturen entkommen sein. Angeblich waren es diese Flüchtlinge aus dem untergegangenen Poseida, die sowohl in Ägypten als auch in Mexiko die Pyramiden errichteten.

Energie- und Rohstoffverschwendung und die verzweifelten Versuche, den stets wachsenden Bedarf an beidem zu decken, werden die Naturereignisse erst zur eigentlichen Katastrophe aufblähen. Das ist die immer wieder beklagte Sündigkeit und Schuld der Menschen. Schon der Prophet Isaias hat auf sehr eindringliche Weise davor gewarnt:

> »Leichtsinnige! Über Jahr und Tag erbebet ihr. Denn
> dann ist es mit der Weinlese zu Ende. Es kommt kein
> Ernten mehr... Die Brust zerschlagt der schönen
> Felder wegen, der früchtereichen Reben halber, der
> Scholle meines Volkes wegen, wo nur noch Dornen
> und Disteln wachsen. Schuld daran sind die lustigen
> Häuser in der frohgemuten Stadt. Aber jetzt ist das
> Schloß verlassen, der Stadtlärm weg. Der Hügel und
> der Berg sind kahle Höhen für immer, der Wildesel
> Ergötzen, der Herden Weideplatz. Bis aus der Höhe
> der Geist wird ausgegossen über uns. Dann wird zum
> Fruchtgefild die Wüste... Heil euch, die ihr an allen
> Wassern säen dürft, und Rind und Esel frei laufen
> lassen könnt.«

(ISAIAS, 32. KAPITEL)

Das zu üppige, gedankenlose Leben und Treiben in den Städten wird also letztlich die Ursache für die Verödung der Felder sein. Niemand will sich einschränken. Die Menschen überhören »frohgemut« alle Warnrufe, sie kümmern sich nicht um die Zukunft, sondern sagen sich: »Nach uns die Sintflut.«

Nach uns die Sintflut?

> Hört jemand nicht auf meine Worte, die der Prophet
> in meinem Namen kündet, dann ziehe ich ihn zur
> Rechenschaft.«

(5. MOSES 18)

Nachwort

Vom Problem der Prophezeiung

»Selig, wer die Worte der Prophezeiung liest, sie vernimmt und das, was darin steht, beherzigt. Die Zeit ist nahe...«

So beginnt das letzte und schwierigste Buch der Heiligen Schrift, die Apokalypse. Seit nahezu 2000 Jahren rätselt die Menschheit an diesen »Geheimen Offenbarungen des Johannes« herum – fasziniert von Gewalt, Schönheit und Dramatik der Dichtung; entsetzt über die Schrecken dieser Vision, die mit so viel Phantasie in geradezu schonungslosen, fast brutalen Bildern ausgemalt werden; besessen von der Neugierde, hinter die Andeutungen, Allegorien, Zahlenspiele zu blicken, die Siegel der Geheimnisse zu sprengen; verwirrt und ratlos schließlich weil die Fragen mit jedem neuen Jahr der Geschichte drängender wurden. Und wozu das Ganze? Was sollen Prophezeiungen, die so verschlüsselt sind, daß doch keiner etwas Konkretes damit anfangen kann? Was soll der Blick in die Zukunft, wenn gleichzeitig verschwiegen, zumindest nur unverständlich angedeutet wird, wann das alles geschehen soll und wie es überhaupt zu verstehen ist? Wenn es gleichzeitig immer wieder heißt: Gib dir keine Mühe, »die Stunde kennt nur der Vater?« Will hier jemand eine Hilfe anbieten?

Oder soll die Menschheit in ständiger Untergangsstimmung brav und eingeschüchtert gehalten werden? Könnte es sein, daß sich jemand vielleicht sogar über die naiven Dummköpfe lustig macht, die einen solchen Unsinn ernst nehmen?

Oder ist der uralte Greis, den man auf die Insel Patmos verbannt hat, der einst der Lieblingsjünger des Herrn war und eines der vier Evangelien geschrieben hat – ist dieser Johannes, den Tod vor Augen, vielleicht selbst das Opfer einer Täuschung, einer Geistesverwirrung geworden? Stammt die Apokalypse überhaupt vom Evangelisten Johannes – oder hat sich ein anderer, möglicherweise trügerischer Johannes unter seinem Namen in die Bibel geschmuggelt, um Verwirrung zu stiften? Fragen über Fragen, die letztlich in dem unlösbaren Konflikt gipfeln:

Auf der einen Seite soll der Mensch, nach christlicher Auffassung, nicht versuchen, die Zukunft zu ergründen. Denn das könnte ihn in seiner Entscheidungsfreiheit einengen. Er soll die Finger lassen von Wahrsagerei und Hellsehen und jeder anderen Form der Zukunftsdeuterei. Schon Moses warnte sein Volk: »Bei dir darf sich niemand finden, der Wahrsagerei oder geheime Künste und Zauberei treibt, kein Geistesbanner, niemand, der einen Totengeist oder einen Wahrsagegeist befragt, kein Totenbeschwörer. Denn wer solches tut, der ist dem Herrn ein Greuel. Und der Herr, dein Gott, nimmt sie weg von dir ob dieser Greuel.« (5 Moses 18). Im selben Kapitel wird kurz darauf für »falsche Propheten« sogar die Todesstrafe verfügt, so schlimm ist das Verbrechen.

Andererseits ist die Bibel aber voll von Prophezeiungen. Im Alten Testament gibt es allein 18 prophetische Bücher. Auch Moses, der die Wahrsagerei so streng verurteilt, nennt sich Prophet. Und ihm und allen anderen Propheten darf man nicht nur – man muß ihnen zuhören: »Damals sprach der Herr zu mir: Ich lasse aus euerer Mitte einen Propheten wie dich erstehen und lege ihm meine Worte in den Mund. Er kündet ihnen alles, was ich ihm befehle. Hört aber jemand nicht auf meine Worte, die der Prophet in meinem Namen kündet, dann ziehe ich ihn zur Rechenschaft.« (5. Moses 18)

Es gibt also doch die wahre Voraussage. Und diesmal wird dem sogar Strafe angedroht, der nicht darauf achtet.

Läßt sich ein Ausweg aus diesem Dilemma finden?

Moses hat bereits vor 3000 Jahren drei Typen von Zukunftsdeutern charakterisiert:

Der erste, der wahre Prophet, bezieht sein Wissen seiner Meinung nach direkt von Gott. So sagt der babylonische König Nebukadnezar (605–562 v. Chr.) zum Propheten Daniel, der ihm seinen Traum deutet: »Du größter aller Wahrsager, der du, wie ich wohl weiß, den Geist des heiligen Gottes in dir trägst, dem kein Geheimnis unenthüllbar ist...« (Daniel, 4. Kapitel)

Und als das Mene-Tekel-Pharsin im Palast seines Nachfolgers, des Königs Belsazar, an der Wand erscheint, da sagt die Königin zu ihm: »In deinem Reich gibt es einen Mann, der in sich trägt den Geist der heiligen Götter...« (Daniel, 5. Kapitel)

Der Prophet Isaias versichert: »Der Mund des Herrn hat es gesagt...« Bevor Isaias zum Propheten berufen wird, werden seine Lippen mit einem glühenden Stein gereinigt.

So ist es eigentlich bis zum heutigen Tag geblieben: Wer als wahrer Prophet, nicht nur als gewöhnlicher Wahrsager, gelten will, der muß sich auf den Heiligen Geist berufen und Frömmigkeit und Reinheit des Herzens nachweisen. Denn im christlichen Glaubensbekenntnis heißt es: »Er (der Heilige Geist) hat gesprochen durch die Propheten.«

Michel Nostradamus, der namhafteste und faszinierendste Seher Europas, zitiert zu seiner Rechtfertigung den Propheten Joel: »Ich werde meinen Geist ausgießen auf alles Fleisch und euere Töchter und euere Söhne werden weissagen, spricht der Herr.« Und dann fährt Nostradamus fort: »Solche Prophezeiungen ereigneten sich durch den Mund des Heiligen Geistes, der die ewige und unbegrenzte Macht besitzt, verbunden mit himmlischer Gewalt. Durch ihn haben viele Propheten große und wunderbare Dinge vorausgesagt. Ich lege mir diesen Titel des Propheten nicht zu. Ich bekenne aber, daß alles, was ich sage, von Gott kommt.« (Vorwort an König Heinrich II.)

Und das sagen auch moderne »Propheten« – Leute, die sich vielleicht nur einbilden oder einreden, sie hätten Gottes Stimme vernommen. In Heil- und Pflegeanstalten gibt es eine große Zahl von Geistesgestörten, die »Botschaften« empfangen und niederschreiben.

Es ist riskant geworden, sich auf einen direkten Draht zu Gott zu berufen. Denn allzuleicht wird man schlicht als verrückt erklärt.

Das ist aber die zweite Gruppe, von der Moses spricht: Kranke und Gauner. Jene, die sich einbilden oder vorgeben, im Namen des Herrn zu sprechen. Man soll sie ganz einfach daran erkennen, daß das, was sie sagen, nicht eintrifft.

Wenn es nur so einfach wäre!

Die Theologen unserer Tage gehen im allgemeinen davon aus, daß mit der Apokalypse die göttliche Offenbarung abgeschlossen ist. Gott, so sagen sie, hat sich durch Jahrtausende den Menschen mitgeteilt. Er hat Propheten berufen, die seine Mahnungen, Warnungen, Anweisungen an seiner Stelle verkünden mußten. Zuletzt, so heißt es in der Schrift, sprach Gott durch Jesus Christus. Doch dann war alles gesagt. Es gab dem nichts mehr hinzuzufügen.

Die Schlußfolgerung daraus: alle Propheten der letzten 2000 Jahre müssen falsche Propheten sein. Entsprechend ist jeder, der sich als Prophet ausgab, verfolgt und auf dem Scheiterhaufen verbrannt worden. Ihre Schriften, wie die Weissagungen des Nostradamus, kamen auf den Index der verbotenen Bücher. Wer sie las, war automatisch aus der Kirche ausgeschlossen.

Nun hat aber auch schon Moses neben den wahren, gottgesandten Propheten und den falschen, die überhaupt keine prophetische Gabe besitzen, eine dritte Art von Propheten gekannt: Wahrsager, die ganz offensichtlich aus anderen Quellen, nicht aus dem Heiligen Geist schöpfen – trotzdem aber mit ihren Voraussagen über die Zukunft recht behielten.

BESESSEN – ODER GANZ EINFACH BEGABT?

Im Neuen Testament wird ebenfalls von »Zauberern« und »Magiern« und »Wahrsagern« berichtet – und davon, daß diese manchmal durchaus die Wahrheit sagten. Nach Vorstellung der damaligen Zeit waren diese Hellseher von einem bösen Geist besessen, der sich äußerte, um Verwirrung zu stiften. Der Teufel, so sagte man, äfft das Gute nach, damit die Menschen im Glauben irre werden.

Dem Apostel Paulus, so wird in der Apostelgeschichte erzählt, ist in Philippi tagelang eine Sklavin nachgelaufen, »die von einem Wahrsagegeist besessen war. Sie brachte durch ihre Wahrsagekunst ihrer Herrschaft großen Gewinn.« Paulus, so berichtete die Schrift, war sehr unwillig, weil diese Frau, eine Heidin, die Wahrheit sagte: »Diese Männer sind Diener des höchsten Gottes. Sie verkünden euch den Weg zum Heil.« Das klang nach Zauberei und dämonischer Kraft. Also betätigte sich Paulus als Exorzist, als Teufelsaustreiber: »Ich befehle dir im Namen Christi, fahre von ihr aus.« Die arme Sklavin konnte vom selben Augenblick an nicht mehr wahrsagen. Die Geldquelle hatte schlagartig aufgehört zu sprudeln. Kein Wunder, daß Paulus vom Besitzer der Sklavin vor den Richter gezerrt wurde und eine harte Bestrafung hinnehmen mußte. (Apostelgeschichte 16/16)

Allerdings: derselbe Paulus, der Wahrsagegeister austreibt, betrachtete die Prophetie doch auch schon als ein Talent. Als eine besondere Begabung.

So schreibt er an die Gemeinde in Korinth: »Dem einen wird das Wort der Weisheit durch den Geist verliehen, dem anderen das Wort der Erkenntnis in eben diesem Geist. Wieder anderen der Glaube, die Heilungsgabe, besondere Kräfte. Die Gabe der Prophezeiung diesem, die Fähigkeit, Geister zu unterscheiden, jenem. Und wieder ein anderer ist sprachenbegabt.

...Die einen in der Kirche bestimmte Gott fürs erste zu Aposteln, andere zu Propheten, zu Lehrern dritte und weitere zu Wundertätern, Wunderheilern, zu Helfern, zu Verwaltern...« (1. Korinther 12)

Die Prophetie gehört also zu den charismatischen Begabungen. Wer das Talent besitzt, so meint der Apostel, muß es zur Entfaltung bringen.

Von den ersten Christengemeinden wird berichtet, daß in ihren Reihen zahlreiche solcher Begabungen wirkten und sich Wunder an Wunder reihte. Die Pioniere des christlichen Glaubens waren von so starker spiritueller Kraft und religiöser Überzeugung erfüllt, daß sie fähig waren, Kranke zu heilen, in fremden Sprachen zu reden, Gift zu trinken, ohne zu erkranken, von Schlangen gebissen wurden, danach keinerlei Reaktion zeigten – und in die Zukunft blickten. Das alles war offensichtlich völlig in Ordnung, ganz im Sinne des Prophetenwortes: »Da werden eure Söhne und Töchter prophezeien. Euere Jünglinge werden Visionen, euere Greise Wahrträume haben. Sogar über meine Sklaven und Sklavinnen will ich in jenen Tagen von meinem Geist ausgießen und sie werden prophezeien...« (Joel 3/1–5)

Unverkennbar: hier sind die Akzente deutlich verschoben. Diese Menschen, begabt mit der Fähigkeit, in die Zukunft zu blicken, sind nicht mehr die großen alten Propheten, die ganz direkt von Gott angesprochen werden: »Gehe hin und sage meinem Volke...« Vielmehr besitzen sie ein besonderes Talent. So wie ein anderer predigen oder gut rechnen kann oder handwerklich besonders geschickt ist, so können sie in die Zukunft blicken. Und dieses Talent ist wie jenes andere weder an ein Amt noch an eine Stellung noch an einen Stand gebunden. Jeder kann es besitzen. Der arme Knecht ebenso wie der Kaiser und der Papst. Nicht ein guter oder böser Geist hat von diesem medial begabten Menschen Besitz ergriffen. Er ist nicht besessen, sondern er besitzt geistige Fähigkeiten. Geistesgaben.

Michel Nostradamus fand dafür die Formel: »Von Gott – durch die Natur.« Womit er schon vor mehr als 400 Jahren doch wohl andeuten wollte, daß Prophetie eine natürliche, keine übernatürliche Begabung ist. Er spricht davon, daß er sie von den Großeltern geerbt habe, zuerst aber nicht daran glauben wollte: »Ich unterschätzte meine natürliche Mitgift, brachte sie aber dann in Übereinstimmung mit meinen langwierigen Berechnungen und machte meinen Geist aufnahmebereit. Einsicht, Kraft und Sorgfalt gewann ich schließlich, indem ich meinen Geist zum Schweigen bracht...« (Vorrede an Heinrich II.)

DIE NATUR IST NIEMALS UNFEHLBAR

Natürliche Begabung – das heißt aber zugleich: Die Vorhersage kann niemals unfehlbar sein. Mag sie sich auch tausendmal als richtig erwiesen haben, so darf daraus ein Irrtum trotzdem nicht ausgeschlossen werden. Denn kein Mensch ist imstande, etwas zu leisten, was frei wäre von Fehlern und Irrtümern. Keine Begabung, auch kein Genie ist so groß, daß es nicht gelegentlich doch versagen könnte.

Im Alten Testament wurde der Prophet, sobald er sich auch nur in einer Winzigkeit geirrt hatte, gesteinigt. Und hätte er zuvor hundert Dinge richtig vorausgesagt. Der eine und einzige Irrtum war letztlich der Beweis dafür, daß die Prophezeiungen nicht von Gott stammen konnten. Denn Gott kann sich nicht irren. Und er gibt sich schon gar nicht dazu her, die Menschen zu täuschen. »So spricht der Herr« – oder »wahrlich ich sage euch…« – das waren Formeln absoluter Garantie.

Der Prophet des ausgehenden Mittelalters versichert auch mehrfach: »Es wird sich alles genau so zutragen, wie es aufgezeichnet ist. Und ich habe nicht übertrieben.« Doch seine Sicherheit gewinnt er nicht aus der prophetischen Begabung allein – sondern aus zusätzlichen astrologischen Berechnungen, die er jeweils anstellt, um seine Visionen auf die Richtigkeit hin zu überprüfen. Die Garantie wird mitgeliefert. Aber felsenfest ist sie nicht mehr.

VOR DER MAHNUNG ZUR UNABÄNDERLICHEN ENDZEITKATASTROPHE

Der Prophet des Alten Testaments hat Warnungen und Drohungen übermittelt: »Bekehrt euch, tut Buße, sonst kommt das Strafgericht über euch.«

In den geheimen Offenbarungen des Johannes ist das zunächst auch noch der Fall: Der Engel, der die göttliche Botschaft mitteilt, überbringt zunächst »Zensuren« für die sieben christlichen Gemeinden in Kleinasien, die Johannes besonders am Herzen lagen. Da heißt es etwa über die junge Kirche in Laodizea: »So spricht der ›Amen‹, der treue und wahrhaftige Zeuge vom Anfang der Schöpfung Gottes: Ich kenne deine Werke und weiß, du bist weder kalt noch warm… Weil du aber lau bist, also weder kalt noch warm, will ich dich ausspucken aus meinem Munde… Ich züchtige alle, die ich liebe. So sei denn eifrig und ändere deinen Sinn… Wer ein Ohr hat, der höre, was der Geist zu den Gemeinden spricht.«

Das ist noch ganz in der Tradition der großen alten Propheten die ernste, unmißverständliche Warnung, die aber die Hoffnung offen läßt. Wer umkehrt und die Warnung beherzigt, der wird dem Strafgericht entgehen.

Doch nach dieser Einleitung bekommt die Apokalypse schlagartig ein anderes Gesicht. Jetzt wird nicht mehr gemahnt, aufgerüttelt, gedroht – jetzt geht es nur noch darum, mit allen Registern sprachlicher Gewalt ein Bild der kommenden Entwicklungen zu malen, vor allem das fürchterliche Ende, das Gericht, den Jüngsten Tag zu schildern: Mag es auch noch so viel gerechte und gute und fromme Menschen geben, die Welt schlittert unaufhaltsam auf die Katastrophe zu. Die Menschheit wird mit stets noch schlimmeren Plagen geschlagen werden. Der einzelne kann sich retten, wenn er in Haltung und Glaube standhaft bleibt. Die Menschheit an sich verfällt nach jeder Prüfung in den alten Trott. Man kann ihr sagen, was man will, sie schlagen und quälen: Letztlich lernt sie nichts daraus. Sie ist unverbesserlich.

Solche Endzeitschilderungen sind nicht unbedingt neu. Nahezu alle Propheten haben zumindest bruchstückhaft ebenfalls vom schlimmen Ende gesprochen. Wohl in allen Völkern und Kulturen gibt es ähnliche Vorstellungen, Überlieferungen, Ankündigungen.

Bei Johannes ist jedoch zum beherrschenden Mittelpunkt geworden, was bislang mehr oder weniger beiläufig Gegenpol zur Schöpfungsgeschichte war, das keine unmittelbare Bedeutung für die Gegenwart besaß, weil es ja irgendwann in unvorstellbarer Ferne geschehen sollte. Johannes dagegen drängt: »Die Zeit ist nahe.«

Mit seinen Visionen von der Zukunft ist die Prophetie anders geworden. So anders, daß sie bis zum heutigen Tag ein Ärgernis blieb: Was soll diese düstere Schwarzmalerei – ausgerechnet in der Heiligen Schrift? Am Schluß der »frohen Botschaft«?

Die offiziellen Kirchen haben die Apokalypse zu allen Zeiten »liegen lassen«, wie Martin Luther, der die Übersetzung der schwierigen Texte vor sich herschob. Er konnte »des verborgenen Verstandes willen« keinen Sinn darin finden. Man vermißte in den Weissagungen die Deutung. Denn ohne sie »bleibts eine stumme Weissagung, noch nicht zu ihrem Nutzen und Frucht gekommen«, wie Luther meinte.

Um so eifriger stürzten sich Sekten und Randgruppen des Christentums auf die Apokalypse. Sie rechneten, kombinierten, deuteten, verstrickten sich in Zahlenspiele – und wurden stets aufs neue enttäuscht, wenn sie an einem bestimmten Datum auf einem abgelegenen Berg die Endkatastrophe erwarteten. Sie blieb aus. Sie mußte ausbleiben, weil in allen Prophezeiungen stets deutlich darauf hingewiesen wird, daß den eigentlichen Katastrophen Zeichen vorausgehen. Zeichen, die als Hinweis verstanden werden sollen, weil sie die Katastrophe ankündigen.

Heute halten viele Menschen den Blick in die Zukunft für baren Unsinn. Auch Wissenschaftler, die sich intensiv mit der Frage der Prophetie oder, wie man heute zu sagen pflegt, der Präkognition, befaßt haben, sehen darin nicht mehr als Aberglaube und Mißverständnis. Niemand, so meinen sie, kann sagen, was morgen, im nächsten Jahrzehnt oder im kommenden Jahrtausend geschehen wird, weil niemand eine Wirkung berechnen kann, solange er die Faktoren, die sie auslösen werden, nicht kennt.

Wenn man diesen Leuten nachweist, daß viele Prophezeiungen doch eingetroffen sind, daß auch Wahrsager und Hellseher immer wieder recht behalten, dann haben sie eine ganze Reihe sehr einleuchtender, ernüchternder Argumente parat, die gegen die Prophetie sprechen.

IRGENDWANN MUSS DER ZUFALL TREFFEN

Einmal, so sagen sie, bringen es statistische Gesetze mit sich, daß gewisse Ereignisse mit hoher Wahrscheinlichkeit einmal eintreffen müssen.

Das ist richtig. Beim einmaligen Würfeln stehen die Chancen, die richtige Zahl zu erraten 1 : 6. Würfelt man hundertmal, ist jede der sechs Zahlen schließlich nahezu gleich oft gefallen. Und das wird sich bei jedem neuen Versuch bestätigen. Man braucht kein Prophet zu sein, um das vorauszusagen.

Mit anderen Worten: auch der schlechteste Schütze trifft einmal ins Schwarze. Er muß nur oft genug schießen.

Und hier kommt dem Menschen eine seiner typischen Eigenschaften entgegen: Die »Fehlschüsse« vergißt er nur allzu leicht. Den einen Treffer aber betrachtet er dann als Wunder.

Zweifellos fußt darauf vieles von dem, was als »Blick in die Zukunft« verkauft wird. Manch einer ist mit diesem Trick reich geworden. Das einfache Rezept heißt: Du mußt viel reden – dann ist zuletzt mit Sicherheit etwas dabei, was stimmt. Und wenn ein einziger Punkt richtig getroffen ist, dann wird das alles überdecken, was bisher an Unsinn geäußert wurde.

EIN GUTER PROPHET SPRICHT IN RÄTSELN

Das zweite Argument: tüchtige Propheten drücken sich stets so aus, daß hinterher eine passende Auslegung gefunden werden kann. Berühmt geworden ist der Orakelspruch von Delphi, der den reichen König Krösus so sehr in die Irre geführt hat. Krösus wollte gegen die Perser in den Krieg ziehen und fragte in Delphi an, ob er dabei Erfolg haben werde. Die Antwort lautete: »Wenn du den Halys überschreitest, wirst du ein großes Reich zerstören.«

Hört sich das nicht eindeutig an? Am Halys in Kleinasien war die Grenze seines Reiches. Dahinter lag das Riesenreich der Perser. Also: wenn er mit seinem Heer in jenes Reich einfällt, wird er es vernichten.

So hat es Krösus verstanden. Aber so war es nicht gemeint. Krösus hatte eines übersehen: Sein eigenes Reich war ja auch nicht gerade klein. Und dieses, nicht das Perserreich, hat er schließlich mit seiner Tollkühnheit 546 v. Chr. zerstört. Delphi hatte recht behalten.

Als der besiegte Krösus sich wegen der groben Täuschung in Delphi beklagte, bekam er die lakonische Anwort: Apollo hat dir richtig vorausgesagt, daß du ein großes Reich zerstören wirst, wenn du gegen die Perser in den Krieg ziehst. Stimmt es etwa nicht? Es ist doch dein eigener Fehler, wenn du die Vorhersage falsch gedeutet hast. Du hättest eben fragen sollen, welches Reich gemeint ist, dein eigenes oder das der Perser.

»Krösus sah ein, daß er gefehlt hatte und nicht der prophetische Gott«, heißt es bei dem griechischen Schriftsteller Herodot, der diese Episode festgehalten hat.

Nicht nur Delphi – alle Orakel und Prophezeiungen haben es an sich, daß sie dunkel, verschlüsselt, rätselhaft in ihren Aussagen bleiben. Gerade das macht vielfach ihren Reiz aus: Jeder, der ein Orakel befragt, muß sich um eine Deutung bemühen. Er wird aber auch, wie Krösus, stets das herauslesen und hineinlegen, was er selbst gerne hören will.

Bei Michel Nostradamus heißt es im einleitenden Brief an seinen Sohn Cäsar: »Ich habe den Weg gewählt, die Ereignisse der Zukunft in geheimnisvolle und unergründliche Orakel zu kleiden. Das habe ich schon deshalb getan, weil ich gemerkt habe, wie die Leute auf solche Prophezeiungen reagieren. Ich will der menschlichen Schwäche, die ihr Ohr so gerne Fabeln und Märchen leiht, einen Anstoß geben. Deshalb habe ich alles unter dem Deckmantel rätselhafter Bilder verborgen. Von diesem ›Verstecken‹ habe ich mehr Gebrauch gemacht als alle Propheten. Warum auch nicht? Es steht doch geschrieben: ›Den Weisen und Klugen hast du es verborgen, o Herr, den Geringen und Schwachen hast du es enthüllt.‹« (Vorwort an Sohn Cäsar)

Und wenn er an anderer Stelle versichert, seine Prophezeiungen seien zwar rätselhaft und ließen nicht nur einen Sinn zu, aber keinesfalls so, daß zweideutige oder gar doppelsinnige Auslegungen möglich würden, so hat sich der Seher des Mittelalters zumindest in diesem Punkt gründlich geirrt. Mit keiner anderen Prophezeiung ist in den vergangenen vier Jahrhunderten mehr Schindluder getrieben worden als mit den 1000 Versen des Nostradamus. Man braucht nur an Adolf Hitler zu denken und an sein »Tausendjähriges Reich«. Bei Nostradamus hatte er gelesen, daß ein »Großer am Inn geboren« wird, daß ein »Führer von Großdeutschland« auftaucht, daß die »Cimbern« in Frankreich einfallen und es besiegen werden und schließlich ein »Goldenes Zeitalter« anbrechen wird. Schön zusammengepuzzelt hat alles auf ihn gepaßt – nur das meiste und vor allem die Schlußfolgerungen, die daraus gezogen wurden, waren eben falsch. Viele anderen Aussagen, die noch besser zur Hitler gepaßt hätten und die man unschwer auf sein schlimmes Ende deuten kann, hat er nicht gesehen – oder wollte er nicht sehen. Vielleicht haben seine »Propheten« auch nicht gewagt, ihm diese Verse zu zeigen. So erging es ihm schließlich wie Krösus.

Und jene, die in den Versen des Nostradamus nicht mehr sehen als ein phantasievolles Gestammel, das man nach Belieben so oder so auslegen kann, das also immer paßt, glauben einen neuen Beweis dafür in Händen zu halten, daß alle Prophezeiungen wertlos sind.

Das dritte Argument: viele Prophezeiungen sind nicht mehr als Wunschträume der Menschheit. Auch das ist wohl richtig. Wenn einer schon vor Jahrhunderten davon gesprochen hat, er sähe Menschen wie Vögel dahinfliegen, mit Fahrzeugen »unter das Wasser getaucht« schwimmen, diese Menschen benützten ein »Licht, das nicht verbrennt« und führen in »Wagen, die ohne Pferde wie von allein dahinbrausen« – dann muß er deshalb noch lange kein Prophet gewesen sein.

Ein bißchen Phantasie und der Glaube an eine stetige Entwicklung genügen. Seine Aussage ist vergleichbar verträumter Spinnerei. Science Fiction: Kinder werden nicht mehr gezeugt und wachsen nicht im Mutterschoß heran. Wer wohlgeraten ist, kann sich vervielfältigen, klonen lassen und sein identisches Spiegelbild wird ewig weiterleben. Fahrzeuge werden nicht mehr nötig sein, denn der Mensch bewegt sich mit seelischen Kräften sekundenschnell und ohne jede Energie von einem Ort zum anderen. Man wird nicht mehr arbeiten, keinen Hunger mehr leiden. Es wird keine Schmerzen und keine Krankheiten mehr geben...

Phantastereien? Prophetie? Manches davon halten Wissenschaftler bereits heute keineswegs mehr für unrealistisch. Einiges davon wird mit hoher Wahrscheinlichkeit eines Tages Wirklichkeit sein.

DAS ENDE HAT SCHON IMMER ANGST BEREITET

Das vierte Argument: die Ahnung vom bösen Ende ist eine Urangst der Menschheit. Deshalb sind apokalyptische Bilder voller Schrecken zu allen Zeiten aufgetaucht – vor allem in Zeiten großer Unruhe, schwerer Plagen und großer Veränderungen. Sobald die Menschheit in Not geriet, entdeckte sie als Ursache die eigene Schuld und begann, vor dem »Strafgericht« der Götter oder des einen Schöpfers zu zittern. Und wenn es den Menschen gut ging, dann betrachteten sie auch das insgeheim als Unrecht, das Strafe forderte. So ist es kein Wunder, daß am Ende das große Gericht stehen muß.

Das fünfte Argument: Viele Voraussagen treffen nur deshalb ein, weil die Erwartung zum Erfüllungzwang führt. Wenn einem Ehemann vorausgesagt wird, er werde sich in Kürze scheiden lassen, dann wird er von Minute an argwöhnisch nach Anzeichen suchen, die tatsächlich bestätigen, daß er mit seiner Frau nicht länger zusammenleben kann. Er wird sich verändern und den Bruch provozieren – sei das nun absichtlich und ganz bewußt oder auch so, daß er selbst von seiner Veränderung überhaupt nichts merkt.

Ganz ähnlich ist es auch mit positiven Voraussagen: »Sie werden reich werden!« Derjenige, der so etwas erfährt, wird sich fortan geschickter und eifriger einsetzen und seine Chancen besser nutzen. Die Aussichten, daß er reich wird, steigen mit seiner veränderten geistig-seelischen Verfassung. Das ist letztlich das Positive an Horoskopen, die vor allem Glück, Geld und Liebe versprechen: Sie wirken auf viele Menschen wie eine psychologische Peitsche. Und deshalb behalten sie nicht selten letztlich auch recht. Mit dem Lauf der Sterne hat das allerdings überhaupt nichts zu tun. Mit Prophetie schon gar nicht.

Die Frage ist nun allerdings: Können Prophezeiungen wie etwa die Apokalypse sich so auswirken, daß es ebenfalls zum Erfüllungszwang kommt? Daß zwar nicht der einzelne Mensch, aber die ganze Menschheit keine andere Wahl mehr hat, sondern auf die Endkatastrophe zutaumeln muß?

Wer immer sich mit Prophezeiungen und Orakeln befassen will, der kann an solchen Argumenten nicht vorbeigehen. Denn sie stimmen weitgehend.

PROPHEZEIUNG – WISSENSCHAFTLICH EINWANDFREI

Trotzdem: den Blick in die Zukunft gibt es. Daran kann es ebensowenig Zweifel geben.

Der Freiburger Parapsychologe Professor Hans Bender hat folgende Begebenheit wissenschaftlich exakt untersucht: Lange vor dem zweiten Weltkrieg saß ein Freiburger Bürger in der Straßenbahn. Er blickte zum Fenster hinaus und bewunderte die geliebte Stadt mit dem wunderschönen gotischen Münster. Und plötzlich stand vor seinen Augen ein anderes Bild. Der Münsterturm war noch da – doch er ragte aus verkohlten Ruinen. Die Altstadt lag in Trümmern. Ein entsetzliches Bild! Der Mann, der es sah – oder zu sehen glaubte –, wankte aus der Straßenbahn. Er war so erschrocken, daß ihm ein Bekannter unter die Arme griff und ihn fragte: »Ist Ihnen schlecht? Kann ich Ihnen helfen?«

Der Freiburger Bürger verstand seine Vision. Er zeichnete das Bild der zerstörten Stadt, verkaufte seine Habe und zog weg. Als er nach dem Krieg nach Freiburg zurückkehrte und seine Zeichnung mit der Trümmerstadt verglich, da stimmten Bild und Wirklichkeit überein, als wäre die Skizze eben erst angefertigt worden.

Diese prophetische Schau ist belegt. Es gibt den Zeugen, der seinerzeit dem Freiburger Bürger aus der Straßenbahn half. Die Zeichnung vom zerstörten Freiburg ist zweifellos vor dem Krieg angefertigt worden. Viele Leute wußten sehr genau, warum der Bürger aus seiner Heimatstadt weggezogen war.

Nur ein Beispiel dafür, daß es ein Vorherwissen und Vorherschauen tatsächlich gibt.

PROPHEZEIUNG – ALS »LABOR-EXPERIMENT«

Ein anderes Beispiel ist sozusagen im Labor des Wissenschaftlers entstanden – und mittlerweile auch mit Erfolg wiederholt worden.

Die Frage war: Ist es möglich, daß ein prophetisch begabter Mensch voraussagen kann, wer in sechs Wochen auf einem bestimmten Platz in einem Versammlungsraum sitzen wird? Dieses Beispiel zeigt, was alles bedacht und ausgeschaltet werden muß, damit sich bei einem solchen Experiment keine Fehler einschleichen können. Es gibt gleichzeitig einen interessanten Einblick in das Funktionieren der Prophetie.

Ein bekannter holländischer Hellseher wurde brieflich aufgefordert: Schreiben Sie uns, wer wird am 4. März, abends 20 Uhr, auf Platz 5, Reihe 2 des großen Hörsaals der Universität Freiburg sitzen...

Zum Zeitpunkt, als dieser Brief abgeschickt wurde, war noch niemand zur Veranstaltung eingeladen. Der Absender des Briefes selbst wußte nicht, wer möglicherweise auf dem fraglichen Platz sitzen könnte, denn die Einladungen wurden von dritter Seite verschickt – von einem, der seinerseits nicht wußte, worum es bei dem Experiment geht und wer sich dabei beweisen soll.

Diese Maßnahmen waren nötig, damit alle möglichen Gedankenverbindungen zwischen Medium, Veranstalter, Einlader und Publikum ausgeschlossen waren. Hätte der Wissenschaftler, der den Hellseher um Mitarbeit bat, nämlich gewußt, wer auf dem Platz sitzen wird, dann hätte es sein können, daß der Hellseher mit seinen übersinnlichen Fähigkeiten seine Gedanken »anzapft«. Das mußte verhindert werden.

Der Hellseher spielte mit. Er schrieb einen Brief. Darin stand nun nicht etwa: Auf Platz 5, Reihe 2 wird Frau Erika Huber, 32 Jahre alt, Hausfrau, Mutter von zwei Kindern, sitzen. So eben »funktioniert« die Prophetie nicht.

Vielmehr stand in dem Brief in etwa: »Ich sehe eine junge Frau. Sie sitzt in einem schönen Haus am Berghang am Flügel und spielt Chopin. Sie ist sehr erregt. Jetzt schlägt sie den Deckel des Flügels zu und stürmt vor das Haus. Dort trifft sie einen Mann...«

Als dieser Brief am Tag der Veranstaltung im Hörsaal der Universität geöffnet und vorgelesen wird, springt die Frau, die auf Platz 5 der Reihe 2 sitzt, auf und fordert: »Lesen Sie bitte nicht weiter. Das ist mir peinlich. Vor ein paar Tagen hat sich diese Szene bei mir zu Hause genauso abgespielt. Es ist schrecklich und unfaßbar zu wissen, daß jemand auf irgendeine Weise Zeuge gewesen ist.«

Wer dieses Experiment kennt – und es ließen sich zahllose ähnliche Beweise für die Existenz echter Prophetie anführen – versteht ein bißchen besser, warum Vorhersagen oft so dunkel bleiben: Der Prophet weiß nicht, was geschehen wird. Er sieht Bilder und Szenen. Und diese Bilder und Szenen, die er meistens selbst nicht versteht, versucht er zu schildern, oft auch zu deuten. Doch das Deuten ist weder seine Aufgabe, noch entspricht es unbedingt seinen Fähigkeiten.

Michel Nostradamus erklärt das in seiner Vorrede an den französischen König Heinrich II. so: »Ich schaue sozusagen in einen feurigen Spiegel. Die großen Ereignisse, die traurigen wie die wunderbaren, erscheinen darin in nebelhaften Bildern...«

Ähnliches kann heute wohl jedem Menschen begegnen: Er sieht eine Szene – sei es im Wachzustand, in Trance oder im Traum. Wenn er nun eines Tages erfährt, daß das, was er gesehen hat, genauso eingetroffen ist, dann hat er in sich selbst ein Talent entdeckt. Ist er nun aber ein Wahrsager? Ein Seher? Ein Prophet? Für einen Augenblick zumindest war er es. Und irgendwann ist es wohl jeder einmal.

ES GIBT KEIN NACHPRÜFBARES ZEICHEN

Das eigentliche Problem für Wahrsager und Hellseher, so sagen moderne Parapsychologen, ist nicht die Frage, ob es Hellsehen gibt oder nicht, sondern die Tatsache, daß es kein nachprüfbares Zeichen dafür gibt: In diesem Augenblick besitze ich die Fähigkeit, in die Zukunft zu blicken. Oder: jetzt plappere ich nur so daher. Wer eben noch treffsicher die Welt in Staunen versetzte, kann sich schon im nächsten Augenblick unsterblich blamieren. Das weiß jeder, der sich als Wahrsager betätigt. Und wenn er auch noch so kühn und noch so oft behauptet: 99 Prozent meiner Voraussagen sind wahr – dann gibt er damit doch nur zu, daß eine Versagerquote existiert. Um selbst an sich nicht irre zu werden, macht er sie natürlich so klein wie nur möglich.

Es ist eben nicht so, daß über ihn, den Sensitiven, ein inneres Zittern käme oder ein Glühen oder auch nur eine Art »Erkennungsmelodie«, die verrät: Du bist auf den richtigen Kanal eingeschaltet. Jetzt kannst du in die Zukunft blicken. Was du sagst, wird sich hundertprozentig sicher erfüllen.

Ein Prophet, der sich gelegentlich irrt, wird heute nicht mehr gesteinigt. Geblieben ist weithin aber die uralte Vorstellung: Entweder kann er in die Zukunft blicken (weil Gott oder der Teufel ihm den Blick in das Verborgene ermöglicht), oder er verrät sich selbst mit falschen Aussagen als Betrüger. Ein Prophet kann und darf nicht irren. Deshalb kann es letztlich auch keine guten oder weniger guten Wahrsager geben, sondern nur echte und unechte, Hellseher oder Gauner. Genau dieses Entweder-Oder ist aber falsch.

Mit anderen Worten: Vernünftigerweise muß man zugeben und anerkennen, daß es hie und da einem Menschen möglich ist, den Schleier beiseite zu ziehen und in die Zukunft zu blicken – wie immer das vor sich gehen mag. Eine Garantie für die Echtheit und Wahrheit einer Voraussage gibt es aber nicht. Es sei denn für den Gläubigen die Beteuerung der Heiligen Schrift: »So spricht der Herr, wahrlich ich sage euch...«

Ob zwischen dem alten Propheten und dem modernen Wahrsager ein wesentlicher Unterschied besteht, das sollte hier nicht untersucht werden. Es ging auch nicht darum, eine Rangfolge innerhalb der Prophezeiungen aufzustellen. Vielmehr wurde versucht, eine Zusammenschau der wesentlichsten Aussagen über die Jahre und Jahrzehnte, die auf uns zukommen, zu erstellen. Ist es möglich, daß dabei aus dunklen Andeutungen klare Bilder entstehen? Können Prophezeiungen einander ergänzen? Könnte es sein, daß der Prophet Daniel vor 2500 Jahren schon dieselbe Katastrophe sah, die der »Schlafende Prophet« Edgar Cayce in den 30er Jahren voraussagte?

Was bringen die 80er Jahre? Was kommt um das Jahr 2000 auf uns zu?

»Selig, wer die Worte der Prophezeiung liest, sie vernimmt und das, was darin steht, beherzigt«, mahnt der biblische Prophet.

Im Mittelalter galt das Wort: »Sehen – um vorherzusehen. Vorherzusehen – um zuvorzukommen.«

Die großen Prophezeiungen, die in Erfüllung gegangen sind:

ca. 4000 v. Chr.	Die Sintflut wird Wirklichkeit, von vielen Seiten ganz offensichtlich erwartet. Noah baut seine Arche, der phrygische König Annabos betet um Errettung, der Babylonier Emmeduranki warnt vor der Katastrophe.
597/586 v. Chr.	Jerusalem wird erobert, der Tempel zerstört, das jüdische Volk in die Babylonische Gefangenschaft geführt – wie von Isaias, Jeremias angekündigt.
537 v. Chr.	Das jüdische Volk darf nach Israel zurückkehren – wider jedes Erwarten – wie von Isaias, Daniel vorausgesagt.
6 v. Chr.	In Bethlehem wird der »Messias« Jesus geboren, Isaias, Malachias hatten es prophezeit – schon König David war es »versprochen«.
70 n. Chr.	Jerusalem wird zerstört, der Tempel niedergerissen, wie von Jesus vorhergesagt.
30. 1. 1649	In London wird Karl I. hingerichtet – wie Nostradamus hundert Jahre früher gesagt.
1666	Brandkatastrophe und Pest in London – wie von Nostradamus prophezeit.
September 1792	Die Französische Revolution setzt einen neuen Kalender und eine neue Zeitrechnung ein – wie von Nostradamus vorhergesehen.
1939	Der zweite Weltkrieg beginnt – genau wie von Nostradamus vorhergesagt (290 Jahre nach der Ermordung von König Karl I. in London).
15. Mai 1949	Wiedergründung des Staates Israel, wie von vielen Propheten des Alten Testamentes angekündigt.

Seit 1981   müßten zunehmend Wetterkatastrophen, eine steigende Vulkantätigkeit und eine Zunahme der Erdbeben beobachtet werden.

Mit dem wachsenden Einfluß orientalischer Staaten ginge eine Verschärfung der Unruhen und des Terrors vor allem in südlichen Ländern einher.

In der Nähe von Le Mans soll jener Mann heranwachsen, der im Jahre 1999 in Frankreich, möglicherweise auch in ganz Europa, an die Macht gelangt und zum Retter des Abendlandes werden wird.

1982   Am Himmel bildet sich eine Planetenkonstellation, die zwar nicht sofort, aber in wenigen Jahren verhängnisvoll wird: Das Sonnensystem gerät in ein großes Chaos. An den Gestirnen zeigen sich »Zeichen« und »Fehler«.

1985/1986   Der Halleysche Komet nähert sich der Erde. Möglicherweise ist er der Komet, der nach Aussagen der Propheten in einen Ozean stürzt. Der Schweif könnte vorübergehend die Luft der Erde verpesten, Wasser und Lebensmittel ungenießbar machen. Es soll Steine regnen, »Blut« und »Milch« vom Himmel fallen. Der Zusammenprall mit dem Himmelskörper würde große Menschenopfer fordern.

Die Naturkatastrophe würde in Italien zum Anlaß einer blutigen Revolution, die auch vor dem Vatikan nicht haltmacht.

1987   Eine große Hungerkatastrophe sucht Europa heim. Im Hochsommer bricht der dritte Weltkrieg mit einem Überfall arabischer Truppen auf Israel, Ägypten und die Türkei aus.

Möglicherweise noch im selben Jahr wird New York zerstört. In oder bei der Stadt scheint sich eine

Atomexplosion zu ereignen. Wenn das geschieht, ist Florida bereits von einem verheerenden Erdbeben heimgesucht worden.

1988   Eine Erdbebenkatastrophe im Mai, bei dem ein vollbesetztes Stadion einstürzt, zeigt an, daß im Oktober desselben Jahres die dreitägige Sonnenfinsternis eintrifft. 72 Stunden lang sollen weder Sonne noch Sterne zu sehen sein. Die Luft wäre »giftig«. Die Erde soll durch eine kosmische Wolke wandern, die allem Anschein nach von der Sonne ausgeht.

1989   Um diese Zeit würde die Revolution in Italien in eine Diktatur münden. Das Christentum würde für überholt erklärt und eine neue Religion eingeführt, die sich auf asiatische Meditationsübungen gründet. Für die Christen begänne eine dreijährige Glaubensverfolgung.
In Rom treten zwei Propheten auf, die 1260 Tage lang zur Buße und Bekehrung aufrufen. Sie werden schließlich umgebracht.
Nach dem Kometen soll auch ein Meteorit, möglicherweise noch in den 80er Jahren, auf die Erde stürzen und große Verwüstung anrichten.

1998   Im August 1998 würde die »kosmische Revolution« ihren Höhepunkt erreichen. Die Erde begänne zu torkeln, stünde »schief« und würde sich auch anders als bisher drehen. Die Erdachse hätte sich verschoben, die Pole hätten sich verlagert. Möglicherweise wären die Tage kürzer oder länger geworden. Vielleicht hat das Jahr nicht mehr 365 Tage, sondern 370 oder auch nur 360.
    In Rom wird der Donnerstag zum Sonntag erklärt. Drei europäische Kräfte, wohl Deutschland, England und Frankreich, rüsten sich, dem italienischen Diktator mit Waffengewalt entgegenzutreten.

1999   In Frankreich wird der Präsident ermordet – oder begeht Selbstmord. An seine Stelle soll der erst 18-jährige »Chiren«, wohl ein Mann namens Heinrich, treten. Er würde die Feinde aus Europa vertreiben und den italienischen Tyrannen besiegen.

2020   Um diese Zeit, möglicherweise auch schon ein paar Jahre früher, soll Rom zerstört werden – und zwar so gründlich, daß »kein Stein auf dem anderen« bleibt. Ursache des Unglücks, so scheint es, ist eine Atomexplosion.

2050   Der Seher Nostradamus erfährt seine große Rehabilitation. Man sieht ein, daß er mit seinen Prophezeiungen recht hatte.

2051   Im Herbst des Jahres begänne endlich ein Frieden, der 58 Jahre lang dauern soll. Der Petersdom in Rom wird wiederaufgebaut. Es gäbe wieder einen Papst und eine christliche Kirche.

2108   Ausbruch des großen Krieges zwischen Europa auf der einen Seite und Asien/Afrika auf der anderen.

2133   Ende des 25jährigen Krieges. Beginn eines tausendjährigen Friedensreiches. Große Erfindungen, Entwicklungen, die heute noch undenkbar sind, sollen Glück und hohen Lebensstandard vermitteln.

3750   Neue Zwietracht, nie dagewesene Schrecken setzen dem Frieden ein Ende.

3797   Der »Jüngste Tag« wäre angebrochen. Himmel und Erde würden »neu«. Der Mensch soll Unsterblichkeit erlangen. Das Böse und Gemeine wäre endgültig besiegt. Der Tod selbst soll sterben.

Stichwortverzeichnis

HEYNE BÜCHER

Wenn Sie Kurt Allgeier überzeugt hat, sollten Sie sich sein neues Buch nicht entgehen lassen:

Die großen Prophezeiungen des

NOSTRADAMUS

in moderner Deutung

(Heyne Sachbuch 01/7180 - DM 5,80)

Es ist <u>das</u> Nostradamus-Buch – eine wichtige Ergänzung zu den allgemeinen Voraussagen in Allgeiers erstem Buch. Denn es bringt <u>alle</u> Prophezeiungen des Nostradamus. Bestseller-Autor Kurt Allgeier entschlüsselt hier mit faszinierender Deutlichkeit und erschreckender Konsequenz die über 400 Jahre alten Weissagungen des großen französischen Sehers und Leibarztes Karl IX., die immer unheimlicher werden:

Er hat die Französische Revolution,
den Ersten Weltkrieg,
die Hitlerzeit,
die Entwicklung im Iran und Palästina,
das Attentat auf Sadat
vorausgesagt.

Wird auch das Fürchterliche eintreffen, was der geheimnisumwitterte Astrologe mit beklemmender Verdichtung gerade für die Jahrzehnte um die Jahrtausendwende prophezeit hat?

Wilhelm Heyne Verlag München